比較教育学の理論と方法
Theories and Methods in Comparative Education

編著
ユルゲン・シュリーバー
Jürgen Schriewer

監訳
馬越 徹・今井 重孝
Umakoshi,Toru／Imai,Shigetaka

東信堂

THEORIES AND METHODS
IN COMPARATIVE EDUCATION
Edited by
Jürgen Schriewer
in cooperation with
Brian Holmes

Copyright© 1988 Verlag Peter Lang GmbH, Frankfurt am Main
All rights reserved
Japanese translation rights arranged through
Orion Service & Trading Co., Inc., Tokyo

Published by TOSHINDO PUBLISHING Co., Ltd., Tokyo
1-5-1, Mukougaoka, Bunkyo-Ku, Tokyo, 113-0023, Japan

はしがき

　方法論上の諸問題は、ここ数十年にわたって比較教育学研究者にとって特別の関心事であった。比較教育学関係の論評や文献目録を見れば明らかなように、この分野、つまり比較教育学の目的や有用性を確立するためにかなりの知的努力が払われてきた。また他の学問と比較教育学との関係や性質を明らかにしたり、比較教育学固有の方法論上の原則や手続きを明確にする努力が払われてきた。これはおそらく国内を対象とする研究に比較して、国家や文化を横断的に比較研究するには、高度の方法論上の問題認識と精密さが要求されることと関係しているかもしれない。さらに言えば、知識社会学の分野における理論の発展が引き金となって、議論が議論を呼び、あらゆる社会的諸活動を自己反省する根拠ともなった。実りある比較研究に必要とされる方法論議といっても、かなり一般的な現象の中のきわめて特殊なケースを取り上げることに終わるかもしれない。つまりは、比較教育学の方法論をめぐる主張と議論は、おそらく結論に至ることのない企てとなることは覚悟しておかなければなるまい。

　このような立場から、われわれ編者は、このテーマに関連する膨大な論文を編んでいく作業を、共同で行うことの理由づけをいちいち申し述べることはないと考える。われわれは関係者の諸論文を、比較教育学の研究方法（アプローチ）とそれに基づく実際の研究（分析）に関してなされた理論上の提案およびそれに対する批判的評価を、理論構築という一連の大きな流れの中に配したつもりである。こうした作業を通じて、われわれはさらにもう一つの考え方にふれることになる。

　1960年代以来、比較教育学は継続的に方法論に関するテキスト（教科書）を

出版し、世界に普及させてきた。その間、比較教育学者は、ほとんどすべての社会諸科学において開発された一連の革新的アプローチ、衝撃、各種の技法（テクニック）から多くのものを得てきたはずである。そこで比較教育学者が、これらの諸提案の中から何を採択し自分の研究に活用し、また何を拒否してきたのか、その経験を検証してみることは意味があることと考えられる。したがって本書は、収録された各論文を通じて、比較教育学の理論と方法がバランスのとれた形で構成されているはずである。編者は、現在比較教育学で支配的なっている指向性や多数の研究成果を忠実に追い編集することに努力を傾けたからである。特に重視したのは、母体となっている認識論、世界観、社会理論、それに方法論上の選択であり、その多様な形態が比較教育学に異なる伝統と新たな動向とパラダイムを生み出しつつある。最後に、比較教育学を再構築する上で本書がとったアプローチは、世界各国（イギリス、フランス、ドイツ、ラテンアメリカ、アメリカ合衆国）の研究者の論稿を集めることであり、そうすることによって比較教育学が多様な学問的伝統、知的指向性、社会・文化的背景に根ざしている理論的展望の中から出てきた学問領域であることがわかるようにしたつもりである。

特に第１部に収録した論文では、比較教育学における言説論争において、方法論論議から社会・歴史的記述への転換が明瞭に示されている。科学史や知識社会学の分析道具を借りて、比較教育学の歴史的発展や現状を分析するにふさわしい「理論枠組」を作り、それを活用している。第２部には、比較教育学研究が体系的理論構築、歴史的説明、また政策上の予測にどのように貢献してきたかについての論稿が収録されている。これらの問題は、一方では異なった哲学的・現象論的・文化的仮説に基づいて論じられており、他方では理論を実際の比較研究に適応した場合どうなるかといった観点から論じられている。最後の第３部の論稿では、方法論議に新しい観点を提供している。すなわち、比較教育学の学問的位置、理論上の貢献、望ましい研究課題や予想される成果等を、より広い「教育」学（Educology）の中で考察し、比較教育学を包括的基礎学として位置づけている。

このような論稿を一冊の本にまとめるアイディアは、1984年にパリで開催

された第5回世界比較教育学会に遡る。その時、本書の著者のほとんどは「比較教育学の理論と方法」部会で顔を会わした。この部会での討論が本書の第一草稿を準備する上で刺激になったことは確かであるが、出版が本決まりになった段階で、ほとんどの論稿は徹底的に修正・加筆され、また編者との協議の上書き直された。さらにほとんどの論稿は、1987年にリオデジャネイロで開かれた第6回世界比較教育学会でも第5回大会の部会を継続して開催し、より密度の濃い討論に付されたのである。したがって本書は2回にわたる世界比較教育学会の討議を通じて生まれた。願わくばこの出版が、比較教育学の本質的な研究を促し、さらなる理論の構築と学問的地位の向上につながり、この分野が社会的信頼を得るような研究成果をあげる刺激となることを期待したい。

　本書がこのような形に結実したのは、論文の著者はもちろん、学問上の同僚、さらにはフランクフルト大学国際教育研究所のスタッフの諸氏の建設的な協力の賜物である。この場を借りて深甚なる謝意を関係者に表したい。特に当時の世界比較教育学会長ミシェル・ドゥボベ氏からは再三にわたって本書の完成への励ましをいただいた。また最初のパリ会議の準備を担当したブライアン・ホームズ氏のアドバイスも貴重であった。特に彼は、レイモンド・リバ、ネルソン・ワッティ、クリスチャン・エアハルト、ボテナ・シェリオ等の同僚とともに、フランス語やドイツ語で書かれた論文の英訳の準備と最終チェックの助力を惜しまれなかった。とりわけ感謝の意を捧げたいのは、エドウィン・カイナー、クリスチャン・エアハルト、それに私の親愛なる協力者たちである。彼らは編集業務はもとより、再三の校正、レイアウト、本書の最終原稿が印刷に付されるまでのすべての入力作業を担当してくれた。重ねて感謝を申し上げたい。

　　　1988年春フランクフルトにて

　　　　　　　　　　　　　　　　　　ユルゲン・シュリーバー

日本語版への序

　本書の日本語訳が、初版が出版された12年後に出版されることになった。日本語訳が出版されるということは、本書が日本の比較教育学、比較教育研究の学問社会に快く受け入れられたということを意味するわけで、編集者と著者達にとってまことに喜ばしいことである。この機会に、本書のこれまでの各国の比較教育学への影響について触れてみたい。

　まず、本書は、国際社会に好意的に受け入れられたと言えるだろう。1988年に初版が出された英語版は、1990年と1992年の2回にわたって版を重ねた。さらに1993年には中国語の翻訳が出され、1996年にはイタリア語版が出版された。また、大幅に編集し直した新版がスペイン語で出版された。この版は、英語初版のいくつかの論文に加えて、1989年にカナダのモントリオールで開催された第7回世界比較教育学会で発表され議論された8つの新しい論文が追加されている[1]。

　内容的に見ても、比較教育学の自己反省として本著で提起された中心的な問題は、方法論議の継続の中で取り上げられ認知されていった。こうした中心的な問題提起としては、まず、(1)1960年代、1970年代に比較教育学のメタ理論論議の特徴であった抽象的な方法論論議からの脱却が挙げられる。抽象的な方法論議に代わって——とりわけトマス・クーンによって一般的なメタ理論の議論に導入されたパラダイム概念に依拠して——、ますます、疑似存在論的な前提仮説、認識論的な立場、社会科学的な理論と方法論的な手続きの四つからなる全体的な連関への反省がなされるようになった。この全体的な連関によって比較研究の研究対象は構成されるのであり、こうしたことを顧慮せずして、比較研究のアプローチは適切に把握できないのである。こう

した展望の変化に応じて (2)価値規範に基づいて教育改革の処方箋を書こうとする方向から実際になされた比較研究と比較研究の結果を記述的に分析する方向へと変化が起こった。その成果として、こうした記述的分析は、近年の知識社会学、科学社会学の洞察やカテゴリーを採用するに至った。このアプローチの変化に応じて、私自身による「比較の方法と外在化の必要性」についての分析は、理論的関心の深い比較教育学者や制度化された実践に対して批判的な世代の比較教育学者によって、近年次第に受け入れられつつある。この新しい分析方法は「国際性の意味論的構成」に関する比較研究を促し、比較史研究を用いることによりグローバル化と世界社会からなるマクロ史的モデルの形成を経験科学的に行った点で、実り豊かなアプローチであることを証明した[2]。本書に示されている主導理念の三つ目は、(3)「比較という方法は、(実は)圧倒的に理論に支えられている」というテーゼである。この主導理念は、比較研究の変化の分析や、様々な理論的=方法論的アプローチの相対的力量を評価するのに優れた視角であることを証明した[3]。本書の日本語版が、本書のいわば続編が出版されたちょうどその年に出版されるということは、こうした反省的アプローチの持続性を物語っている[4]。読者は、こうした新しい様々なアプローチを継続的に発展的に比較考量することができるだろう。

　このような背景から、新しいアプローチの開発途上に訳された日本語版に対して、感謝と希望の言葉を述べたい。感謝の言葉はまず第一に二人の同僚、馬越徹教授と今井重孝教授に捧げたい。彼ら二人は、日本語に翻訳するにあたり長年にわたり世話し調整してくれた。二人の尽力がなければ、本書はできあがらなかったであろう。次に、希望の言葉を述べておきたい。比較教育学の自己反省と分析だけではなく、それについての講義や大学での授業もまた、比較法が「理論的」展望を与え、「規範的」相対化を行うことを示してくれるに違いない。

　　　2000年2月、ベルリンにて

　　　　　　　　　　　　　　　　　　　　　ユルゲン・シュリーバー

註

(1) Theories and Methods in Comparative Education, edited by Jürgen Schriewer in cooperation with Brian Holmes. Komparatistische Bibliothek/ Comparative Studies Series, vol.1 (Frankfurt am Main, Bern etc.: Peter Lang, 1988; 2nd edition 1990; 3rd edition 1992). 中国語訳については、『比較教育理論与方法』ユルゲン・シュリーヴァーとブライアン・ホームズ編、(台北：師範大学出版会発行、1993) として出ている。イタリア語訳は、Educazione Comparata: Teorie e Metodi, a cura di Jürgen Schriewer e Brian Holmes (Catania: Edizione Latessa, 1996) として出版された。スペイン語版は、Manual de Educacion Comparada. Vol.2, Theorias, Investigaciones, Perspectivas, comp. por Jürgen Schriewer & Francesc Pedro (Barcelona: Promocionesy Publicationes Universitarias, 1993). として出版された。

(2) この側面は、とりわけ、Jürgen Schriewer, "World-System and Interrelationship-Networks: The Internationalization of Education and the Role of Comparative Inquiry", in *Educational Knowledge. Changing Relationships between the State, Civil Society, and the Educational Community*, edited by Thomas S. Popkewitz (Albany: State University of New York Press, 2000), pp.305-343, sowie Jürgen Schriewer et al., "Konstruktion von Internationalität: Referenzhorizonte pädagogischen Wissens im Wandel gesellschaftlicher Systeme (Spanien, Sowietunion/Russland, China)", in *Gesellschaften im Vergleich, Forschungen aus Sozial-und Geschichtswissenschaften*, hrsg. von Hartmut Kaelble & Jürgen Schriewer. Komparatistische Bibliothek, Bd.9 (Frankfurt am Main etc.: Peter Lang, 2. Auflage 1999), S.151-258. によって深められた。

(3) Jürgen Schriewer, "Comparaciony explicacion en el analisis de los sistemas educativos," in *Los Usos de la Comparacion en Ciencias Socialesy en Educacion*, comp. Miguel A. Pereyra (Madrid: Centro de Publicationes del MEC, 1990), S.77-127.

(4) *Discourse Formation in Comparative Education*, edited by Jürgen Schriewer, Komparatistische Bibliothek/Comparative Studies Series, vol.10 (Frankfurt am Main etc.: Peter Lang, 2000).

比較教育学の理論と方法／目　　次

はしがき ……………………………………………………………… i
日本語版への序 ……………………………………………………… iv

第1部　変化する比較教育学理論 …………………………… 3

第1章　比較教育学における「比較」の意味 ……………… 5
　1　相対主義の衝撃………………………………………………… 8
　　　文化相対主義(8)　比較教育学における文化相対主
　　　義(9)　現象学(12)　比較教育学における現象学(14)
　2　統合の試み…………………………………………………… 17
　　　ケーススタディ・アプローチ(17)　形態形成論的ア
　　　プローチ(18)　問題解決アプローチ(20)
　3　結　　論……………………………………………………… 23
　　　　　　　　　　　　　　　　　　　　　　註(23)

第2章　比較の方法と外化の必要性 ……………………… 29
　　　　――方法論的諸基準と社会学的諸概念――
　1　処方箋と治療………………………………………………… 29
　2　方法としての比較と心の作動としての比較……………… 32
　3　距離をとって見る場合と参加して見る場合……………… 36
　4　「真理」の科学的探求とシステムの自己反省……………… 40
　5　比較社会科学と改革の国際的反省………………………… 50
　6　比較研究の論理と世界状況への外在化…………………… 53
　7　制御された研究と自己言及の意味………………………… 60
　　　　　　　　　　　　　　　　　　　　　　註(66)

第2部　比較教育学理論の有効性 …………………………… 85

第3章　異文化間比較における概念の諸問題 ……………… 87
　1　概念の妥当性………………………………………………… 89
　2　概念の歴史性と一般性……………………………………… 97

3　外部からの視点と内部からの視点………………………… 105
　　　　　　　　　　　　　　　　　　　　　　　　　註(113)

第4章　社会科学としての比較教育学 …………………………… 117
　　　　——因果関係論・決定論との関連において——
　　1　代替的方法……………………………………………　123
　　2　心理的決定論と比較教育学………………………………　125
　　3　社会の自律相としての教育………………………………　129
　　4　問題解決アプローチ………………………………………　135
　　　　　　　　　　　　　　　　　　　　　　　　　註(142)

第5章　比較教育学におけるゲーム理論——展望と提案——………… 145
　　1　決定論的パラダイム………………………………………　146
　　2　社会学的法則………………………………………………　149
　　3　対自然ゲーム………………………………………………　152
　　4　ケーススタディ……………………………………………　155
　　5　評　　価……………………………………………………　157
　　6　今後の方向…………………………………………………　162
　　　　　　　　　　　　　　　　　　　　　　　　　註(164)

第6章　比較教育学における従属理論——12の教訓——……………… 167
　　1　理　　論……………………………………………………　168
　　2　適　　用……………………………………………………　172
　　　　中心——周辺(172)　再生産(174)
　　3　評　　価……………………………………………………　182
　　　　民衆、陰謀、権力について(188)　変革と近代化につ
　　　　いて(189)　方法論について(189)　結　論(190)
　　　　　　　　　　　　　　　　　　　　　　　　　註(191)

第3部　比較教育学理論の学問的位置 …………………………… 195

第7章　比較教育学における「知」 ………………………………… 197
　　1　教育と「教育」学(educology) ……………………………　199
　　2　教育に関する科学と知識…………………………………　203

3	教育に関する知識の構造………………………………	208
4	システムに基づいた分類に向けて………………………	210
5	比較教育学の特殊性………………………………………	215
6	比較「教育」学の位置……………………………………	219

註(225)

第8章　文化と社会化 ……………………………………………… 229
――比較教育学における忘れられた伝統と新しい側面――

1	教育システムの形成と比較教育学………………………	229
2	比較教育学における理論と方法(I)：文化の重要性……	233
3	比較教育学における理論と方法(II)：社会化の重要性…	238
4	「子供と家族の世界」： 比較教育学研究における新しい次元の一事例…………	249
5	結論：比較教育学の理論的・実践的重要性……………	256

註(257)

監訳者解題 ……………………………………………………………… 267
監訳者あとがき ………………………………………………………… 276

比較教育学の理論と方法

第1部　変化する比較教育学理論

第Ⅰ章　比較教育学における「比較」の意味

アーウィン・エプスタイン

　一般に「比較教育学の父」[1]と言われているマーク・アントワーヌ・ジュリアン（Marc-Antoine Jullien）にとって、「比較」することの重要性は自明のことであった。つまり比較とは、異なった国の教育の特質や方法を対照してみる行為であった。有名な彼の『比較教育学のための予備的構想』において、ジュリアンは比較の方法を具体的な形で明確に示そうとした。つまり情報を収集するために標準的な質問紙を活用し、その結果を総合的な比較表にまとめてみることによって、各国教育における違いが一目でわかるような方法を開発したのである。こうした比較表には、ある国から別の国に移植可能な項目が示されていたが、国（地域）ごとの違い、とりわけ「ものの考え方の違い」に細心の注意が払われていた。彼の究極の目的は、彼が提唱した方法同様にはっきりしていた。すなわち「真の原理と明確な法則を演繹することによって、教育学を真の実証科学に生まれ変わらせることができる」と確信していたのである[2]。

　ジュリアンは170年も前に、実証主義を比較教育学の主流となる伝統として確立したと言える。その後現れたいかなる比較研究者の中にも、彼ほど認識論的観点を比較教育学の方法として明確に提示した研究者はいない。もちろん彼の後に続いた研究者中で、比較なしには人間行動を科学的に解明することはできないとか、教育の本質は国家間比較をしてみないと何もわからないと主張する近代実証主義者たちがいたことは確かである。例えば、ノアとエクスタインは、「比較教育学は、教育と社会の関係や教授活動と学習成果との関係に関する仮説を検証するため、国家間比較データを活用する試みとして成立した」[3]、またファレルは「比較考察のない科学的教育研究方法は

あり得ない」(4)などと述べている。また、メリットやクームスも、「体系的なシステム間比較がなければわれわれが必要とする理論も作れないだろうし、一国のシステム内のことさえ何一つ説明できない……」(5)と述べ、レタン・コイも次のように言っている。

「真の教育の一般理論は、歴史的に異なった種類の文明における教育と社会の間の相互連関関係を徹底的に研究することから生まれてくる。……こうした試みの行き着くところは法則の定式化ということになるであろうが、ここで言う法則とは実験科学で生み出されるような妥当性ではなく、時間と空間における相対的に持続的な関係を意味している。……比較教育学はまさにこの種の「法則」を生み出すのに不可欠であり、その意味で比較教育学は一学問領域を越えた存在であると言える。つまり教育現象の理解や説明に資するすべての学問領域を包括する研究分野なのである。……比較することによりわれわれは、物事を類型的に把握でき、ある条件下で「間接的実験」を行うことができるのである」(6)。

こうした定式化において比較が果たす役割は、教育と社会の諸事象の間にみられる不変的関係を解き明かすための二国間比較の方法であり、これはアンダーソン流に言うならば「時間や発展段階概念から抽象されるプロセスに光を当てる」(7)作業なのである。こうした作業の重要性は明白である。それなくしていかなる教育現象の理解も完全にはなし得ないであろうし、その意味で比較教育学はまさに学校研究の冠石にならなければならないのである。さらに言うならば、教育はいかに研究されなければならないか、その方法は明白である。それは教育の経験的事実のみが科学的であるということであり、科学的な説明のみが意味をもつと言えるのである。つまりある命題が意味をもつということは、それが原理に従って検証されかつ立証されなければならないということであり、それが真実であると見なされるには、実験的に検証されなければならないのである。

しかしながら比較教育学研究者の中では、こうした実証主義に対して激し

い反論が続いてきた。生成途上の学問に意見の不一致はつきものであるので、そのこと自体驚くべきことではない。例えば物理学の場合でも、ニュートリノの存在をめぐる仮説に関し和解しがたい対立があるが、これは実験的に検証されたものではなく（中性的物体は検出できない）、きわめて異なった解釈的文脈における理論上の伝統の違いによっているのである(8)。もちろん異なった学問分野によりもたらされる異なった解釈的文脈は、同一現象の異なった解釈を生み出してきた。ディノサウルスの絶滅の説明に際してベントンは次のように述べている。

「天文学者や地球物理学者は惑星や彗星を、大気地球研究者は酸性雨を、眼科医は白内障を、植物学者は塩基中毒を、栄養学者は植物繊維や天然オイルの枯渇を、ディノサウルス絶滅の原因として挙げている」(9)。

これほどの見解の相違は別にしても、比較教育学における異なった立場は、ある現象に対する別の解釈の提示ですまず、学問分野としてのこの分野の存続可能性までも問うているのである。ある比較教育学者は最近次のように主張している。

「比較教育学の本質や方法に関する先行研究を網羅的に読んでみたが、私には比較教育学固有のものは何もないと結論づけざるを得ない。つまり、研究分野としての比較教育学は存在しないのである」(10)。

私自身は、比較国際教育学会（CIES）の会長就任講演において、次のような提案をしたことがある。ある敵対的な立場は、認識論的にもイデオロギー的にもその本質において相容れないために、比較教育学にとって脅威となる(11)。そこでこの論文では、相対主義の挑戦に焦点を当てることによって、実証主義の問題だけでなく、一学問分野としての比較教育学について議論を深めてみたいのである。そしてできれば、以前から私が抱いていた考えについての整理もしてみたい。それは、比較アプローチのいくつかは以前私が考えてい

たようには、つまり実証主義者の立場にもまた相対主義者の伝統にも、すっきりとは納まりきらないことを示すことである。

1　相対主義の衝撃

　比較教育学には二つのはっきりした相対主義の系譜がある。第一のそれは、実証主義とほとんど同様に長い間存在してきたのであり、特にヨーロッパではかなりの人々によって支持を得てきたアプローチである。ここでは文化相対主義についてふれてみよう。と言うのも、比較教育学においては「国民性」アプローチの一変形として、こうした立場を主張する人たちがいるからである。文化相対主義は実証主義とは相容れないものではあるが、比較教育学における一個の代替可能なアプローチになり得るからである。第二のそれは比較的新しいものであるが、実証主義的傾向に反対であるだけでなく、いかなる意味での比較も受けつけない立場である。さらにふれておきたいのは、比較教育学における現象学的方法（もしくはエスノメソドロジー的手法）[12]についてであり、これらを順次考察する。

文化相対主義

　実証科学の法則定立的説明、つまり行為や事実の全体を説明できる趨勢および様式の発見とは正反対に、文化相対主義は個々の事象を他と区別する特別な状況を吟味し、個別的説明を重視する立場をとっている。すぐ思い浮かぶ人類学者として、フランツ・ボアズ、ルース・ベネディクト、メルビル・ハースコビッツがいるが、文化相対主義の立場をとる彼らは、「すべての評価は、どのような標準に対しても相対的なものである。なぜなら標準そのものが文化に由来している」[13]という立場をとっている。「文化相対主義」という用語を作り出したハースコビッツは、文化を一般化することに根本的に反感をもち、行為の普遍性に対しても限りない懐疑を抱いていた。あえて言うなら文化の特性のみが普遍的であり、色、形、時間・空間の認知、味覚、痛みへの反応などは、文化もしくは社会関係によって規定された絶対的なもの

である$^{(14)}$。ベネディクトは行為の異常性が普遍的に存在することはあり得ないと強く主張している。異常だと考えられる行為が、別の文化では完全に正常である場合もあるのである。

「異常であることの説明として、どのような異常性を取り上げるかはあまり重要ではない。ある場合には極度の不安定を示す人であったり、その人の性格特性がサディズムもしくは誇大妄想や被害妄想の場合もある。こうした異常性が、いとも簡単にある場合には誇りをもって、さらには社会に危害を与えることなく現れるような文化があるのである」$^{(15)}$。

人類学者の目的は個々の文化の特殊性を記録することであり、文化間の違いを示すことにある。

実証主義の立場からすれば、文化相対主義の信奉者は比較研究者にはなり得ないことは明々白々である。相対主義者は法則的原理の存在自体を否定する。そしてすべての文化のユニークさを明らかにすることを学問の目的と心得ている。彼らにとって「比較」は一般化のプロセスではなく、文化の絶対性を発見する方法なのである。つまりそれは、実証主義者の用いる「比較法」とはまったく違っている。相対主義者は、規範や価値の相対性を文化的文脈において無視するような方法はくだらないとして避ける傾向がある。一方、実証主義者にとって比較の目的は、まさに文化の境界を越えて一般化することにある。つまり同じように「比較」といっても、実証主義者と相対主義者の間にはかくも大きな違いがあるのである。このような立場の違いは、比較教育学研究においても論議されてきたし、今も続いているのは興味深いことである。

比較教育学における文化相対主義

もし文化相対主義者たちが法則的原理を避けるのであれば、彼らは何のために研究するのであろうか。もしいかなる調査結果も文化的にユニークで一般化できないとすれば、なぜ社会を「比較」するのであろうか。ハースコ

ビッツによれば、比較の目的は人間がその必要を満たすために考案してきた様々な行動様式を発見し、同時にそれが可変的であることを承認してもらうことにある。彼は「文化相対主義の核心はまさに、差異性の承認と相互尊重からくる社会的原理である」[16]と述べている。人間はとかくエスノセントリズム（自民族中心主義）を避けがたいことを考えれば、こうした文化相対主義的考え方が重要であることは確かである。しかしわれわれは過激なエスノセントリズムを警戒し、それを「他者を許容する」それに仕向けることはできるのである。つまりそれは、仮にエスノセントリズムが自集団の強力な自我意識からなってはいても、それが他集団の生存の障害になるような過激な行動に駆り立てることがないようにすることである。そうなれば他者の価値を拒絶することなく、社会生活における重要な安定力になり得るのである[17]。

　比較教育学における文化相対主義に関する論議も同じような道をたどったと言える。マリンソンにとって比較教育学研究は、自らの学校システムをよりよく理解するための手段として、外国の学校に関する知識を得るプロセスであった。他者が行っている教育上のユニークさを知ってはじめて、自国の教育の独特のあり方を十分に理解できると考えたのである。その際注意しなければならないのは、学校にのみ焦点を当てるのではなく、学校のあり方の違いをもたらしている特異な文化的文脈に意を用いなければならない。言葉を換えて言えば、学校は文化環境への「適応物」であると見なされなければならない。マリンソンは、次のような用語――「固着した精神的構成要素」、「国民に共通するかなり永続的態度」、「半永久的気質」、「様式的パーソナリティ構造」[18]――を度々用いて、個人や学校が「国民性」と分かちがたく結びついていることを説明している。人々が自らのアイデンティティを見つけようとする時、文化の型を通して自己のあり方を見つけることはしばしばある。つまり個人的な自己表現の欲望はあってもそれを抑制して、国民を形成している共通の価値に自己を託すというやり方である。こうした文化の型は、特別な社会的、地理的、経済的、歴史的、宗教的、政治的要因によって形作られるので、「独自」なものである。このように国民ごとの文化の境界を設けてしまっては、比較教育学者が一つの学校システムから他のそれを一般化する

可能性を著しく制限することになる。

　比較教育学における文化相対主義的考え方は、マリンソンの国民性概念にもっとも典型的に現れているが、初期の比較教育学者にも同様の見方をとった者が少なくない。ジュリアンと同時代のビクトル・クーザンの場合も学校を「比較」する際、「わがフランスの国民性という不滅の統一体」を認めているし、マイケル・サドラーも「すべての優れたまた真実の教育には国民性が反映されており、それは国民の歴史に根ざし、その必要性に応えている」[19]と強く主張している。ごく最近では、エドモンド・キングが学校をその文化的環境という視点から研究している。彼の分析によればフランスの教育は「合理主義と主知主義の国」の伝統に根ざしており、「学術至上主義」と真に優雅な生活の国の特性を体現した「伝統的敬虔をともなう合理的世俗主義」を特色とすることになる。これに対してアメリカの学校は「科学技術と商業主義」が特色となる。キングは、「まっとうな比較教育学研究は、各々の人間集団の営み（それは一つの文化の総体）における「教育」の総体を思いを込めて記述分析したものでなければならない」[20]と言う。

　このように見てくると、実証主義と文化相対主義とは、比較やあるべき教育学研究において、まったく異なった立場をとっていることが明白である。実証主義者たちは個々の社会の境界を超えた普遍的関係を捉えようとするのに対し、相対主義者たちが重視するのは文化の特異性であり、文化こそが国民教育システムの独特なあり方に密接に関係していると見る。前者は、「比較」を文化を超えた学校現象を普遍化するために用いるのに対して、後者はある国の学校のユニークな特性を把握するために用いようとする。この見解の相違は、単なる違いというより互いに相容れない性質のものである。

　しかしこうした両者の衝突にもかかわらず、両者を接近させる試みがあったことを、示しておこうと思う。ただその前に、もう一つの反実証主義の立場を紹介しておかなければならない。それは実証主義への挑戦という意味では、文化相対主義よりも強力なものであった。ここで述べなければならないのは現象学からの衝撃である。

現象学

　人類学者は文化相対主義を「エスノセントリズムの対極」[21]として位置づけているが、その意味するところは通常きわめて単純である。すなわち文化相対主義者はある規範や価値の普及・浸透の度合いを報告するだけであり、文化体系間の価値評価にはふれないのである。相対主義とは、観察者と価値観を異にする人たちの実践や行為を含め、観察されたことに価値判断を加えることを避けるのである。他方、実証主義は文化の統合や境界にこだわらず、やや安易に結論を導きがちではあるが、その手法は現象の中にある一般的な関係を観察することに限定されているので、必ずしもエスノセントッリクなものではない。ところが現象学の立場からすると、実証主義的探究は本質的に偏りを生み、物事に価値判断を下してしまうことになる。したがって現象学は実証主義に対し、文化相対主義に対する以上の拒否反応を示す。

　現象学者は、実証主義者が社会的事実を事前の仮説や操作的な変数定義や統計的有意の検証によって「事象」と見なすことに異を唱える。実証主義者の調査は、諸条件の「内的論理」、つまり観察者も含めて参与者が「事実」や「変数」を構成するために用いる諸原理（ルール）を考慮しないからである。物理的客体と違って、社会現象は、われわれが普段活動する際に、日常的に現実だと認めている限りにおいて「実在」するのである。社会現象にはいかなる「実在」の性質も実在の部分も内在していない。また真の変化や因果関係もない。フッサールは次のように述べている。

　「ある性質を現象に帰属せしめること、つまり現象の実在的構成部分やその因果律的結合関係を調査研究することはまったくのナンセンスと言うべきものであり、数の因果的特性や結合関係等を問うてみたいと言うのとかわらない」[22]。

　現象学は実証主義の次のような仮定を受け入れることはできない。すなわち実証主義の立場からすると、経験的社会世界があらかじめ構築された対象領域から本来的に形成されており、この対象は解明されるのを待っているの

であり、しかもその対象の存在は研究されたり了解されたりするプロセスからは独立しているという考えなのである。現象学は世界が分析可能だとする実証主義者の考え方は問題であると捉える。現象学者から見ると、実証主義者の分析は常識的推論の域を出るものではなく、彼らが操作的な定義を用いるのは現実の世界を客観的に記述するためというより、あらかじめ考えられた見解を確認するためであり、いわば自己正当化のための結果を生み出しているにすぎないのである。

　文化相対主義者と同じように、現象学者は研究者の文化的立場が潜在的に観察行為を縛り影響を与えると考える。しかし文化相対主義者は、観察された実体に判断を加えることを周到に避けることにより、そうした影響から逃れようとする。このような回避は、現象学者に言わせれば、観察された相互作用に対して外部から、客観性を高めるために考案されたあらゆる工夫と同様、それ自体が説明されなければならない対象の一部なのである。研究者によって観察された社会世界とは、社会を構成している個人が構成したものだから、いわば第一水準の構成物であるので、客観的な分析の対象とはなり得ない。なぜなら、特定の事実や出来事の解釈の適切さは、外部からは決定できないからである。不幸にも、実証主義者は第二水準の構成物、すなわち「構成の構成」に依拠しなければならない。つまり彼らは社会世界についての一般常識的解釈に基づいて概念構成するのであるが、その社会なるものは、その実存的主観性に基づいてしか意味のある理解ができないのである[23]。言うまでもなく現象学の検証に耐え得るような観察を客観化する技法は存在しないのである。

　本論の目的との関連で言えば、「比較」——実は実証主義者と文化相対主義者とではその定義が異なるのであるが——は、現象学の批判を打ち破ることができるという点で重要だと考える。比較を文化の境界を越えて一般化する方法であるととるか、ユニークな文化的形態を確認する手段と見なすかは別にして、比較は観察された主体の相互作用を客観化する方法だと言える。ところが驚くべきことに、現象学を信奉する研究者が比較研究者として位置づけられ、彼らの研究物が比較教育学の専門誌に掲載されてきたのである。

比較教育学における現象学

　比較教育学の文献において、現象学の立場からおそらくもっとも早くかつ意味のある実証主義批判を展開したのはベンジャミン・バーバーであろう。彼は、実証主義者は一様にその方法論を科学と誤解し、「研究の性質とは関わりなく、確実性、精密性、確信性は精選された方法を適用すれば達成できると推論した」[24]と断じたのである。たしかに彼は、事象間の偶然的関係に基づいて一般化を図ることは正当ではないと主張し、帰納法的プロセスについて次のように論じたのである。

　「知覚される世界の孤立した事例から、理論的世界における一般的で法則定立的（因果律）的な命題を得るという考えそれ自体がアプリオリな原則となっているが、その正当性は、経験的（アポステリオリ）用語によって証明することは絶対できないのである」[25]。

　「データは、特定の精神的状況において知覚的に経験されたことを慎重に精選した一面にすぎないのであり、世界についての一つの理論とよばれるにすぎないということである。それは物自体ではなく、自己定義的で直截的（両義的でない）なものである。石、エレクトロン、木、人間は、国家、理想、カリキュラム、偽善者などの概念と同じく、人間が言語によって不完全で不可知な世界に人工的に特別な意味を与えたカテゴリーである。ところが社会科学者は、データを選別する際に、価値や目的が経験以前の重要な役割を果たす傾向があることはしばしば認識しているが、データそれ自体が精神の産物にすぎない点を見落としてしまっている」[26]。

　このような考え方に立つと、すべての比較は、少なくとも実証的に定義されかつ複数の社会に通用するような一般化を目指す比較は、意味のないことになる。なるほどバーバーは、「いまや比較研究の目的は、比較が可能になるような顕著な問いや、もっと理想的に言えば普遍的カテゴリーとして使える

〈不変の準拠点〉を見いだすことである」(27)と、実証主義者の定義を受け入れている。しかし解せないのは、彼が読者に迎合したのであろうが、「比較はきわめて貴重な研究上の技法である」とも述べていることである(ただし、比較教育学者の観察が比較教育学者自身の関心・価値・意図を反映したものであることがことがわからないような研究者に誤用されない限りにおいて、という嫌みな注釈はついているのだが……)(28)。この後段の台詞にもかかわらずはっきりしているのは、比較という方法は次のようなバーバーの論理的ロジックになかなか太刀打ちできないということである。つまり、比較は実証主義的なものである。ところが経験論的実証主義と一般化理論からなる実証主義は、社会の現実を理解するのに適切な基礎とならず、したがって比較は信頼するに値しないと言うのである。重要なことは、実証主義者でさえ、「比較法」に対する現象学からの批判は、その根本において矛盾していることがわからないということである(29)。

　これは何も現象学者が正当な手続きも踏まないで、実証主義批判だけをしていることをあげつらっているのではない。多くの現象学に依拠する「比較研究者」たちは、比較はいかになされなければならないかを示そうとしてきた。彼らにとってはっきりしていることは、それがミクロ分析(もしくは「相互作用主義的」または「解釈学的」)でなければならないということである。ヘイマンが強く主張しているのもその点であり、比較は「教育の社会的現実のもっともはっきりした源泉としての社会的相互作用を詳細に分析することに専念しなければならない」(30)。クリネ(Clignet)は「個々の有機体の将来見通しを識別し、それが環境に適応していく形態の多様性を明らかにする」(31)アプローチを、これまでにもっとも詳細に描き出してきたと言えよう。生徒に読み方を教える問題に焦点を当てることによって彼が示そうとしたのは、「個々の教育関係者によって用いられる適応パターン間の調整の歴史は、学級のおかれた規範的・社会心理的状況によって多様に変化する」(32)ということであった。一方メイズマンは、「比較研究において、学級の相互作用と教育言語の文化的文脈を吟味する必要性を説いている」(33)。

　現象学の立場の注目すべき点は、「比較」という考え方を無意味なものに

してしまうことである。彼女の次のような認識はそれなりに評価してよいであろう。

「……非解釈的立場からすると、すべての（解釈的）研究は、一般化の欠落とより広範な理論的フレームワークへの関係性の欠如、さらには社会関係の機能主義的分析の抑制のために、本質的に限界をもったものとなる。解釈学的研究は教育的現実の営みに洞察を加えているが、そうした努力は学校・社会関係の一般理論に関心をもつ研究者を満足させるような比較教育学研究には、結局のところなっていないのである」[34]。

かくして現象学者は、実証主義者の目的は一般理論にあるので、解釈的研究は実証主義者にとってあまり意味がない、ということを認めるかもしれない。しかしそれは実証主義の学者にとって意味がないというにとどまらず、すべての解釈的研究から導かれる成果は本質的に比較不能であるということである。

すでに述べてきたように、実証主義者にとっての比較は社会の境界を越えて事象を一般化するための方法である。ところが文化相対主義者にとっての比較は、個々のユニークな属性を理解するために個々の文化の特性を観察するプロセスである。こうした立場の違いはたしかに両立しがたいものであるが、両者とも多文化的分析を要請し、それゆえにこそある種の妥当な「比較」概念を組み込んだ手法に依拠している。しかし現象学的アプローチと比較の共存はあり得ない。なぜなら現象学は相対主義を、厳格に限定的な文脈内でのきわめて特異な相互作用を解釈することに限定する虚無主義的極端にまで押し進めているからである。このような考え方からすると、文化概念でさえも分析の基礎を構成するには文脈上十分ではないということになる。要するに、事象の本質や理解への感受性に関する現象学的前提は、比較の価値を認めようとしていないのである。

2　統合の試み

　比較教育学における認識論レベルでの不一致を認めた比較教育学者たちは、少数ではあるがその統合を呼びかけてきた。統合すれば各アプローチは学校の総合的分析に応分の貢献をなし得ると考えたからである[35]。ところが残念なことに、筆者も以前から指摘してきたことであるが[36]、それぞれの主唱者は自らの立場を主張することはあっても、様々な認識論を許容することにおいては頑なであった。この経緯を説明するために、統合への試みのいくつかについて検討しておこう。

ケーススタディ・アプローチ

　ケーススタディ法の唱道者は、実証主義がまったく個性記述的方法と相容れないものと誤解して、争ってきた。ステンハウス[37]の立場を受け継いだクロスレイやブラミ（Vulliamy）もこうした人たちであり、「ケーススタディ研究パラダイム」こそが「実証主義の認識論およびイデオロギー上の支配体制にさらなる挑戦をしかける機会」[38]を提供すると信じていた。実証主義は観察や記述の価値をあまり評価せず、資料や統計的操作や教育システム自体の説明を過度に評価していると論じた。彼らはミクロ分析やケーススタディ・アプローチを取り入れることにより、比較教育学にバランスを回復しなければならないと説いたのである。

　しかし残念なことに、クロスレイやブラミは方法と認識論とを混同している。認識論は知識が獲得される仕方、すなわち理論をともなった知識を獲得する手段なのである。この点は多くの研究者が犯してきた共通の間違いである。例えばマンは、認識論が異なれば研究方法論も異なるとは考えず、相対主義者でさえも彼らに特有の研究テーマをもっているわけではないので、実証主義者と同じような方法を用いる傾向があると述べているような次第である[39]。ブリマンも、認識論的立場と量的分析方法をとるか質的分析方法をとるかという手法の間には、明確な対応関係はないと主張する[40]。スニゼック（Snizek）も、理論的パラダイムが方法論を決定すると考える論理的根拠はな

いと言っている(41)。機能主義とサーベイ・メッソド（調査法）の一致について論じた論文でプラットは次のように結論づけている。

「理論と方法は相互に親密な関係があると見る場合、実際に何が起こったかを細かく歴史的に観察するより、両者の関係はかくあるべきであるとする考え方が先に立つ傾向がある」(42)。

ケーススタディ法の究極的目的が、広範な社会関係類型を説明するために特別な事例から物事を発見していく方法であると言うなら、何も実証主義と矛盾するものではない。このような観点からすれば、ケーススタディの技法はそれ自体特定の認識論的根拠をもっていないのであるから、クロスレイやブラミも言っているように、「仮にケーススタディに認識論的根拠があるにしても、ケーススタディ研究は実証主義的な意味で一般法則や広く応用可能な勧告を推論するためになされるのではない」(43)。ケーススタディ法は、もしそれが文化相対主義のような両立しがたい認識論に与するような仕方で使われるなら、実証主義に敵対する方法として使われるにすぎないであろう。実はクロスレイやブラミも、ケーススタディを実証主義的アプローチの補完物として、「その研究成果が一般化の可能性を高めるために」用いられるべきだと主張している。しかし私から見ると、ケーススタディ法をそのように活用すれば、実証主義的枠組みの道具になることを彼らは理解できないでいることになる。

形態形成論的アプローチ

近年、第二のアプローチが注目されている。つまりそれは、教育拡大を社会文化システム内における変化の従属変数と見る実証主義的見方への代替的方法として脚光をあびつつあるのである。もちろんこの方法は、実証主義者たちによって無条件的に支持されているわけではない。マルクス主義者、実証主義者、そして大多数の比較教育学者はいわゆるサドラーの名言、すなわち「学校の外で起こった事柄は、学校の内で起こった事柄と同等以上に重要

である」ことに留意してきた。ところが最近、マクロ社会学者たちの一部の者は、教育が産業社会のニーズや政治組織の変化等によって個別に引き起こされる外界の不連続な変動に対して無条件的に反応するという考え方に、異議申し立てを行い挑戦しはじめている。特にアーチャーは、教育システムは外界の特別な経済的・政治的構造からかなりの程度独立して生成拡大するという自説、換言すれば教育はそれ自体独立した生命体であるという考え方に自信を深めている[44]。

　興味深いことに、形態形成論的アプローチの相対的メリットを確立するために、彼女が用いた方法は教育発展に関する実証主義の立場からの諸理論——人的資本論、消費理論、社会統制理論、イデオロギー浸透理論——に対する批判であったが、実は彼女の方法は実証主義的原理に基礎をおいたものであった。彼女のよって立つ基本的前提は、教育システムはかなりの自律性をもっているので、「意図しない結果、予期せぬ全体的特性、予想外に突然現れる形態」[45]を現すことがある、というのである。もちろん教育システムは社会文化的システムに起源を有し、またそれとの関連の中で維持されてきたのは事実であるが、いかなる一般理論をもってしても、特定の社会的変数やプロセスを普遍的な変化要因として正確に特定することはできない。それに対して形態形成論的パラダイムのみが、教育システムの発展を十全に説明できるとアーチャーは考えたのである。すなわちそれは、社会的相互作用の複雑な関係や、やがて組織的精巧さを生み出す構造要因を説明できると言うのである。

　ではなぜアーチャーは、ほとんどの実証主義者がとってきたアプローチに満足しないのであろうか。結局のところ多くの実証主義者と同じように、彼女はあらゆる知識は観察することのできる現象に由来するというコント流の実証主義を受け入れ、社会の成長発展が経済システムや歴史決定論から導かれる構造的必然であるとするマルクス主義の見方や相対主義者のとる全体論には反対の立場をとっている。彼女が実証主義者に議論を挑んだのは、特殊な独立変数に基づいて普遍的かつ法則的一般化を導こうとする、彼らの一次元的ものの見方に対してであった。たしかにアーチャーは歴史の特異性（限

定性）は拒否したが、彼女の形態形成論は、組織構造と一次的行為者（アクター）との間の相互作用の文脈性および微視的分析に重点をおく立場をとっているので、実証主義者でも受け入れることができる相対主義に近い立場である。

　アーチャーを実証主義者たらしめているのは、組織の拡大を説明する正当な独立変数が発見され確認される時にのみ、教育拡大を完全に理解することができるとする信念を彼女がもっているからである。ところが彼女が実証主義者の一部の者に戦いを挑んだのは、彼らが独立変数の微妙さや複雑さの説明に失敗しているからである。つまり彼らは教育成長のほんの一部の変化しか説明できない一次元的要因を提案するのにあまりに性急であるからである。しかし私の見るところは逆で、実証主義者にとっては、アーチャーの還元主義こそ性急である。と言うのも物事の相互作用を微細な文脈的厳密性に従属させようとすることは、意味ある説明の形成を排除することを意味するからである。さらに言えば、彼女は還元主義にもかかわらず、組織発展の三段階発展説の存在——創発段階、発展段階、現状段階——を肯定的に評価しているのであるが、それは一般理論に反対する彼女の主旨にも反している。

問題解決アプローチ

　ブライアン・ホームズの問題解決アプローチは、これまで出された比較教育学方法論の中で、もっとも純粋な意味で折衷的であると言える。彼の考えを相対主義的であると決めつけるのは、実は私もかつてそのように批判したのであるが、誇張に過ぎると思う[46]。たしかに彼のアプローチは基本的に「社会学的法則」の役割を基礎にしたものであるが、それは常に「ある状況の下での仮説的、条件的、論駁可能的」なそれである[47]。

　ホームズは、社会科学者は自然科学における相対性理論の意味が社会理論や社会研究、さらにはパラダイム革命にとっていかに重要であるかに気づくのにあまりに遅かったと主張した。相対性理論が、自然界における事象だけでなく、大衆や軍のような絶対論的伝統概念に対して、その論理的妥当性に疑義を呈したと同じように、現代のほとんどの社会調査の基礎になっている

考え方、すなわちあらゆる行為と社会発展には永遠の基本的法則が存在するという見方に対しても、挑戦状をたたきつけているのである。社会理論は、絶対不変の法則によってというより、むしろ多様な状況下における特定の時間・空間、言語的、社会心理学的状況によって支配される行為の文脈の中から一般化されるものと見なされるべきであろう。絶対的法則の追求が意味のないことである以上、「純粋」研究なるものは正当性を認められておらず、時間と資源も無駄である。むしろ社会科学は、とりわけ比較教育学は現実の実践的問題およびその応用の必要性に応えるべきである。政策への指向性をもち、特定の初期状況と特異な国家的状況という文脈の中で適度な目的を強調する漸進的社会工学の手法を比較教育学は学ばなくてはならない。研究はデータの収集からはじめるのではなく、個別の実践的問題の慎重な確認と分析からはじめるべきでなのである[48]。

　ホームズの方法というのは、もし特別な社会的行為を引き起こす要因のすべてが認知されるなら、そうした行為がどこでもまたいつでも起きるという多様な解釈が可能であるとする実証主義者の論駁を認めている。つまり彼の方法は、自然や歴史の普遍的法則性を探究するというより、いくつかのモデルによって特別な構造や関係性を検証する理念型的規範概念によって導かれる比較社会研究という特色をもっている。そのような概念構成は、社会には多様な信念体系がきちんと存在し、それが集合的精神状況や社会的行為を解き明かす手掛かりを与えてくれる限りにおいて、研究の出発点としては適切なものである。このようなモデルを使うことは比較教育学の初期の理論から突然決別することを意味するものではない。むしろそれは幾分マリンソンの国民性概念と類似しているところがあるのである。ホームズの理念型が重視するのは、実態のはっきりしない内在的諸要因よりも、人間や社会や知に関する一般目的・理論なのである。彼によれば、目的や理論や精神的状況というのは、研究者が方向づけられる「問題」に関連する初期の特殊な状況に関連する諸概念ということになる。

　複雑な点はあるが、問題解決アプローチは本質的に次の二つの要素に分けて考えることができる。一つは特殊な「実」世界を記述するに際して、理念

型を構成しそれを用いることである。他の一つは、教育的、社会経済的、政治的諸制度の実施に関わる「社会学的法則」を確認することである。理念型を用いることは、それ自体が相対主義的であることではないが、相対主義者の感情を満足させる試みである。なぜなら特殊な状況における人間や社会や知の本質に関する規範的方向性を推論するには「憲法、法律、心理学的・社会学的・認識論的諸理論」を用いなければならないからである。しかしホームズは、そうしたモデルだけでは不完全な分析にならざるを得ないと主張している。同様に社会学的法則を用いることは、それが実証主義的であるかどうかとは関係なく実証主義者の感情を満足させる傾向がある。要するに教育的、社会的制度の分類法を準備しなけらばならないのであるが、それは理念型構造の場合と同様に、社会学的法則それ自体の追求が研究の目的ではないのである。

　ただ不幸なことに、実証主義と相対主義の欠陥を回避する試みとして、問題別アプローチは誰をも満足させないのである。たしかにホームズは、一方において社会学的法則は実践的課題に対し何らかの発言権を有するには不十分ではあっても可能であると認めていたし、実証主義が比較教育学の有効な認識論にまで発展するには時間が足りなかっただけだということをオープンに議論することを彼はいとわなかった。つまり社会科学的法則の適用可能性を承認することにより、実証主義的知識や実証主義的立場の研究者を増加させ、結局われわれは難しい問題にも一定の発言をすることができると考えたのである。ところが他方において、相互作用や文脈性が分析力を高めるには必要であると主張することにより、一般的法則などあり得ないとする相対主義者の主張にも媚を売ることになった。相対主義者も実証主義者も、問題別アプローチは和解できない認識論の前提を融和させることができる試みと彼は考えたのである。しかし問題解決アプローチは扱いにくく非実用的でもあった。ホームズ自身は「相当多くの大学院学生が自分の提唱した問題アプローチに示唆を得て研究したと言っている」[49]と主張しているが、実際のところ文献を調べた限りそんな形跡はないのである。自らのアプローチを正当化するものとして1954年版の教育年鑑[50]をホームズ自身は挙げているが、

それを受け入れる者はほとんどいないであろう。

3 結　論

　比較教育学研究者の多くは一般的に、ライバル関係にある認識論の相違が互いに相容れないものであることに気づくことができないできた。まさにそのことを認識しなかったために、実証主義者と文化相対主義者は「比較」の意味そのものの解釈を異にしてきたのである。また現象学志向の研究者は、その本来的解釈を損なうような形で比較教育学にアプローチしようとしてきた。

　このことをもって、すべての比較教育学者が認識論上の違いを認識することができなかったと言うのではない。二、三の比較教育学者は、異なった方法論の統合を試みてきたが、それに成功することはできなかった。例えば、方法と理論の区別を誤り、ある認識論に結びついた技法を、無意識的に別の認識論のために使う傾向があるのである。いくつかの調査研究は、明示的に文脈・記述的アプローチと国別比較を超えた一般化を同時に用いている。ところがこれらのアプローチは、それぞれ特定の認識論のための方法としても機能しているのである。もっとも折衷的な努力の可能性として、ホームズの問題解決アプローチが示されたが、それが既存の認識論に取って代わる見込みはまだ立っていない。実証主義と相対主義の両者の用件を満足させる統合理論が開発され、それが十分に操作可能となり共通に使われるようになるまでは、われわれは比較教育学を比較教育学たらしめている「比較」という意味のもっている重さを受け入れるしかないであろう。

　　　　　　　　　　　　　　　　　　　　　　　　　　　（馬越徹 訳）

註

(1) Stewart E. Fraser, *Jullien's Plan for Comparative Education, 1816-1817* (New York : Teachers College, Columbia University, 1964).
(2) Marc-Antoine Jullien, *Esquisse et Vues Préliminaires d'un Ouvrage sur*

l'Education Comparée (1817); cited in Alexandre Vexliard, *Pedagogia Comparada: Métodos y Problemas* (Buenos Aires: Editorial Kapelusz, 1970), pp. 32-3.

(3) Harold J. Noah & Max A. Eckstein, *Toward a Science of Comparative Education* (New York: Macmillan, 1969), p.114.

(4) Joseph P. Farrell, "The Necessity of Comparisons and the Study of Education: The Salience of Science and the Problem of Comparability", in: *Comparative Education Review* 23 (February, 1979), no.1, p.10 (emphasis in the original).

(5) Richard L. Merritt & Fred S. Coombs, "Politics and Educational Reform", in: *Comparative Education Review* 21 (June-October, 1977), nos. 2-3, p.252.

(6) Lê Thành Khôi, "Toward a General Theory of Education", in: *Comparative Education Review* 30 (February, 1986), no.1, pp.14-5.

(7) Charles Arnold Anderson, "Methodology of Comparative Education", in: *International Review of Education* 7 (1961), p.29.

(8) See Andrew Pickering, *Constructing Quarks: A Sociological History of Particle Physics* (Chicago: University of Chicago Press, 1984).

(9) Michael J. Benton, "Theories Getting Out of Hand?", in: *Natural History* 96(June, 1984), no.6, pp.54-9.

(10) Edward R. Beauchamp, "Some Reflections on Comparative Education", in: *East West Education* 6 (Fall, 1985), no.2, p.12 (emphasis in the original).

(11) Erwin H. Epstein, "Currents Left and Right: Ideology in Comparative Education", in *Comparative Education Review* 27 (February, 1983), no.1, pp.3-29.

(12) エスノメソドロジーは必ずしも現象学的方法を採るとは限らないが、両アプローチは、共通の来歴を有しているので、両者に言及する用語として「現象学」を用いることは、私の目的にも十分かなっている。以下参照、Lewis A. Coser, "Presidential Address: Two Methods in Search of a Substance", in: *American Sociological Review* 40 (1975), pp.691-700; James L. Heap & Phillip A. Roth, "On Phenomenological Sociology", in: *American Sociological Review* 38 (1973), pp.354-67; and Don H. Zimmerman, "Ethnomethodology", in: *American Sociologist* 13 (February, 1978), pp.6-15.

(13) I.C. Jarvie, "Rationalism and Relativism", in: *British Journal of Sociology* 34 (1983), p.45.

(14) Marshall Donald T. Segall, Donald T. Campbell, & Melville J. Herskovits, *The Influence of Culture on Visual Perception* (Indianapolis: Bobbs-Merrill, 1966).
(15) Ruth Benedict, "Anthropology and the Abnormal", in: *Journal of General Psychology* 10 (1934), p.60.
(16) Melville J. Herskovits, *Man and His Works* (New York: Knopf, 1948), p.77.
(17) Melville J. Herskovits. "Some Further Comments on Cultural Relativism", in: *American Anthropologist* 60 (1958), pp.266-73.
(18) Vernon Mallinson, *An Introduction to the Study of Comparative Education* (London: Heinemann, 1975), pp.12-4 and 271.
(19) Quoted in Noah & Eckstein, op.cit., pp.22 and 46.
(20) Edmund J. King, *Other Schools and Ours: A Comparative Study for Today* (New York: Holt, Rinehart & Winston, 1967), pp.3, 4 and 8.
(21) 次の文献参照。Conrad P. Kottak, *Anthropology: The Exploration of Human Diversity* (New York: Random House, 1987), p.209.
(22) Edmund Husserl, *Phenomenology and the Crisis of Philosophy* (New York: Harper Torchbooks, 1965), pp.106-7.
(23) 次の文献参照。Alfred Schütz, *Reflections on the Problem of Relevance* (New Haven: Yale University Press, 1970); and David Walsh, "Sociology and the Social World", in: Paul Filmer et al., *New Directions in Sociological Theory* (London: Collier Macmillan, 1972), pp.15-35.
(24) Benjamin R. Barber, "Science, Salience and Comparative Education: Some Reflections on Social Scientific Inquiry", in: *Comparative Education Review* 16 (October, 1972), no.3, p.425.
(25) Ibid., p.426.
(26) Ibid., p.427.
(27) Ibid., p.432.
(28) Ibid., p.433.
(29) ファレルはバーバーの著作をこれまで「科学を装った方法論に対する優れた批判」として評価している。Farrell, op.cit., p.8.
(30) Richard Heyman, "Comparative Education from an Ethnomethodological Perspective", in: *Comparative Education* 15 (1979), p.248.
(31) Remi Clignet, "The Double Natural History of Educational Interactions: Implications for Educational Reforms", in: *Comparative Education Review* 25 (October, 1981), no.3, p.334.
(32) Ibid.

(33) Vandra L. Masemann, "Critical Ethnography in the Study of Comparative Education", in: *Comparative Education Review* 26 (February, 1982), no.1, p.7.
(34) Ibid., p.8.
(35) 次の文献を参照。W.D. Halls, *Culture and Education*, and Reginald Edwards, "Between the Micrometer and the Divining Rod", in: R, Edwards, B. Holmes & J. Van de Graaff (eds.), *Relevant Methods in Comparative Education* (Hamburg: UNESCO Institute for Education, 1973); and Rolland G. Paulston, "Social and Educational Change: Conceptual Frameworks", in *Comparative Education Review* 21 (June/October, 1977), nos.2-3, p.395.
(36) Epstein, loc.cit.
(37) Lawrence Stenhouse, "Case Study in Comparative Education: Particularity and Generalization", in: *Comparative Education* 15 (1979), no.1, pp.5-10.
(38) Michael Crossley & Graham Vulliamy, "Case Study Research Methods and Comparative Education", in: *Comparative Education* 20 (1984), no.2.
(39) Michael Mann, "Socio-logic", in: *Sociology* 14 (November, 1981), no.4, pp.544-50.
(40) A. Bryman, "The Debate about Quantitative and Qualitative Research: A Question of Method or Epistemology", in: *Journal of Sociology* 35 (March, 1984), no.1, pp.75-92.
(41) W.E. Snizek, "An Empirical Assessment of 'Sociology: A Multiple Paradigm Science'", in: *The American Sociologist* 11 (November, 1976), no.4, pp.217-9.
(42) Jennifer Platt, "Functionalism and the Survey: The Relation of Theory and Method", in: *The Sociological Review* 34 (August, 1986), no.3. pp.501-36.
(43) Crossley & Vulliamy, loc.cit.
(44) Margaret S. Archer (ed.), *The Sociology of Educational Expansion: Take-Off, Growth and Inflation in Educational Systems* (Beverly Hills, Calif.: Sage, 1982).
(45) Ibid., p.6.
(46) Epstein, op.cit., pp.22-3.
(47) Brian Holmes "Paradigm Shifts in Comparative Education", in: *Comparative Education Review* 28 (November, 1984), no.4, p.593.
(48) Brian Holmes, *Comparative Education: Some Considerations of Method* (London: Allen & Unwin, 1981).

(49) Holmes, Paradigm Shifts, op.cit., p.585.
(50) Brian Holmes, *A Comparative Approach to Education* (London: Comparative Education Department, University of London Institute of Education, n.d.), p.91.

第2章　比較の方法と外化の必要性
　　　——方法論的諸基準と社会学的諸概念——

　　　　　　　　　　　　　　　　　　　　ユルゲン・シュリーバー

1　処方箋と治療

　ここ二、三十年の間に、比較教育学は、世界の至るところで、比較教育学者、比較教育の研究論文、組織、大会、話題、受け手の数の著しい成長を経験した。それにもかかわらず、比較教育学は、相変わらず、対照的な複数のアプローチ、定義上の論争、学問としてのアイデンティティ・クライシスによって特徴づけられる研究領域に属している[1]。こうした未熟さは、比較教育学を定義する際の中核的な諸概念、すなわち比較の方法ないし比較方法論に関して根深い見解の相違があることを典型的に示している。

　まず、比較に対する日常的な見方、フランスの諺を借りれば「比較するのに理性はいらぬ」[2]という見方と、エミール・デュルケームによって彫塑された特殊比較社会学的な要求、つまり彼がすでに1895年の段階で書いているように「比較社会学は、社会学の一特殊分野ではなくて、社会学が単なる記述に満足せず事象の説明を目指す限り、社会学自体が比較社会学なのだ」[3]という見方との間に矛盾があることから、多くの誤解が生じてきた。

　次に、この二つの見方が、現実に観察できる学問世界とも大きく異なっていることが留意されなければならない。比較するのに理性はいらぬという見方は、クロス・カルチュラルな研究を発見の手段として利用しながら進歩したあらゆる研究領域において、比較政治学、比較法学、比較宗教学、比較教育学といった学問領域が成立したという事実を見ると、誤っていることがわかる。他方また、とりわけ19世紀から今日に至る比較教育研究の伝統の主流の実態を見ると、比較研究は社会についての理論的な知識の深化に貢献すべ

しというデュルケームの要請に答えていない。たしかに比較教育学の欠陥についてはしばしば指摘されている。数ヵ国語の文献を用いてなされた様々な国からの多様なテーマについての研究報告を見ると、比較教育の出版物の大多数が特別の比較研究意図も問題意識ももっておらず明確な理論構成を欠いているということがわかる。こうした欠陥には次のような問題点が含まれている。つまり、理論的枠組みないし仮説の欠如と密接に関わっているが、国やテーマの選び方がきわめて場当たり的である。国やテーマが理論的な基準に従って選ばれず、変化する教育動向、流行、教育政策に従って選ばれている。さらに、比較法のもつ分析力が考慮されず、その国特有のきわめて叙述的な多くのデータに対し、大雑把な哲学的ないし政治的な解釈枠組みに基づき主観的な評価がなされ、ある実際的な価値選択がなされている。

　結局、比較教育学の文献を批判的に検討してみると、他の比較社会科学の成果が高度に洗練されているのとは対照的に、比較教育学の方法論的脆弱さが際立ってしまう[4]。

　疑いもなく、以上の三つの対照、すなわち、比較に対する一般的日常的な見解と比較を科学的な万能薬にしようとする努力との対照、比較の方法論と実際行われている比較学との対照、そして比較社会科学研究と大部分の比較教育学文献の対照は、比較教育学が矛盾に満ちた伝統をもっていることを示している。しかし、こうした矛盾に満ちた伝統は、とっくに過ぎ去ってしまった歴史的過去として葬り去ることはできない。これらの伝統は、現在の諸事象に影響を与え続けている。かつて、比較政治学について言われたように、比較教育学は、「非常に古く同時にきわめて新しい学問」であると言えるかもしれない[5]。こうした比較教育学の矛盾的な定義、矛盾的な伝統、永続的な矛盾の相互関連を、メタ科学的な分析により解明できると考えるのは正しい。しかし、従来この領域の論争でなされている分析は抽象的な方法論や綱領的な主張に傾きすぎており、これらの矛盾を分析ましてや解決できるにふさわしい枠組みを提供するとは思われない[6]。方法論者は「科学的発見の論理」に基づいたより厳密な科学化を要求し、実際家たちは多様な実際的問題別アプローチを要求するといった、論争上の立場の違いは、実は矛盾を含

んだ比較領域それ自身にその根拠をもっているのである。お互いの見解に、言及したり、コメントしたり、反対したりしあっても、比較教育学の方法論争を堂々巡りする仕儀となる。

　この循環を打ち破るためには、別のアプローチが必要である。すなわち「外部から」の分析的観点が必要なのである。一般的なメタ科学論争における「方法論的処方から社会史的叙述へ」[7]の移行に示されているような「外部から」の観点が必要なのだ。こうした観点からなされた比較教育学研究は、今までのところ数が少ない。従来の比較教育学研究は、研究対象の性格に関する最初の仮定、認識論的な前提、理論的方向付け、方法論的規則、典型的な研究結果、比較教育学の研究領域を特徴づける様々な思考の流れや「パラダイム」を構成する様々なパターン等の、相互に密接な関連をもった諸要素を、解明することに関心を抱いていた[8]。こうしたアプローチの生産性は否定できないが、（一般には）教育（特殊には）比較教育学のように複雑な研究領域にあっては、パラダイム概念によって与えられた説明原理、分析範囲は、狭すぎることが明らかとなった。さらに分析を進めるためには、比較教育学の伝統や相対立する思考の様式を、異なった理論的＝方法論的型に整序する必要があるだけではなくて、厳密な意味でのクーンのアプローチを乗り越えて、それらの方法論的型の起源、変化の様式、持続的な特徴、持続的な相違を、そうした「推論様式」ないし「思考様式」[9]の形成を支えていると見られる社会的枠組みと、関連づけることにより説明することが必要である。

　以下、この必要[10]を満たすことを目指した一つの概念枠組みの概略が描かれる。この概念枠組みにより、比較教育学に広く見られる多くの対立を、方法論的批判によらず社会＝史的分析によって議論することが可能になるだろう。この枠組みにより、比較に共通の構造および様々な様式の方法論を規定している論理的要素が明らかにされ（2節）、歴史的知識社会学から導き出される発見および概念が示され（3節）、社会学的システム理論から得られる発見や概念が示される（4節）。次に、比較教育学、比較法学、比較宗教学から得られた例により、提示されたモデルのさらなる説明がなされる。ここで、これら三つの研究領域は、比較という共通名の下に異なれる種類の型の理論、

つまり科学的理論と反省的理論を包括しており、この両理論は、社会の異なるサブシステムの機能的方向付けおよびそれに付随する問題の定義に対応して生まれた、というテーゼが示される（5節）。この二つの理論様式の違いに応じて、さらに、最初は心的態度を照らし合わせることによってなされる文化の「他者性」の経験が、異なった処理を被ることにより、「比較の方法」と「世界情勢への外化」へと区別されていくことが論じられる（6節）。最後に、一般的に言えば比較教育学を特徴づけている永続的対立を、特殊的には最初に要約した比較教育学の理論的方法論的欠陥を、社会＝論理的にまた方法＝論理的に説明するのは、科学理論と反省理論という理論の型の違いにほかならないことが示される（7節）。

2　方法としての比較と心の作動としての比較

あらゆる比較は、関係を確定することにより知識を獲得しようとする心の営みである。言い換えると、比較とは、「関係の認識」[11]を意味している。とはいえ、比較し関係づける思考の様式の違いを区別する必要がある。すなわち、人間の日常経験のあらゆる場面に潜在している心の作動としての比較と、体系的な知識の深化を目指す社会科学的方法にまで洗練された比較思考を、区別しなければならない。この両者の違いは、例えば「制度の型の特性に注目する」という表現と、「変化する諸条件の下で観察できる法則的諸関係を探求する」[12]という表現の違いのように、対照的なコメントの中に時折見られるものである。「単純」比較のテクニックと「複雑」比較のテクニックの違い、「一元」比較のテクニックと「多元」比較のテクニックの違い[13]については、方法論を扱った論文の中で詳細に議論がなされてきた。しかしながら、全体的に見ると、普遍的な人間の心的活動としての比較と、科学の方法としての比較の間の区別が、方法論文献の中で十分に展開されたことはほとんどなかった。この二つの比較の区別が、比較研究計画および比較研究の有力な結果に関して大きな意味をもつことを考えると、この区別が十分展開されなかったという事実は、驚愕に値する。しかし、この区別のもつ意味を指摘し

たのが、デュルケームの伝統⁽¹⁴⁾に通じたほかならぬフランスの社会科学者であったのは、おそらく偶然ではない。

　単純な比較あるいは一元的な比較の技術は、ただ事実的な側面に関して比較の対象を関係づけるにすぎず、類似性という単純な分析水準に分析の範囲を限ってしまっている。この種の比較は、明確な理論によってではなく、観察可能なものによって、すなわち日常的な社会経験、あるいは研究対象の文化状況との触れ合いによって得られる関係確立的な操作（例えば「A国とB国の中等教育」あるいは「Y国とZ国の環境教育」）⁽¹⁵⁾である。単純な比較はこのように日常的な現象、慣用的概念に関心をもって現象を眺めるので、一般的な心の作動の段階にとどまる。こうした比較は、通常、特殊文化的な特徴を対照したり、分類したり、あるいは類似の特徴、類似の問題、類似の発展を同定したりする。しかしながら、結果として得られる言明は、基本的に叙述的なレベルの情報にとどまる。こうした情報は、本来、理論的前提・理論的仮説・説明モデルに関する議論のような明証性をもたない。「それゆえ、比較は、推論に関わる何の結論ももたらさない」と、すでに18世紀の終わりに、ディドロの百科全書⁽¹⁶⁾の中で、ルイ・ドゥ・ジャクールが主張していた。ジャクールの言明は、「比較するのに理性はいらぬ」という最初に引用した諺の意味を明確にしていると同時に、単純な比較の結果は「厳密に言えばとるに足らぬものである」⁽¹⁷⁾と述べている現在の社会科学者の言明とも一致している。

　他方、社会＝科学的方法としての比較は、複雑な技術ないし多元レベルの技術に依拠している。多元レベルの技術は、事実的な文脈の中で文化現象を相互に関係づけることを意図してはいない。むしろこの技術は、異なれる現象、変数、システム–レベル⁽¹⁸⁾間で想定される諸関係に関心をもつ。より詳細に表現すれば、次のようになる。まず、分析の多様な次元で確認された変数間の仮説的な関連から出発して、経験科学的な証拠を探す努力がなされる。ここで経験科学的な証拠というのは、様々な社会＝文化的な文脈の中に見いだされる共変する現象の組として観察されるもののことを言う。次にこれらの経験的な関係を、相互に関連づけるとともに、理論的な一般性および説明

力を検証するために、これらの経験的な関係を、最初に述べられた主導仮説と関連づける。明らかに、社会科学的な方法としての比較は、観察された事実の関連づけではなくて、関係を関係づけることあるいは関係の型を相互に関係づけることを目指す。こうした洗練された形態の比較は、包括的な理論枠組みで定式化された仮説的言明ないし概念的問題と密接な関連をもち、これらによって構造化されている。したがって、理論—形成、理論—検証、理論—批判において特定の機能を果たすことのできる比較法は、クロス・カルチュラルなデータと社会科学理論を方法的に媒介する、洗練された比較形態にほかならない。それゆえ、デュルケーム以来要求され続けているように、社会科学における比較法が理論に近づくためには、この洗練された比較形態によるほかはない。

　科学的方法としての比較と心的作動としての比較の以上の違いからだけでも、比較を、異なった現象を結びつけそれらの事実的特徴を忠実に写し取ることから自動的に生じる認知過程として把握するだけでは、比較の真の意味は十分把握できないことがわかる[19]。比較は、むしろ、科学的問題、理論的見通し、予期を可能にする意識的に枠づけられた心的活動である。社会科学が長い間経験主義と歴史主義に支配された後では、心の作動としての比較という見方は、啓蒙時代の懐疑的な合理主義者が一般にとっていた次のような立場を再確認しているにすぎないと言える。

　「われわれが比較をする前に、二つの対象は同時にわれわれに示される。したがって、比較するのは、精神の意識的な活動である。われわれのいう関係とか関連とかいうものの本質を構成するのは、この意識的な精神活動である。この活動は、人間にとってまったく本質的な活動である」[20]。

　それゆえ、異なった二つの比較様式に対応した概念枠組みや前提条件を調べることは、理にかなっていると言えよう。こうした探求には、知識社会学から生まれた概念・結果がもっとも役に立つ。とはいえ、認識と社会的事実の間の関係を媒介する第一条件は、あらゆる種類の比較に含まれる基礎操作

を考慮することである。ここで基礎操作とは、探求中の現象の中で、研究者の特別な関心対象となっている側面に関して観察者が行う認知的ないし関係構成的な行為のことを言う。この時、観察者の関心は、

(a) 類似性の確認、
(b) 「多い・少ない」「早い・遅い」等特定の方向に方向付けられた違いを、序列ないしヒエラルヒーとして並べること、
(c) 違いの確認[21]、

へと向けられる。

類似性の探求と違いの探求を同じ比重で行うというのが幅広く受け入れられている見解であるが、この見解とは異なり、これら三つの基本操作の重み付けは様々であり得、「心的操作」による比較か「科学的方法」としての比較かにより、それぞれの比重が異なってくる。

一般的に心的作動の水準の比較においては、類似の関係を確立すること、あるいはケースはそれほど多くはないが、序列化の確立を特徴とする。それゆえ、心的作動としての比較は、まさに心的作動にとどまるがゆえに、機能的に等価な指標を確立して人間の社会歴史的な世界を特徴づけている実に多様な解決・型・選択肢の実際的な比較を行うこともできないし、理論的な枠組みを使った比較をすることもできない。この水準の比較は、特定の制度的型の事実的側面を見ようとし、「構造の直感」に焦点をおき、比較と比較可能性、比較可能性と類似性を区別せず、探求中の現象を、類似性と（多少）序列化した相違という二つの観点から把握しようとする傾向がある。それゆえ、「比較は類似性を含意している」[22]という幅広く抱かれている見解は、心的作動としての比較にのみ当てはまる。

これと対照的に、科学に特有の方法としての比較は、類似性との疑似自然的な交わりから離れ、類似性の確認への関心は、事実的な内容レベルから、一般化可能な関係のレベルに移行する[23]。こうした理論志向の比較方法は、経験科学的な違いに対し特別関心をもつ。その理由は単に一般的に言って、理論が個々の事例を超越しながらも同時に個別事例への感受性を鋭くするからというだけにとどまらない。より正確に言えば、むしろその理由は、理論

的命題を証明ないし反証しなければならないという方法論的な要請にある。理論的な命題の範囲を拡大したり、説明力を検証したりする初歩的な方法の一つは、様々な条件群の統制を行うことである。科学的方法としての比較を特徴づける、関係を関係づける理論は、理論やモデルや理論的構築物の信頼性を精査するという観点から、社会文化的違いを体系的に分析し探求することにより、条件の統制を行おうとするものである。単純な比較においてよくなされる言明と対照的に、複雑な比較の方法手続きに関しては、「あまりに類似の現象群を比較するのは、比較をする益がない」[24]という言明が当てはまる。

3 距離をとって見る場合と参加して見る場合

要約して言えば、方法＝論理的な分析により、単純比較であるか複雑比較であるかに応じてそれぞれ前者においては類似性の（あるいは序列の）同定が、後者においては相違の体系的探求が顕著な機能を果たすことが示された。これに対し、社会＝論理的観点からは、あらゆる比較に内在する基本操作と観察者の認知的な前提条件との関係および、前者と社会集団の問題への参加の程度の違いとの相互関係を探求することになる（表1参照）。

文化人類学[25]の概念と研究結果、また歴史学的知識社会学[26]の概念と研究結果が、そうした分析に対し示唆的な枠組みを与えてくれる。これらの研究結果は、異なった理論的背景から生まれたものではあるけれども、「文化的に異なった人々との交流の類型」[27]を示している点では一致している。この類型を立てるにあたっての一般的仮定は、人間の基本的志向パターンである。この類型を決定する鍵概念は、対立する二極の形で——重なる部分もないわけではないが——すなわち「参加して見る」と「距離をとって見る」、「自己社会中心主義」と「パースペクティビズム」、社会集団の「内部から」の観点と「外部から」の観点、で示される。相互に意味を補いあうこれらの概念は、社会的認識においては、観察者と観察者が研究中の社会現象の間の関係が、観察者の社会心理学的な条件と密接に関連しているという事実を表明し

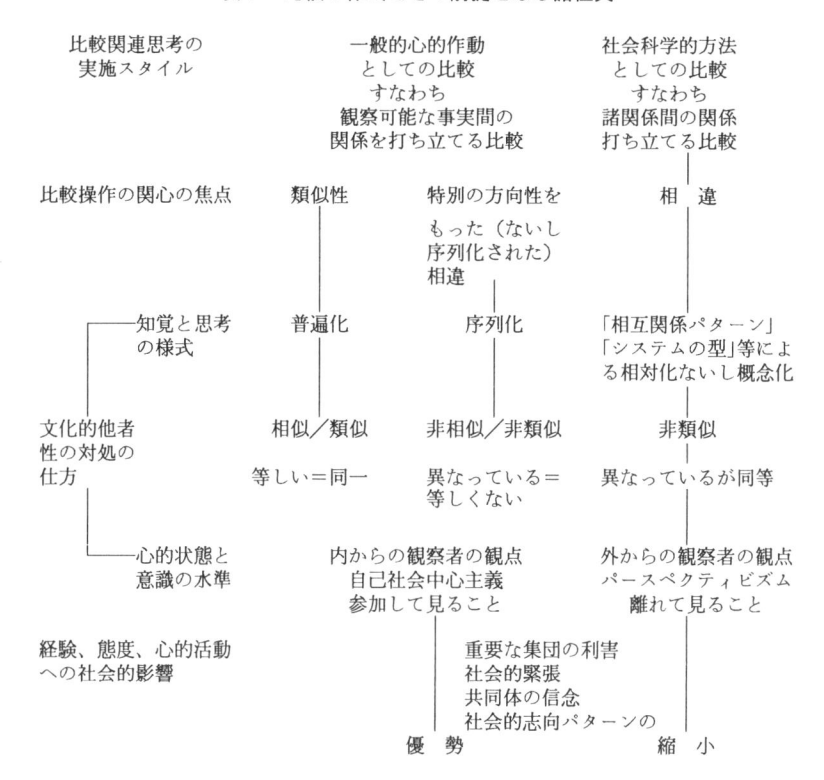

表1　比較の様式とその前提となる諸性質

比較関連思考の実施スタイル	一般的心的作動としての比較すなわち観察可能な事実間の関係を打ち立てる比較	社会科学的方法としての比較すなわち諸関係間の関係打ち立てる比較
比較操作の関心の焦点	類似性　　特別の方向性をもった（ないし序列化された）相違	相違
知覚と思考の様式	普遍化　　序列化	「相互関係パターン」「システムの型」等による相対化ないし概念化
文化的他者性の対処の仕方	相似／類似　　非相似／非類似 等しい＝同一　　異なっている＝等しくない	非類似 異なっているが同等
心的状態と意識の水準	内からの観察者の観点 自己社会中心主義 参加して見ること	外からの観察者の観点 パースペクティビズム 離れて見ること
経験、態度、心的活動への社会的影響	重要な集団の利害 社会的緊張 共同体の信念 社会的志向パターンの 優　勢	縮　小

たものである。

　これらの概念は、あらゆる社会認識に共通の特徴を示すとともに、他方で「他者」の文化を十分理解することが困難であることを示している。言い換えると、「参加して見る」と「距離をとって見る」という概念は、知覚と思考といった認知のレベルと感情に規定された心的状態・意識のレベル——この二つのレベルは分析的に区別できるが実際には区別がほとんどできないのであるが——の双方が、認識の過程で結びついて働くということを強調している。その結果、この二概念は、知覚と思考の型とそれぞれの型が好む基本的比較操作と他方強力な集団の利害や社会的緊張や集団のアイデンティティの危機から生じた情緒的な刺激が心的状態や意識に及ぼす影響との関係を確定することを可能にする。こうした多元的な類型により、よその文化について

の二種類の異なった種類の関係定立的言明——これらの言明は、知覚する人のメガネにより、対象の特徴の歪みを様々な程度に反映しているのであるが——が確認され、解明される。

　参加して見ることないし自己社会中心主義とは、次のような心的状態、知覚思考様式を意味する。すなわち、大部分観察者（および彼の属する集団）にとってきわめて重要な社会的利害関心により事前に形成された心的状態、知覚思考様式のこと、また価値観、理想、信念、世界観といった観察者自身の支配的な社会=文化的な志向の型——この型が自分達の価値を価値そのものと見誤らせてしまうのであるが[28]——によって事前に形成された心的状態、知覚思考様式のこと、を言う。こうした見方には、元来、一般化の方向性が含まれている。この一般化は、外国文化の独自性の分析的理解を妨げる。なぜなら、この一般化は、類似／非類似という単なる叙述的カテゴリーを、平等／不平等といった価値的な用語に翻訳した上でさらにこの価値的用語を、一致している／相違している[29]といった対照的なカテゴリーと結びつけるからである。

　この結合により、自己社会中心主義から、「他者」の経験を加工する際の二つの基本形が生まれる。この二つの基本形に、それぞれの「知覚シェーマ」が対応しており、この知覚シェーマが水門のように[30]経験を水路づける。この二つの型のうち、より一般的な第一の形態は、自分自身のよく知っている認知カテゴリーを、「よその」未知の世界に投影し、他者と自己（あるいは自己の理想的概念）ないし自分の属する集団（あるいは自己の属する集団の理想的概念）とを同一視することにより、類似性に焦点を合わせようとするものである。この形態は、「未知の」経験から生じる挑戦に対し、自分自身のオリエンテーションの型を、安定化することによって克服しようとする人間精神の自然な傾向に対応している。「人間がどこで思考しようとも、人間は自分自身の世界観を形成できるような類似性を捜し求めるものである」[31]。「他者」の経験に関する第二の自己社会中心的形態は、「他者」のもつ克服しがたい奇妙さを考慮に入れようとするものである。この形態の場合、「中にどっぷりつかった」観察者は、自分たちの志向パターンを基準として、「他者」を、

第 2 章　比較の方法と外化の必要性　39

「多いとか少ないとか」あるいは「速いとか遅いとか」特徴づけ、「他者」を自分達の優等、劣等の観念に従って打ち立てられた序列の中に位置づけることにより、認知的不協和音を減少させようとする。この見方は、例えば「彼らは、われわれがかつてそうであった段階にいる」というような比較的普及している進化論的な観念に頼る場合もある。しかし、極端な場合には、他者を、「野蛮人」とか「単なる肉体」あるいは「動物」といった疑似人間的地位にまでおとしめ、自分を、「神」とか「神の民」とかいうように超人に祭り上げることにもなる。

　この二つの知覚様式の一方は、（どんな現象も普遍的な型に関係づけるという意味で）、同等性をあらかじめ前提とする傾向がある。その結果、「同等性が同一性に変質してしまう」。他方は、これに対し、（現象を差別的な序列に関係づけるという意味で）、優越性概念を前提とする傾向にある。その結果、「相違が不平等に変質する」[32]。いずれの場合も、観察者の構造的特質が、投射、歪曲、序列化を通して、観察対象の性質を歪めてしまう。かくて、方法論的にまた社会学的に、比較対象としての価値が事実上「破壊され」[33]てしまう。

　離れて見ることおよびパースペクティビズムは、文化的「他者」を知覚し視覚化し翻訳する際の、上の見方とは正反対のアプローチを示す概念である。この認知様式が、観察者に対象の特質から距離をとらせることにかなりな程度成功するのは、この認知様式が、「他者」の特質を理解させるのみならず、他者を序列は等しいが異なれるものとして「法の下に平等ではあるが異なったものとして」[34]受け入れさせるからである。この知覚様式は、社会集団の利害のもつ感情的拘束性を、一時停止することを前提している。この様式はさらに集団に特徴的な価値システムや、社会的志向パターンから生じる規範の関与を相対化する。したがって、この立場は、本質的に社会集団の「外部から」の観点、「外部者の目の角度から見た」観点であり、まさに「比較の観点」である[35]。言い換えるとこの立場は、倫理的文化的相対主義を意味する。この立場は、「他者」を普遍的な基準や類型に関連づけずに、それ自身のもつ文脈的条件に関連づけ、この文脈において他者の特徴を理解しようとする。

パースペクティビズムは同時に、(文化パターン、文化型、文化基準の拘束的性格を)相対化し、(社会現象と、社会現象の文脈的条件の間の)関係を打ち立てる過程で、抽象化へと道を開き、この抽象化が容易に理論化につながるような関係的思考様式を刺激する。「誰もが自分自身の価値観をもっている。われわれはもはやそれらの価値の内実を比較することはできずただそれらの関係を比較できるだけである……普遍として存在するのは、形式的性格のものにすぎない」[36]。そうであるとすれば、諸関係間の関係について考えたり諸関係間の関係を打ち立てることから、比較の社会科学的方法、「システム」「型」「相互関係の型」[37]等の理論的構成物の使用までの距離はわずかなものである。

このように方法としての比較とその理論への親近性、経験科学的相違への関心、関係を関係づける手続きがお互いに密接な関係をもっているのは、単に社会＝科学的方法論の要請というだけではない。この関係は、知識の歴史社会学や、文化的「他者」の様々な知覚の再分析からも明らかとなる。これらの相互の密接な関係はますます強まる傾向にある。その理由の一つは、関係を関係づける手続きは、理論の抽象レベルを高める[38]からである。もう一つの理由は、抽象的理論によって導かれた比較分析は、経験科学的な相違に対してますます敏感になるからである。これと対照的に、「一般化や特殊化を媒介しないで、直接類似性を述べ立てる前述の方法は、類似性が本質的であるかのように思いこませる傾向がある」[39]。

4　「真理」の科学的探求とシステムの自己反省

以上の結論は、いくつかの点で、多元レベルの類型分け、すなわち、文化的「他者」を比較し視覚化する際の異なったアプローチを、異なった心的前提条件や社会集団への参入と社会集団からの離脱に関連づけるために工夫された多元レベルの類型分けの範囲を超え出ている。このことは、とりわけ、一方で、自己社会中心主義、社会集団内部の観察者の目、それに日常的な社会生活の「普通の説明」の間の照応関係と、他方で、「距離化」、「外部者の観

点から見た」視点、それに科学的な規則に則った「社会学的な説明」の間の照応関係を考える場合に明らかとなる(40)。こうした照応関係は、単に知っているものとしての知識の次元ではなく、学問に典型的に示されているような専門化した理論的知識部門に関わる新しい次元を導入する必要性を示している。このことはまた、より基礎的なレベルで発展させられた枠組みを、知識社会学を用い、より複雑なまたより特殊なモデルを使って完成する必要があることを示している。この複雑なモデルにより、二つの異なった型の比較関連思考が、学問的知識の領域に組み込まれていく過程を探求することが可能となる。

　こうした探求方向に対応する最初の概念化の輪郭は、デュルケームの著作の中に示されている。初期の著作においては、認識論批判の用語を使って「科学」の客観性への要請と改革的な綱領、教義、哲学の「イデオロギー的」性格を鋭く対比させていた(41)デュルケームは、後期になると、「異なった種類の思索」が、社会の構造変化の過程から生じたものと考えるようになり、事実上の二元主義を認めるに至った。社会において労働の分業化が進展するにつれて、社会生活の様々な分野で、相互コミュニケーション・内部的解釈・将来への反省が組み込まれた過程が生まれる。そこから徐々に「実践的理論」と呼ばれる特定の言説が析出されてくる、とデュルケームは論じた。実践的理論への関心は、科学者の要請、すなわち「真理」を方法的叙述や「社会的事実」の理論的説明により追求しようとする関心とは異なっている。「実践的理論」は、ますます複雑になる社会的行為システムを作動させ、それらを未知の未来に開かれた進化的変化に適応させるという実践的必要に答えるために工夫された観念・概念からなっている。目的に関わる実践的理論と科学的理論の全面的な違いは、それゆえ、組織化された社会生活領域すなわち社会のサブシステムにおいてとりわけ鮮やかに示される。この社会のサブシステムの違いにより、例えば「社会科学」と「政治理論」、「社会学」と「社会主義」、「教育科学」と「教育学」(42)の間を分割する線が引かれる。

　デュルケームは、二つの型の理論、すなわち「学者の仕事」と「哲学者の仕事」(43)という二つの型の理論が、目的と方法は異なるが序列は同じ理論と

して、所与の歴史的枠組みの中で発展させられるべきであると結論づけた。この二つの理論は相互に還元不可能であり、両者の相互関係は科学的発見を単に技術的な知見に変換すればよいというような単純なものではない、と主張した。たとえ、教育学のような「実践的理論」が、心理学、社会学、教育科学等の「科学」によって得られた結果に言及せざるを得ないとしても、実践的理論と科学的理論の関係は、「純粋」科学と「応用」科学の関係とは異なる。そうではなくて、他の理論に還元不可能な「実践的理論」の自律性は、科学的学問に特徴的な密教的ともいうべき専門化と、社会的行為の領域に固有の複雑性との基本的な非対象性にその根拠をもつ。科学的学問は、特に比較の方法にもふれているデュルケームの「社会学的方法の規準」のような方法論的規則によって訓練されることにより発展し、社会的行為の方は方法論化になじまない独自な「複雑かつ混合的な思索様式」[44]を必要とする。

　ニクラス・ルーマンは、デュルケームと類似の概念を機能システム理論の一般的な枠組みの中で、より詳細かつ精巧に発展させた。より正確に述べれば、ルーマンの知識社会学へのアプローチは、二つの主要な思考の流れ、すなわち進化論につながる社会分化の理論と自己言及的な社会システムの一般理論に関連をもっている。

　前者、すなわち進化論につながる社会分化の理論の流れに関するルーマンの著作は、社会の分化の進化過程、および構造的パターンについてのきわめて抽象的な理論からはじまって、社会分化から生ずる現代社会の特徴の歴史的社会学的に洗練された分析にまで及んでいる。かくて、ルーマンは、自分をジンメル、デュルケーム、ウェーバーによって特徴づけられる古典的伝統の延長線上に位置づけている。彼は、現代のもつ歴史的な特異性を分析し理解するというジンメルらの関心を再び取り上げ、現代のシステム理論によって与えられた分析概念を使って新しい洞察を提供し、新しい地平を開こうとしている[45]。それゆえ、ルーマンの注解者たちが、彼の理論的見地の新しさゆえ、また「彼の著書の真に普遍的な射程ゆえに、ニクラス・ルーマンはマックス・ウェーバー以来もっとも独創的なドイツの社会学者であるとの名

声の高まりに十分値していると思われる」$^{(46)}$と考えるのもまったく当然と言えよう。

　一般システム理論によれば、社会システムは外部環境との関係を離れては把握できない。システムの形成とは、システムと環境の区別を確立することを意味する。それゆえ、システム分化とは、複雑な社会システムが、時間の制約の下にシステム内でシステムと環境の違いを複写することにより、環境の複雑さと折り合いをつけることを可能にする構造的な技術である。ルーマンは、進化論的な観点から、社会システムの分化の三つの型を区別している。その三つとは、環節化（segmntation）、層化（stratification）、機能的分化（functional differentiation）である。この三区分は、文化の発展においては特定の構造的な問題を解決する方策は数が限られていると主張する、いわゆる「ゴールデンワイザーの限定された可能性の原理」に基づいている。

　現代（西欧）社会は、層化の段階から機能的分化の段階へという歴史的に前例のない分化形態の変化を経験した。機能的に分化した社会においては、相互に関連したコミュニケーション行為の網の目が、内部環境から分出しサブシステムとして、換言すれば、相互作用コミュニケーション過程が社会で遂行さるべき特定の機能に選択的に焦点化した結果として生じる明確なサブシステムとして構成される。ルーマンによれば、こうしたサブシステムの「顕著な例は、集団を拘束する決定を行う政治的機能、拡大された時間の地平の中で未来の欲求の満足を保証する経済的機能、『理解不可能なものを解釈する』宗教的機能である」$^{(47)}$。この論文において、とりわけ興味を引くさらなるサブシステムの事例は、社会のコミュニケーションへの準備をするために個人を教育的に社会化する機能、あるいは真理を分有可能とする相互主観性を生み出す学問的機能である。これらの機能は、社会においてすべて同じように重要なので、構成されたサブシステムのいずれも自分の優位を主張することはできない。ルーマンによれば、せいぜいそれぞれの機能的サブシステムに基本的な役割というものがあるにすぎず、この役割も一時的なものであり歴史的時代の変化により変わりゆくものである。

　それゆえ、現代社会は強力な遠心的傾向によって特徴づけられる。より正

確に言えば、現代社会には本質的に中心が不在である。現代社会のもっとも際だった構造的特徴は、(機能的志向・相対的に自立したコミュニケーションネットワーク・全体システムの様々な内部構造を生み出す力をもった競合するシステム環境三者)の高度な多元化、(サブシステムが、サブシステムに固有の機能的志向以外の志向に対して一般的に無関心であることから生じ、抽象的規則に基づいて作動している組織により促進される)高度な脱人間化、(個人の可能性、個人の権利、個人の選択による)高度な個別化である。総じて現代社会は、社会生活の日常的な解釈に絶望的なほど過大な負担をかける、高度な抽象性と複雑性を示している。しかしながら、保守的な社会の考え方に基づく批判あるいは進歩的な歴史哲学に基づく批判、といった近代への価値規範的な批判とは対照的に、いかにその仕事が抽象的で要求がきつかろうと、社会学者は、厳密に分析的な概念により現代社会に潜む秩序の型を明らかにするという仕事をする必要がある、と言う。ルーマンとハーバーマスとの間でなされた、社会理論における価値規範的思考の役割および価値規範的思考の一般形態に関する公の論争は1970年代に衆目の注目するところとなったが、厳格なまでに分析的なルーマンの態度をよくあらわしている。

　ルーマンの著作の第二の流れは、対象領域を理解するとともに、社会学の全領域の経験的知識を統合する一般的枠組みを与える理論を発展させるためにパーソンズが定式化したアプローチにつながるものである。ルーマンは、現象学、コミュニケーション理論、神経生理学、細胞理論、サイバネティックス、一般システム理論等の学際的な研究領域における近年の理論的革新を幅広く利用している点で先行者たちの見解と異なっているのみではない。それに加えてルーマンは理論構成の多様な技術を用いている。

　こうした理論の進展は、まず、パーソンズの構造=機能主義から、徹頭徹尾機能的な用語を用いる社会学的システム理論の構築へ、の移行を意味している。換言すれば、構造的なパターンよりもむしろ機能や機能的等価物に重点がおかれ、その結果、単にシステム維持の必要のみならず、社会変化へと導く変容や選択にも分析の手が伸びている。

　次に、社会学的システム理論を再構成しようとするルーマンの試みは、シ

ステムを「システム」として概念化する際に二重のパラダイム転換を行っている。哲学や社会学の古典的伝統においては、システムは、部分と部分間の関係からなる一つの全体として概念化されていた。一般システム理論は、システムと環境の差異を強調する概念モデルにより伝統的な概念を乗り越えた。過去二十年の間に、この概念モデルは、今度は自己言及的ないし自己創出的なシステム理論の方向で、改訂補充された。最近のこうした新しい理論転換の指導者の一人によれば、自己創出的なシステムとは、「回帰的な要素の相互作用によって、次のようなネットワークを生み出し実現するところの統一体、すなわち諸要素産出ネットワークとして定義される。そのネットワークとは、要素を産出し、さらにその要素の存在する空間にネットワークの境界を構成し、この境界をネットワークの実現に参与する要素として構成するようなネットワークである」[48]。

結局、こうした理論的革新を社会理論の中に組み込むことは、行為理論をコミュニケーション理論によって置き換えることを意味する。ルーマンの指摘するように、行為理論をコミュニケーション理論によって置き換えないと社会システムの初歩的な作動レベルを十分に理解できないだろう。この転換は、システム統制からシステム自立へ、設計・計画への関心から進化論的変化過程への関心へ、構造的な安定性の強調から動的な安定性の強調へ、の変化をも意味している。

ルーマンによれば、社会システムは環境から自立して生じたところの意味生成的なネットワークとして概念化されなければならない。このシステムは、要素、作動、環境、その他の構造といった構成要素に準拠しながら、構成要素を再帰的に再生産することにより成立する。自己準拠的な社会システムが形成されるためには、結局、システムが少なくともシステム的な自己観察の基礎形態を利用でき、この自己観察によりシステムと環境の差異を特定し、自分の内部で情報を生み出すシステムとして振る舞えなければならない。それゆえ、最初から自己準拠は、外部の観察者によって観察されたシステムと環境の間の差異と、システムそれ自身の内部で取り扱われるシステムと環境の間の差異という二つの差異を含んでいる[49]。

実践的理論と科学的理論という二つの理論様式を主張するデュルケームの考えを首尾一貫したものに再構成することを可能にするのは、まさに社会の分化という進化論と、自己準拠的社会システム論の統合を図るルーマンの試みにほかならない。
　この再構成のもとになる鍵概念は、自己準拠である。自己準拠は、一般的には自己創出システムに、特殊には社会システムに特徴的な機能である。これらのシステムは、再帰的にコンタクトをとらないと存在することができないシステムである。社会システムが、単なる状況拘束的対面的な相互作用の範囲を越え出ていくにつれて、初歩的なレベルであればあらゆる自己準拠に含まれているシステムの自己観察が、システムの自己描写の形態へ、さらに洗練された水準では、自己反省の形態へと変化する。自己描写、自己反省は書く行為を前提としている。自己描写、自己反省は典型的な手段として文字ないしシンボルを生み出し、このシンボルを用いてコミュニケーションがなされる。かくて、自己準拠は、ますます複雑化する社会システムの中で、これらの複雑化したシステムのそれぞれに向けられた、特殊化したコミュニケーション過程を構成する。システムの自己反省過程は、より精確に述べれば、（システムの内的分化に対して）システムの統一を、（外部環境から区別されながら外部環境と関連をもつ点に関わって）システムのアイデンティティを特定する。最後に、機能的に細分化したサブシステムにおいて、自己反省的なコミュニケーション過程が、明確に反省理論として定式化されるに至ったのは現代社会の重要な特徴である。サブシステムの反省理論とは例えば、17世紀から成立する政治システムの中に発展した政治理論、憲法理論である[50]。同様に、経済システム、教育システム、法システムから、経済理論、教育理論、法理論が「システム内のシステムの」自己準拠的「理論」として生まれてきた[51]。
　社会の機能的分化は、こうした発展方向に従い、科学的研究と、システムの自己反省を分化させる。社会の機能的分化が、「真理」を科学的に探求するための、つまり社会の特殊なサブシステムとしての機能から生み出された科

学理論と、機能的に特殊化された個々のサブシステムの内部で定式化された自己理解、自己描写の完成されたアプローチとしての反省理論の区別を支えているのである。かくて、科学理論と反省理論の分化は、科学理論としての学問システム内にも独自の反省理論、すなわち科学哲学を生み出す。

こうした洗練されたモデルに言及したのは、前にふれた諸関係、すなわち社会関連枠組み、心的前提条件、文化的他者への態度の違い、異なった比較のタイプといった枠組みの分析的有用性を低く評価するためではない。そうではなくて、社会システムの分化は、理論化のタイプの違いと何らかの関係をもち、相互作用を行うということを示すためである。二つの枠組みはお互いに補い合うのである。「自己社会中心主義」と「パースペクティビズム」、「参入」と「距離化」といった知識社会学上の概念区別は、システム準拠的区別つまり「当該システムに適した概念を用いたシステムの自己描写」と「社会学的構成概念による外部からのシステム分析」との間の区別に対応している。したがって、システムの自己描写に外部からのシステム分析を組み込めば、統合された枠組みが得られることになる。この統合された枠組みにより、他文化経験を加工する際の一般的なパターンを、学問で代表されるような理論に特化限定された領域へと翻訳することができる。この枠組みは、また、比較の種別の違い、準拠するシステムの違い、問題の定義の違いの間の関係を示す多次元モデル、とも関わっている（次頁表2）。表2の枠組みは、方法論的な分析と社会−史的再構成を同時に含むような分析の可能性を与えてくれる。

この枠組みにおいて「反省」とは、次のような準理論的知識の集合を意味する。つまり、社会の特殊化されたサブシステムの中で機能を果たす準理論的知識——その知識は学問とも関連がないわけではないが——の集合を意味する。反省理論が創られたのは、組織化された社会実践領域に方向付けを与えるためであって、科学研究の枠組みを確立するためではない。反省理論は、「専門家」の実際的な見解に対して寄与をなすのであって、「科学共同体」の理論的な見解に対して寄与をなすのではない。反省理論は、社会システムの自己適応・内的制御という繰り返し生じる問題に焦点化されたシステム内的なコミュニケーション過程から生まれてくる。さらに精確に言えば、反省理

表2　比較の様式と理論の様式

	社会の機能的サブシステム	
関連する文脈	教育（あるいは宗教、政治など）に対するサブシステム	科学に対するサブシステム
	当該システムにふさわしい概念によるシステムの自己描写	社会学的構成概念による外部からのシステム分析
理論スタイル	反省理論 機能的なサブシステム内の自己言及的なコミュニケーション過程から生成した理論（とりわけ「改革志向型反省」の形で）	科学理論 科学システムの特別のコードに従った理論（間主観的に共有可能な真理の生産）
問題の定義	社会集団の利益や必要を準拠枠とする行為―問題の実践的な方向での加工	専門家の一般化により発展させられた理論や観察の幅広い集合を準拠枠とする科学的問題の「真実」に関わる方向での加工
理論スタイルや問題領域に関わる比較手続きの機能性	― ？ ―	理論―形成 と 理論―検証
比較に関連した思考の実施スタイル	普遍的心的操作としての比較：観察可能な事実間の関係の確立	社会科学的方法としての比較：関係間の関係を確定する
心的前提条件	普遍化　序列化	「関係の型」「システムの配置」等による相対化、概念化
	内部からの観察者の観点 自己社会中心主義 参入	外部からの観察者の観点 パースペクティビズム 距離化

論は、将来必要な方向と現実に可能な行為との間のずれを取り扱おうとする[52]。したがって、反省理論は、そうしたずれを生み出した歴史的環境の変化に応じて、変容していく。社会のサブシステムと包括的社会システムとの関係、社会のサブシステムとそのサブシステムの環境としての他のサブシステムとの関係、社会のサブシステムの自己自身との関係を解釈学的な考察に

より説明し、諸関係間の対立を調和し、進展する社会変化に適合させ、実践家の専門的な自己理解を助けることが、まさに反省理論の機能なのである。反省理論は、科学的研究結果と両立するように努力しながらも、対象領域に関する分析的知識を、行為指針により対象領域に影響を与えんとする意志と結合させる。こうした意志との結合努力は、とりわけ、反省理論が、歴史上有名な「反省的投企」とか「反省的改革」[53]といった形態をとった時期に目立っている。反省理論は、常に、当該枠組みの中で、当該文脈上必要となる社会問題や、その日の必要に関わる社会問題を取り上げ、取り扱う。

これに対し、「科学」は、現実を分析的に解体し、理論的に再構成する手続きに焦点を当てる。一般的な用語法で言えば、科学の特殊機能は、限りなく洗練されてゆく方法論的規則を用いて「真理」命題と「虚偽」命題を区別することである。過程に引きつけて述べれば、科学的な問題解決は、本質的に、一般的観念・統合的理論・説明モデルのレベルと個々の出来事の経験的探求・詳細な観察のレベルの間を「妨げられず行ったり来たりする、双方向交通」である。したがって、科学的な問題解決は、「理論と観察結果を絶えず批判的に対決させながら、すなわち理論やモデルを着実に拡充・開発し、個々の出来事の観察結果を増加させ、理論と観察結果の両者を絶えず批判的に対決させながら、ますます両者を結びつけてゆくことに存する」[54]。理論の発展と経験的研究のこうした相互作用に寄与する科学的研究は、常に、出発点として、理論的にあらかじめ定められた問題を、つまりは当該領域の専門家が開発した理論や経験的観察の広大な集合体の枠組みによってあらかじめ決定された問題を取り上げる。

科学の過程におけるこうした相互作用においては、比較の方法こそが重要な位置を占める。デュルケームが明確に説明していたように、また、その後、他の社会科学者によってさらに洗練されたように、社会科学における比較法は、理論的な命題と経験的な観察を批判的に対決させ体系的に配置するための、理想的方法とは言えないにせよ、不可欠の方法である。関係間の関係を打ち立てる「複雑な」比較、「多元的な」比較技術における比較の機能は、まさに、言わば事実の外部から、後になってからなされる実験として、社会学

的な仮説を検証し、機能的な諸関係を特定することによりさらなる理論形成を支え、事実的証拠を提示することにより、説明モデルを強化するところにある。これに対し、未解決の問題は、普遍的な心的操作としての比較がどの位置を占めるかということである。換言すれば、決定的な証拠をもたらすことはできないという弱点を考慮した上で、なおかつ、観察可能な事実の間の関係を打ち立てる「単純な」「単一レベルの」比較技術が、いかなる機能を果たすのか、という問題が残っている。

5　比較社会科学と改革の国際的反省

　今まで概観してきた分析モデルを、文献に示された比較教育学の領域に当てはめると、共通の見出し語の下に、二つの明確に区別される流れがあることが容易にわかる。比較教育の領域で流行の表現を用いれば、「比較教育」と「国際教育」、「比較教育研究」と「国際開発教育」、「比較教育科学」と「教育的政治手腕」を対比することができる。この両者の違いはきわめて大きく、「あたかも、両者が、教育に関する一般的な関心を除いて、知的にも方法論的にもほとんど共通性がない」[55]ほどである。両者の違いは、教育研究の二つの分野に属する異なった機能から生まれたものであり、それぞれの分野で、様々なアプローチが用いられている。さらに、両者は受け手も異なっており、両分野の代表的な人物たちの理論的志向も異なっている。しかしながら二つの異なる流れを支えるもっとも決定的な特徴は、様々な文脈に対する認知的態度の違い、理論的予想の違いから生まれる問題、問題の定義形式の違いである[56]。

　問題の定義、問題の処理に対する二つの異なったアプローチは、ヨーロッパで国家教育制度を比較するという考えが最初に定式化され(すなわち全国的な内的に分化した近代教育制度の形成期)[57]て以来、連綿と存在している。一方で、経験科学の比較方法は、大きな影響を与えたキュヴィエの比較解剖学にならって、教育理論の科学化を進める理想的な方法であると見なされた[58]。他方で、一連の国際的データは、教育制度の形成過程を成功裏に推し進める

第2章　比較の方法と外化の必要性　51

責任ある人々に対して、実際的な指針を提供することが、期待された。19世紀の古典的な比較教育研究が、理論に基礎づけられた説明を目指す比較研究と、役に立ちそうな国際的な改革経験を求める研究との違いを拡大したために、目的と関心のこうした二元性は、固定化された。いくつかの比較研究は、教育システムを対比してヨーロッパの様々な教育システム間の相違の優れた分析を行った(59)が、他の多くの研究は、「他国の経験から学ぶ」(60)ために国際的な調査を行った。マイケル・サドラー卿が、比較教育学の制度化の開始時期にあたって、歴史主義的な学問性と最適な教育問題の解決を融合しようとしたが、この試みは、これら二つのアプローチに含まれる方法論的要請がお互いに対立し合うことを示すことになった。ここに生まれた「サドラーのジレンマ」は、それ以後続く多くの方法論論争の中心を占めている(61)。サドラーに続く世代は、しばらくの間、新しい比較教育の学問を、学問的な研究分野により洗練された「科学的知識」の方向ではなく、歴史主義的な博識と自由哲学から生まれた「人文的知識」教職に必要な「一種の人間的智恵」を生み出す「人文的知識」を創造することに専念する研究分野に変える方向で、このジレンマを何とか中和しようとした(62)。

　しかしながら、現代社会科学からの衝撃により、もともと比較教育学に含まれていた多様なアプローチが、それぞれ自己主張を強化し、分裂することになった。比較教育の知的地位・理論的機能に関する定義が、対照的な二つの定義に、すなわち、クロス・ナショナルな理論構築により仮説を説明しようとする「学問的比較教育」と、「教育的な意志決定に影響を与え、教育世界に働きかける」(63)ことを意図する「干渉主義者の比較教育」に収斂していった。また、「科学化」と「実用性」の間、あるいは「発見」と「援助」の間、「客観的研究」における「学問的関心」と「職業的実践と治療」への「世界改善的関心」との間、あるいは社会科学的比較研究モデルに従った「真理探究」と「規範的ないし改革的比較教育学」に「見られる改革的目的」(64)との間の論理的ギャップ、方法論的緊張が明らかとなった。こうした分裂は、一方で、比較教育学の理論の科学化がますます進展し、他方で、比較教育学が、「現代社会の進歩的ダイナミックスと現代社会の教育的意図に巻き込まれて

いく」[65]という二つの矛盾した趨勢に対応している。最後に、正当派科学哲学の伝統につながる知的文脈から見れば、こうした二極分化は、比較教育の様々な方向を、「純粋」科学と「応用」科学の間に序列化することを意味している。この知的文脈に従えば、純粋科学が、科学的な比較方法を、理論的に特定できる「問題」に関連づけようとするのに対し、応用科学は、方法論的に欠陥のある手続きを用いて、「日々の行為の問題」に答えを与えることに関心がある[66]、とされる。

　こうした区別は、何も教育学や比較教育学に特殊なものではない。多様な方向性の間の断絶は、他の比較諸学にも浸透している。例えば、比較法は、事実上「二つの分離した自立的な学問」[67]に分裂している。二つの自律的な学問とは、比較法に対する「社会学的」アプローチと「解釈的」アプローチの二つ、ないし法社会学と密接に関連する「比較法史」と「比較立法ないし法解釈」[68]の二つとして示される。前者は「純粋法比較」ないし「法の比較一般史」であり、法の発展及び社会的機能の体系的社会科学知識を探求している。後者は、「比較法論」「比較解釈法」に対応し、比較研究を、「解釈問題」、立法改革、ないし法の国際化[69]に適用しようとしている。加えて、さらに明瞭に組織的境界が示されているのは、「独自の学問領域として」認識された「比較宗教学」と、「キリスト教神学の付属品と」見なされる「比較宗教神学」の区別である。前者が「宗教について純粋で中立的な研究」を目指すのに対し、後者は「神学教義の特殊領域」[70]として発展した。

　以上すべての場合において、機能的に専門化した社会のサブシステムにより研究対象領域が定義されている比較諸学は、いずれも、二つの相反する方向に分離している。二つの異なった準拠枠組みに基づく知覚様式・思考様式の違いが、まったく同じ対象領域を、異なれる研究対象とする。こうして、第一の観点からは、過去および現在の法律および立法制度の類型、人類史上発展した偉大な宗教ないし世界中の教育制度が、「社会現象および社会に対する機能の形で」分析可能となり、他方第二の観点からは、それらの対象が「道徳的意味パターンの形で」[71]取り扱われる。その結果、外国の立法は、理論重視の学問研究の観点からは、「社会現象」のあらわれとして知覚され、そ

れに対し立法制度の方向付けという観点からは、「正しい法律とは何かを考察するという観点で」[72]評価される。同様に、「外部の」宗教を眺める場合も、学問システムの分析観点から関心を引くのは、「社会現象としての宗教の意義」であり、他方宗教システムの地平の内部から眺めた場合は、「宗教の形而上学的側面」[73]が強調されることになる。前者のタイプの研究は、中立的な科学的知識[74]を捜し求め、後者の研究は、「聖なる歴史における宗教の意味」[75]に関心をもつ。それゆえ、いままで展開されてきた推論の流れからすれば、比較教育学は、もはや、科学哲学——これ自体現実の発展により絶えず問い直されているのであるが——の観点から定義可能なような学問的アイデンティティをもつことはできない。以上の結論は、むしろ、比較教育学の領域を、システム分化モデルによって仮定される二つの理論様式に基づいて再検討すべきことを指し示している。「二つの理論様式」は、比較教育学の場合、科学研究という社会のサブシステムの特定の機能に関わる比較教育科学と、教育制度の自己解釈から結晶化し教育制度の方向付けの期待に答えようとする、国際改革反省となって分化する。システム分化モデルに従えば、結局、この両者の違いは、「社会学的構成物を用いて、外部からのシステム分析の形でなされた他者の叙述」と「社会システムに独自の、教育システムの自己描写に内在する概念によって表された他者の叙述」として、特徴づけられる。

6 比較研究の論理と世界状況への外在化

これまで論じてきた理論的枠組みは、比較学を区分する二つの研究の流れを以上のような形で把握するのに役立つのみならず、比較教育科学と国際改革反省のそれぞれを支配している論理の種類の違いを分析する際にも利用できる。比較教育科学と国際改革反省という二つの理論の性質を分析する努力は、同時にまた、最初にふれた区別つまり社会の機能的分化に伴う理論の二つのタイプすなわち「高度に定式化された（洗練された社会科学としての）比較研究」と「方法論的にインフォーマルな（問題に特殊なケーススタディとして

の）研究タイプ」(76)の区別を跡づけることになろう。2節から4節において取り扱った異なった比較の型、心的前提条件、社会的な文脈枠組み、対応する二つの理論様式をめぐる議論は、この理論の違いを検討するための準備を行ったものである。

　科学的「真実」に関わる研究タイプにおいては、これまでの議論で詳論されたすべての次元で、すなわち、関係間の関係を打ち立てる「複雑な」技術、「パースペクティビズム」という「距離をおく」態度、社会文化的違いに対する感受性、「相互関連的パターン」ないし「システム比較」の探求、そこから生まれる理論志向が、方法＝論理的にも社会＝論理的にも関連しあっていることが示された。社会科学における比較研究の特殊機能が生まれてくるのは、これらの諸要素の相互関連からにほかならない。社会科学における比較研究の特殊機能とは、方法論的な統制を加え、理論批判ないし理論発展の基礎を形成する機能、すなわち、理論的な前提と経験的観察とを批判的に対決させる機能のことである。

　しかしながら、「反省的」タイプの研究において、観察された事実の間の関係を打ち立てる「単純な」技術、社会システム「内部から」「参与した」観点、類似性を確定しようとする関心、実際的な問題解決への関心の優位、の間にいかなる相互関係が存在するかという問題は、未解決のままになっている。言い換えれば、外部の叙述が、システムの自己描写の文脈の中でどんな機能を果たすのかという問題が未解決のままになっている。前の4節で定式化された問題と照らし合わせると、この問題の重要性が高くなる。つまり、諸関係間の関係を打ち立てる操作と異なって、観察された事実の間の関係を打ち立てる単純な操作の証拠としての価値に疑問があるとすれば、このような自己描写の機能とは一体何なのか。普遍的な心的操作としての「単純な」技術に関しては、シュヴァリエ・ド・ジョクールの言明すなわちそのことを明確に定式化したフランスの諺「比較に理性はいらぬ」がなお正しいということが思い起こされる。とすれば、方法論的な推論規則によって確実な結論が導き出せないような文化的他者についての知識の機能とは一体何なのか(77)。デュルケーム流の方法化が困難な反省理論の文脈の中で、自己叙述の機能と

は一体何なのか。

　以上の問題に対する満足な解答は、「科学的発見の論理」だけからは導き出せないように見える。とりわけ、教育改革を目指す反省思考の出現以来、文化的他者を叙述する比較教育学の主流は、科学的発見の論理を無視してきた。むしろ、この問題の解決は、そこで使用されてきた理論・教義・改革案の構造、すなわち社会の機能的サブシステムの中で発展した反省理論の構造を調べることによりもたらされるであろう。この構造の検討は、同時に、上に述べられたシステム分化モデルを支える中心的理念の一つ、すなわち自己言及と自己言及の操作に内在的な問題、つまり回帰的に「自分自身に関わり合っている」[78]という問題を取り上げることを意味する。

　機能的に専門化したサブシステムの自己反省ないし「自己テーマ化」は、システムが自己との関係を確立するところのコミュニケーション過程として定義される[79]。したがって、反省理論は、対象領域に自己言及的に関係している。「自己言及的に関係している」とは、自己言及的操作（この場合にはサブシステムを環境と異なるものとして叙述すること）が、言及される対象に（すなわち叙述対象としてのサブシステムの中に）含まれていることを意味している。反省理論は、システム内部で発展したシステムについての理論である。反省理論は、叙述対象のシステムに焦点を当てることにより、そのシステムの構成部分としての自己自身すなわち自己反省自身にも焦点を当てることになる。「単純な」自己言及は、社会のサブシステムの自己操作能力を損なうと、結論づける人がいるかもしれない。「なぜなら、構成要素A（例えば理論）が構成要素B（例えばシステム操作）に干渉し、また逆に、構成要素Bが構成要素Aに干渉するから」[80]と言うのである。したがって、いかなる自己言及閉鎖回路も、必ず循環的な相互依存関係を打ち破る必要が出てくる[81]。この打ち破り方の典型的な型は、自らを外部環境に開く——この開かれ方にいかなる選択が働いたとしても——というものである。循環的な自己言及がシステムの特殊化に寄与することができるのは、外部の準拠点から引き出しうる「補助的な意味」を組み込むことによる。

　相互依存関係の打ち破り、より正確に言えば外在化の必要性は、反省理論

として結晶化されたシステム内在的な自己言及コミュニケーションにも同様に当てはまる。この反省理論に見られる外在化の歴史的形態は、様々であるが、この様々な形態がそれぞれの学問の理論構造に対し特徴的な影響を与えている。教育システムの自己反省の延長線上にある教育の領域においては、ルーマンとショルが、三つの優勢な必ずしもお互いに排除し合わない外在化のパターンを見いだしている。外在化の第一の形態は、その学問の科学的性格を保障しようとする目的に関わるものである。二つ目は価値に関するもので、三つ目は組織に関するものである。ルーマンとショルによれば、これら三つの外在化の形態によって実現されるそれぞれの機能は、教育を、学問分野のごとく形成された理論的知識の特別の集合体として安定化すると同時に、教育理論に対して最大限の自律性を保障する。教育はまず、科学的性格に訴えることによりアプリオリないしドグマティックな仮定に依存せずにすむことになる。次に、価値ないし価値に基礎づけられたイデオロギーに訴えることにより、行為の正当性とりわけ教育改革ないし政策決定の正当性が確保される。最後に、組織に関しては、失敗の責任を政治や行政に帰することにより、「社会現実のより不愉快な側面の責任を帰着させる対象を」[82]外部に見いだすことになる。こうした発想の特徴は、失望を外部へ向けると同時に、別の教育組織を求める刺激となることである。

　こうした構造的な特徴が反省理論の自己言及的性格に付随しており、こうした特徴が、目下議論の対象となっている反省理論の独特の地位を理解する観点を与えてくれる。ここで論じられている文化的他者を叙述することによる外在化という手法は、方法論的な弱さがあるにもかかわらず、また、結論に疑問があるとの批判に絶えずさらされるにもかかわらず、確固たる地位をもっている。なぜなら、反省理論、特殊には教育改革反省は、構造的な外在化の必要を満たしてくれるからである。特定の国民教育制度の内部から見ればあるいはまた国民教育制度の改革問題に関与する観点から見れば、外国の教育制度およびその実践の叙述は、自国以外の国についての客観的に記録された「教育の同時史」以上の意味をもっている[83]。参与観察者が指摘しているように、「外国の事例」、「他者の経験」の分析、「世界状況の調査」は、「助

言ないし選択」「刺激的観念」ないし「インスピレーション」、「適切な洞察」ないし「示唆的な教訓」を提供してくれ、かくて、適切な改革政策を決定するための「枠組み」として奉仕することが期待されている。こうした研究は、実際、まるごと「借用」することには関心がなく、方向性を示唆することを目指している。これらの研究は、教育制度や教育戦略の「移入可能性」を主張するのではなく、外国研究による発見が、自国の政策・実践に対してもち得る「意味」を評価しようとしている。したがって、これらの研究の機能は、「競合するモデル」を提示することではない。むしろこれらの研究の機能は、外部の観点から導き出された「補助的な意味」により、時代の必要に適した政策についてのシステム内部の論争に、「確固たる基礎」をおき、「深み」を与え、必要な問題意識を増し、論争を「豊かにする」ことである[84]。「自国を超えて比較対象国を見る」という行為は、かくて、とりわけ叙述的に表現すれば、「外的刺激に対して……外へと自らを開く」[85]システムと見なされる。その結果、教育システムの自己反省に関わる文化的他者の叙述は、補助的意味をもつと同時に上記の三つの型をもつ外在化となる。最後に、こうしたタイプの研究が外部の観察から導き出された「追加的な意味」を見いだすのに適しているのは、これらの研究が、比較法の代替物すなわち方法論的な次善の策へ訴えているから、換言すれば類似性を確定したり序列化された順序を決めたり、国際的な展望を構成したりするための「単純な」操作に基づいた手続きに訴えているからである[86]。

比較教育の発展の歴史的説明は、以上の議論の内実を与えることになろう。「自国の改革問題、政策、理念を国際化する様々な形態」すなわち、「新教育」の理念を「世界教育運動」に拡大するとか、あるいは共通の「ヨーロッパ的教育理念」を確定するとか、教育構造を「産業社会間の収斂傾向」を増加させるものと見なしたり「科学技術革命」を進展させるものと見なしたり、「近代化」と「総合制化」、教員養成の「最近の動向」や成人教育の「世界的視座」について議論する等はすべて、最終的には、

「問題となっている立場に賛成する意見の人々の関与を支持し、また反対

者に対抗する議論を正当化する役割を果たす。自己自身の改革要求の国際性を示すことは、不公正な利害を求めるとの非難を免れ、彼らの主張に一般性と不可欠性を与えることになる」[87]。

　かくて、世界状況への外在化は、ある意味で、教育における意志決定を支える価値的判断を客観化する。こうした正当化行為は、歴史叙述の形あるいは「科学的」と認められた統計的記録の形をとる。国際反省研究の多くが、教育の制度構造や制度の発展の問題に焦点を当てているので、国際性による外在化は、組織化された社会において、選択可能な選択肢を指摘することにより繰り返し教育関係者が陥る失望を克服するのに適している。言い換えると、世界状況への外在化は、改革を目指す教育反省に対し、価値や価値に基づくイデオロギーに直接訴える必要を免れさせる。世界状況への外在化は、科学性の基準との関連を強め、組織への外在化を補強する。正当化局面と科学的根拠付けと組織への責任帰属を結びつけることにより、世界状況への外在化は、教育改革反省に対し、かなりな程度の自己制御ダイナミズムを可能とする。

　今日の教育システムの歴史的に前例のない拡大と、その結果としての教育システムの荷重の増大と、選別の普遍化、および他の社会サブシステムとの多元的な関連は、教育反省の必要性を増大させた。その結果、外在化の必要性も変化し、世界状況への外在化から引き出される「補助的意味」の重要性が増した。一方で、近未来における社会的、経済的、技術的、そしてある場合には人口学的生活条件を効果的に予測する困難が増大しているだけに[88]、世界状況への言及の相対的な重要性が高まってきている。教育システムを計画化しようとしても、教育システムの作動が、教育システムが満たそうとしている社会的期待を大部分自ら生み出すという事態に対処できない。したがって、こうした予測の欠陥から生じる確実性の欠如を前にして、発展の客観的条件への洞察を与えてくれる国際的視点が、バランスをとるために呼び出される[89]。その結果、国際性[90]に裏づけられた「主要な流れ」や、世界状況への数多くの外在化の結果生じる一種の「社会的に構成された国際性」が生ま

第2章　比較の方法と外化の必要性　59

れ、それらが、世界社会[91]の出現に対応した「標準化された教育の世界モデル」や「国家を超えたイデオロギー」の形成、に寄与する。とはいえ、国際的観点によって必ず、方向付けとなる「補助的意味」を引き出せるとは限らない。そうではなくて、国際的調査により、進歩した産業社会の高度に分化した巨大な教育システムが、予期せぬ変化、管理不能な複雑性、半自立的なダイナミックスを示すようになってきていることが示されるかもしれない。こうして、国際的観点は、ある改革政策を支持したり、代わりの選択肢や手掛かりを提案したりすることができず、世界状況への外在化から導き出されるシステム内反省の成果は、より抽象的になる傾向にある。反省の結果、国際性——「危機は世界的なものだ」[92]——が示され、直面している問題がかすむ場合もある。あるいは、反省の結果、十分に発展した社会のサブシステムのシステム的性格に気づかされ、そうしたシステム的性格に沿って見方を改めようとするかもしれない。システム的性格に気づくというのは、例えば、大幅に自律的でありながら同時に社会環境に依存しているとか、少なくとも部分的には対立する機能や行為を多く果たさなければならないとか、「現在現代社会の特徴の一部となっていることであるが、教育事象の秩序の明確さが決定的に欠けているので、われわれは、曖昧さに対しより寛容になるように、考え方の適応を図る必要がある」[93]という発言に示されているような、「緩やかな相互関係と組織化された無政府主義」といった特徴に、気づくということである。

　システム内的な反省の必要性は歴史的にいろいろ変化するけれども、また、上に述べたような世界状況の扱い方もいろいろだが、外在化の社会＝論理的な概念によってのみ、科学の論理から見たら正当化できないような研究の、議論上の価値・連綿と続く伝統・世界的成功・独特の一貫性を明らかにできる。それが可能なのは、比較方法が科学的理論に対して果たす役割と機能的に等価な役割を、世界状況への外在化が、システム内的反省理論に関して果たすからである。前者が、諸関係間の関係を打ち立てるのに必要な推論的手続きにより、社会理論の科学的「真理」を保障するために設計され統制された研究理論に対応するのに対し、外部の準拠点から引き出された「補助的意

味」を用いる後者は、システムの自己言及性から生じる相互依存関係への干渉の必要性に対応したものである。理論様式の枠組みが異なっているので、文化的他者を描写する二つの様式、とりわけ文化的他者の描写から結論を導き出す二つの様式は、性格において異なるが、機能において等価なものとして、それぞれおのれの地位を主張することになる。

7 制御された研究と自己言及の意味

　この最後の節は、比較教育科学と教育に関する国際改革反省がそれぞれ従っている特徴的な手続きのいくつかを対照することにより、上記の結論を例証することを目指している。この節は、また同時に、後者、すなわち国際改革反省には方法論的な弱さがあるけれども、明確なパターンを示しており、そのパターンの「論理」ないし「社会=論理」はおもに自己言及の構造によって条件づけられているということを示そうとしている。

　(1)　上に示されたように、「真理」に関与する学問システムに属する比較研究領域は、「離脱」と「パースペクティビズム」という認知的な態度をさらに明確な分析研究の視点へと発展させ、そのことにより比較の完全な能力を発揮する。「離脱」や「パースペクティビズム」といった認知的態度に特徴的な、(道徳的意味への拘束) を相対化し、(社会現象とその文脈の諸条件の間) の関係を樹立するという操作は、今や、他の文化現象を、時間的構造的洗練と特定の社会政治的文脈[94]という二つの領野との相互作用に関わらせて探求するという、より包括的な操作へと翻訳されることになる。したがって、比較法学、比較宗教学、比較教育学は、それぞれの対象領域の社会史と社会学の両方と合併する傾向がある。これらの諸学問は、学問的比較法によって理論形成が図られ、「真に一般的な法科学」、真に一般的な宗教科学、真に一般的な教育学になる準備が整えられた[95]。

　こうした科学的アプローチとは対照的に、機能的に専門化されたサブシステムを指導するという実践的な必要性に答えることを仕事としている比較研究の分野の場合は、社会集団の差し迫った関心に「巻き込まれた」、「内か

第 2 章　比較の方法と外化の必要性　61

ら」の「自分の自己社会中心の」観点を、単純に拒否することはできない。むしろ、システムの自己反省として見れば、文化的他者へのこうした自己社会中心の態度は、システムの自己言及的作動から生み出される、社会システムの自己自身への言及であると解釈される。したがって、システムの自己言及性は、単に前に述べたように外在化を必要としているというだけにはとどまらない。さらに、自己言及性は、システムが外部環境に開放されているにもかかわらず、外在化の結果が自己言及の制約を受けた「システム内的解釈行為」にとどまることを意味する。それゆえ、外在化は、環境で何が実際に進行しているかについての信頼できる結論を与えてはくれないが、「水門のように、内的な必要性によりシステムが開いたり閉じたりする」[96]ことにより調節するのを助けてくれる。

　地域研究の領域で、比較教育の最近の発展を分析すると、外在化の本質的構成要素であるシステムの自己言及が、多くの比較教育文献の知的視点を構成している。「これらの研究の結論は、外国の教育発展の検討が、国内の教育政策議論の不可欠の構成要素と考えられるということである」。外国の教育システムを選択する尺度、分析するアプローチは、「概して、自分自身の国で話題となっている政策問題に従っている」。したがって、文化的他者の叙述は、「自国の正当化の必要と行動の必要」[97]に応じて、皆が正当性を認めるように手際よく加工される。ときに「鏡」の比喩が用いられるのは、背後にあるこの自己言及性を無意識に表現したものにほかならない[98]。

　システムの自己言及性は、単に多くの比較教育学文献の分析視点を形成するにとどまらない。同時に、この自己言及性は、話題となっている問題や最近の発展傾向あるいは当該の政策・理念に着目する一方、こうした傾向・政策・理念が社会に与える長期的影響や、制度的な問題の解決の型の比較や歴史的過程の分析には関心を払わないし、時間的な構造的変化を露骨に無視するという傾向がある[99]。また、外在化の「水門」のような性格が、特定の時点で研究テーマとなっている文化的他者の諸側面と範囲を統制するという側面もある。教育システムの自己反省としてなされた他在の叙述のトピックを歴史的に順序立てて概括的に説明しようとすると、その説明は、19世紀初期

の初等教育の普遍化[100]の社会的機能と行政上の困難から、20世紀後半の「老人教育学」[101]の制度化まで、あるいは、国家により支えられた「国民的」教育システム[102]の確立に対する初期の関心から、「教育への経営・産業の関与」の推奨という最近の試みにまで及ぶだろう[103]。ともかく、そうした説明は、近代教育システムを組織し、そこに全員を巻き込み、その結果上級の段階へと膨張するという一連の過程が生み出した局面・運動・あつれきを再び思い起こさせること、前の比喩をもう一度取り上げれば「鏡に映す」ことになるだけではない。こうした説明により、図書館、雑誌、文書館に隠されたまま今まで未利用の多くの文書が明るみに出されることになるだろう[104]。

(2) 諸関係の間の関係を確立する「複雑な」比較技術は、科学的「真理」概念に含まれる理論的前提と歴史的観察との間の批判的対決を体系的に整理するのに、中心的役割を果たす。この役割は、明確な理論的枠組みに照らして比較対象を分析的に解体し、適切なパターンにより、また関係確立的な比較操作により、慎重に構造化を図ることにより果たされる。

これと対照的に、観察可能な事実の間の関係を確立する「単純な」比較技術は、統制された研究のもつこうした力をもたない。そのかわり、単純な比較は、緩やかに組織化された多量の他文化データに対し、システム内的な自己反省の必要性に従って様々な解釈を加えるという機能をもつ。この比較は、このタイプの比較関係的思考の特徴である前述の前提条件と密接な関連をもつこれらの前提条件に従うと、他者叙述において結論的な分析に到達しようとする試みは、類似性の確立、あるいはより少ない程度ではあるが序列化の確立という心的操作、換言すれば準自然的傾向としての比較に訴えまたそれを利用せざるを得ない。それゆえ、この型の研究文献の多くは、叙述的説明や統計的報告として収集された他文化データを、構造的な類似性や共通の政策問題に沿って総合したり、これらのデータを指標に基づいて序列化したりあるいは発展段階順に並べたり、底を流れる傾向や進化方向の収斂傾向を調べたりしようとしている。

これらの研究も経験的研究ではあるが、かと言って——多くの比較教育学者の著作に見られる経験主義の長い伝統によりある程度曖昧化してしまった

第2章　比較の方法と外化の必要性　63

とはいうものの——比較関係的思考を無視してよいわけではない。現象間の関係（類似性、相似性、序列、収斂等）が打ち立てられるのは、シュヴァリエ・ドゥ・ジャクールの表現を思い出せば、意識的な心的操作による。それゆえ、この場合、現象間の関係の、文字通り「本質を構成する」のは[106]、事前の概念化、特定の観点、期待創出枠からなる意識的心的操作にほかならない。それゆえ、情報の叙述がいくら厳密になっても、心的操作に基づく比較命題は、社会的現実に内在すると考えられる構造に真正の表現を与えるところまでは到達しない。むしろ、心的操作に基づく比較命題は、常に社会現実の解釈を行う。このような心的比較操作の性格は、比較される現象の特定の側面を強調し、評価し、関係づけ、同時に他の側面を無視するという選択が不可避であることから生じる。こうした選択過程は、必然的に、関連枠組みとなる概念図式を前提している。しかしながら、心的操作としての「単純な」比較の技術は、明確な分析枠組みによって構造化されていないのだから、使われる概念図式は、自己のシステム内部で定義される構造や概念に関連をもつ日常的概念から生み出される。日常的概念とは、例えば、システムの自己描写から生み出される当たり前と見なされた慣用的な教条的観念とか、規範的な方向づけを受けやすいより包括的な哲学的、政治的、教育的観念などである。したがって、この比較操作は、間主観的統制に開かれた推論手続きとは一致しない。この比較操作は、進行中のシステムの自己反省に導かれた、間主観的統制に閉ざされた理論化の形態をとる。この比較操作は、もちろん、経験に基づいた命題を生み出すが、これらの命題は、評価的解釈と密接に結びついている。

　類似性を確定し、序列に従って配列するという「単純な」操作に従ってクロス・カルチュラルなデータを総合したり、それらをしばしば暗黙のあるいはシステム拘束的な概念図式に関連づけて評価するという文化的他者へのアプローチについては、前の節で「国際的視点」[106]として叙述した。「国際的観点」という用語には、明らかに、種類はあまり異ならないが、用いられる概念枠組みに応じて価値評価が強調される程度は大いに異なる一連のアプローチを包摂している[107]。これらの様々なアプローチは、超国家的な「発展の規

範」への洞察の程度と、これらの発展の規範が自国の教育を指導しうる「質」を確保しようとする程度(108)の双方において異なっている。こうした違いはあるものの、方法論的観点から見れば、他の文化現象について結論的な分析を試みるこれらすべてのアプローチは、心的操作としての比較の解釈的性格から来る基本的な弱点を共有している。これらの弱点は、「国際的観点」をとるあらゆるアプローチに共通の弱点ではあるが、類似性、収斂性、序列等の関係を評価する場合に、特に際立ってくる。そのため、厳しい批判が、「強力な価値関与と結びついた叙述的アプローチ」に対して、また「一般化のしすぎや素朴な主張による歪んだ初期データ」の提示に対して、また、(規範的な解釈学の形をとる場合もあるが)本質的に閉じた理論が不明瞭な(歴史主義的)経験主義と結合していることに対して、なされてきた(109)。しかしながら、この問題視されている結合は、社会学的観点から見ると、異なった意味をもつ。社会学的な観点からすると、この結合は、まさしく経験的な素材と解釈の遂行との結合、すなわち「外在性」と「補助的意味」の結合であり、この結合が「国際的観点」による分析を、システムの自己反省の外在化を効果的に可能にする優れた手続きへと高めてくれるということになる。他者の叙述は、たしかに、こうした手続きに従ってなされている。とはいえ、こうした叙述は、すべての外在化につきものの一種の「妥協」に終わらざるを得ない。つまり、「システム外の環境の十分な理解と、完全なシステムの自己理解を妨げる」(110)ことになる。

(3) 最後に、比較教育科学と教育に関する国際改革反省は、それぞれの研究単位の決定の仕方においても異なっている。比較教育科学は、理論的な実り豊かさを約束するような定義を用い、必要とされる変数の観点から見て適切な比較の単位(国民、文化、地域、人種など)を選ぶのであるが、この選択は、理論的枠組みや説明モデルによって説明するといった分析的な関心による(111)。これと対照的に、教育に関する国際改革反省は、国民国家という既存の世界秩序に従っているのであるが、これは外在化の論理のしからしめるところである。外在化を、世界の中で自国と関連の深い対象単位国(112)に関連づけるのは、「補助的意味」を引き出せるという期待があるからである。これら

の単位国は、それらの国の国際政治的、国際経済的重要性と技術的な優越性に従って選ばれる[113]。

　したがって、「国際的観点」をとる場合の関心は、分析的観点を取る場合に関心を引く逸脱ケースには向けられない。例えばギリシャ等のヨーロッパの開発途上国は、文化社会的変化を扱う理論という観点からは興味ある国であるが、関心の対象とはならない。むしろ、「国際的観点」から見る場合は、「比較可能」と見なされている国々、例えば進化の収斂的な傾向を追う目的で「高度産業社会」に、あるいはまたイデオロギー上の画一性を確かめる目的で「社会主義同胞国家」に、あるいは教育へのより多い投資を要求する目的で「世界市場の主要競争国」に焦点が当てられる。いかなる選択基準が支配的であるかは、実際文句のつけようのない国際的優秀さを順次達成した「対象国家」——プロシャ、アメリカ合衆国、スウェーデン、日本など——の歴史的変遷を調べてみればわかる。国の選択を支えるメカニズムは、「参考単位」として選ばれた——この選択は、システムの自己反省の必要の変化に関わらせて、様々な（国家）システム／環境の観点から国家横断的になされるのであるが——国々の名声の変化の経歴を比較する歴史研究により、より徹底して示されるであろう[114]。

　これらの関係をすべて、すなわち自己準拠的反省理論と知的観点のシステム関連性、心的操作としての比較と「国際的観点」を構築する場合の心的操作との類似性、システム外の環境への関連とシステム内的解釈遂行、「補助的意味」の期待に関連した「関連単位」選択の基準、をすべてまとめると、明らかな方法論的弱点があるとはいえ、システムの自己準拠の論理を認めざるを得ないであろう。

　同時に、この結論は、文化的他者との関わり方が明白に違うにもかかわらず、「真理」に対する科学的探求とシステムの自己反省の区別が困難であることを認識させる。とはいえ、科学的研究の含意（例えば複雑性の無限の増加）とシステムの自己反省の含意（例えば自己単純化）の対照性を、観察することにより、両者の違いの意味をさらに分析することができる。他方、この論文を通して発展させられた概念モデルは、教育の実際の伝統、教育の実践、教

育の国家間研究枠組みについての社会=歴史的研究に誘うのに十分な基礎を提供するよう叙述されている。この概念モデルは、国家間、機能的に特定化された社会のサブ・システム間、異なった理論様式間の比較により、実質化され、洗練され、改訂されるだろう。比較教育のメタ科学的な論争の客観化に寄与することを期待できるのは、この方法、すなわち「研究への外在化」の方法、以外にはない。

　この小論で展開された推論の方法は、最後に、メタ科学的論争を社会=歴史的地平にシフトさせることに加えて、少なくとも将来性のある二つの方向を指し示す考察を含んでいる。一方で、比較教育科学の存在意義は、デュルケームの時代以来、方法論的プログラムによってなされた約束を何としても守ることにある。この要請の実現は、いままで論じたように比較方法の一般的な要請が、実行すべき個々の研究プロジェクトを構造化するのにふさわしい明確な理論、理論モデルの枠組みへと具体化されることにより、可能となろう。換言すれば、真に比較的になるためには、比較教育科学は実際的な問題解決からより距離をとり、より理論的にそれゆえまたより深遠にならざるを得ない。他方、現代教育システムの急速な拡大と内的分化および仕事のますますの困難さと管理不可能な複雑性から生じる多様な問題が、システム内的反省理論をますます必要とする。こうした必要性に関連して、最初にデュルケームによって確立され、次いでルーマンとショルにより詳細化された区別、つまり完全という価値的な理念に関わる「改革的」反省と、現代の構造的条件・機会・制限への深い洞察に基づいた「洗練された」反省様式との間の区別が、重要な意味をもつ[115]。この違いを取り上げることにより、教育に関する国際的反省を「洗練する」可能性を探求することが緊急の仕事であろう[116]。その結果、二つの理論様式を、無関連ないし相互妨害という現状から、協調する相補性の関係へと、変更することが実際に可能となるであろう。

（今井重孝　訳）

註

（1）　比較教育が大学で教えられる学問研究分野としての地位を確立した1950年代

に、比較教育の学問上の「アイデンティティ・クライシス」に対して懸念が表明された。例、Kathryn G. Heath, "Is Comparative Education a Discipline?", in : *Comparative Education Review* 2 (1958-59), pp.31-2. この懸念は以後1980年代に至るまでずっと抱かれ続けている。Gail P. Kelly, Philip G. Altbach & Robert F. Arnove, "Trends in Comparative Education : A Critical Analysis", in : Philip G. Altbach, Robert F. Arnove & Gail P. Kelly (eds.), *Comparative Education* (New York & London : Collier Macmillan, 1982), pp.505-33, とりわけ pp.509-15 を参照。よく似た学問上のアイデンティティ問題は Jerome Hall, *Comparative Law and Social Theory* (Baton Rouge : Louisiana State University Press, 1963), pp.5-6により比較法学についても表明されている。

(2) 「比較によって決定的な議論を組み立てることはできない」。

(3) Emile Durkheim, *Les règles de la méthode sociologique* (Paris : Presses Universitaires de France, 1937), p.137

(4) 「比較は、レトリックにしか現れない……」。これが、ラミレとマイヤーの結論である。Fransisco Ramirez & John W. Meyer, "Comparative Education. Synthesis and Agenda", in : James F. Short (ed.), *The State of Sociology* (Beverly Hills : Sage, 1981), pp.215-38. この結論は他のより包括的な報告によっても確認されている。国際的なつまりおもにアメリカの研究はフィッシャーがリヴューしている。Joseph Fischer, *The Social Sciences and the Comparative Study of Educational Systems* (Scranton : International Textbook Company, 1970), pp.3-51 ; Robert Koehl, "The Comparative Study of Education : Prescription and Practice", in : *Comparative Education Review* 21 (1977), pp.174-94 ; Manfred Niessen & Jules Peschar, *Comparative Research on Education* (Oxford : Pergamon ; Budapest : Akademiai Kiado, 1982), pp.3-44 ; 最後に Klaus Hüfner, John W. Meyer & Jens Naumann, *Comparative Education Policy Research : A World Society Perspective* (Stanford : Stanford University ; Berlin : Max Planck Institute for Human Development and Education, 1984). ドイツ語文献は Heinz Stübig, Viktor von Blumenthal & Horst Messmer in : *Ergebnisse und Perspektiven Vergleichender Bildungsforschung. Texte-Dokumente-Berichte zum Bildungswesen ausgewählter Industriestaaten*, no.28 (München : Minerva, 1984) によって分析されている。これは部分的に英訳されている。Stübig, "Education in England as a Subject of Educational Research in the Federal Republic of Germany", in : *Journal of International and Comparative Education* 1 (1986), no.1, pp. 63-98. これらの著者は Bernd Zymek, *Das Ausland als Argument in der pädagogischen Reformdiskussion*

(Ratingen: Henn, 1975) が行った詳細な長期分析につながっている。Ludwig Liegle, "Neuere Untersuchungen zum Bildungswesen in sozialistischen Ländern", in: *Zeitschrift für Pädagogik* 21 (1975), pp. 597-616 などの比較教育学の専門領域についての報告は同じような方法論上理論上の弱さを結論づけている。

(5) Theo Stammen, *Vergleichende Regierungslehre* (Darmstadt: Wissenschaftliche Buchgesellschaft, 1976), pp.1-2：「非常に古いと同時にきわめて新しい学問」。この矛盾した表現は Phillip E. Jones, *Comparative Education: Purpose and Method* (St. Lucia: University of Queensland Press, 1971), p.48 の比較教育学は「長い過去をもつが、歴史はごく短い」という言明にも通じるところがある。

(6) Rolland G. Paulston, "Ethnicity and Educational Change: a Priority for Comparative Education", in: *Comparative Education Review* 20 (1976), pp.269-77, はかくてこれらの論争の多くは「多くの熱気を生み出しはしたがほとんど光明は与えなかった」という結論を導いた。

(7) Michael Pollak, "From Methodological Prescription to Socio-Historical Description", in: *Fundamenta Scientiae* 4 (1983), pp.1-27, と Thomas Brante, "Changing Perspectives in the Sociology of Science", in: Ulf Himmelstrand (ed.), *The Sociology of Structure and Action. Sociology: From Crisis to Science?*, vol.I (London etc.: Sage, 1986), pp.190-215 を参照せよ。

(8) エプスタインの分析を見よ。"Currents Left and Right: Ideology in Comparative Education", in: *Comparative Education Review* 27 (1983), pp.3-39. この論文は研究対象の性格に関わる最初の仮定すなわち「イデオロギー」（すなわち「形而上学パラダイム」）に重点をおいている。エプスタインは本書の第1章で詳細に「新実証主義者」「ネオ・マルキスト」「新相対主義者」の再検討を行っている。私自身の分析（Jürgen Schriewer, "'Erziehung' und 'Kultur': Zur Theorie und Methodik Vergleichender Erziehungswissenschaft", in: Wilhelm Brinkmann & Karl Renner (eds.), *Die Pädagogik und ihre Bereiche* (Paderborn: Schöningh, 1982), pp.185-236) は、トマス・クーンの「1969年の後書き」で特別の比重がおかれているパラダイム概念に依拠している。さらに、現象を認知したり見たりする十分内在化された様式の、明確な研究主題の構成への関係を強調することによって、新カント派ないし構成派科学哲学に中心的な「対象構成」の概念も視野に入れている。こうした様々な見方の、理論、方法、問題解決を構成する基準（すなわち「構成パラダイム」）の複合体の形成への影響を検討するために、私は比較教育学において「歴史的」「進化論的」「科学的」パラダイムを区別した。

第2章　比較の方法と外化の必要性　69

(9) フレックによって(Ludwig Freck, *Entstehung und Entwicklung einer wissenschaftlichen Tatsache. Einführung in die Lehre vom Denkstil und Denkkollektiv* (Basel : Schwabe, 1935))発展させられたこの概念は大枠ではトマス・クーンの「パラダイム」概念と一致している。

(10) 比較教育学の知識社会学の必要性が例えばケリー／アルトバックによって(Gail P. Kelly & Philip G. Altbach, "Comparative Education : A Field in Transition", in : Philip G. Altbach, Gail P. Kelly & David H. Kelly (eds.), *International Bibliography of Comparative Education* (New York : Praeger, 1981), pp.23-4)強調されている。

(11) ブルンスヴィックの現象学的分析を見よ。Alfred Brunswig, *Das Vergleichen und die Relationserkenntnis* (Leibzig & Berlin : Teubner, 1910).

(12) 参照、Saul B. Robinsohn, "Erziehungswissenschaft : Vergleichende Erziehungswissenschaft", in : Joseph Speck & Gerhard Wehle (eds.), *Handbuch pädagogischer Grundbegriffe*, vol.I (München : Hanser, 1970), pp.456-92 :「構造の洞察」と「社会文化的に異なったシステムのある分野に見られるように異なった状況の下で規則的な関係を……探求すること」。Hall, op.cit. pp.3-5.

(13) 「一元」比較「多元」比較という用語はプルゼワースキー (Adam Przeworski) とチューン (Henry Teune) によって明確に発展させられた「比較社会研究の論理」(Logic of Comparative Social Inquiry (New York etc. : Wiley, 1970))による。これはまた Dieter Berstecher, *Zur Theorie und Technik des internationalen Vergleichs* (Stuttgart : Klett, 1970), pp.54-6 とも大枠で一致している。異なったパラダイムの意味についてのさらに詳細な説明は、Jürgen Schriewer, "Vergleichend-historische Bildungsforschung : Gesamttableau oder Forschungsansatz", in : *Zeitschrift für Pädagogik* 30 (1984), pp.323-42 参照。また Carlos E. Olivera, *Introduccin a la Educacion Comparada* (San Jose : Editorial Universidad Estatal a Distancia, 1986), pp.24-30 参照。この本はこれらの見解に大変近い。

(14) Paul Masson-Oursel, *La Philospphie comparée* (Paris : Alcan, 1923), pp.26-8 の「偽の比較法」と「真正の比較法」の区別 Mohamed Cherkaui, *Les paradoxes de la réussite scolaire : Sociologie comparée des systèmes d'enseignement* (Paris : Presses Universitaires de France, 1979), pp.23-5 の「認識の手段」としての比較と「研究によってなされる」比較の区別 Pierre Bourdieu, *Zur Soziologie der symbolischen Formen* (Frankfurt : Suhrkamp, 1974), pp.33-4 および Pierre Bourdieu & Jean-Claude Passeron, *La reproduction* (Paris : Minuit, 1970), pp.209sqq. で議論されている「任意の比較主義」と「関係の型を関係づける」構造主義的手続きの区別 を参照せよ。

(15) David Willer & Murray Webster Jr., in : *American Sociological Review* 35

(1970), pp.748-57 によって議論されている「理論的概念と観察可能なもの」の間の区別は普遍的心的操作としての比較と科学の方法としての比較の間の相違を構成する一つの方法的次元を示している。

(16) Louis Chevalier de Jaucourt, "Comparison", in : *Encyclopédie, ou dictionnaire raisonne des sciences, des arts et des metiers……par Diderot et……d'Alembert*, vol.III (Paris : Briasson et. al., 1753), pp.744-6.

(17) Cf. Berstecher, op.cit., p.55 ; Masson-Oursel, op.cit., p.21 ; and Cherkaoui, op.cit., p.23.

(18) ハロルド・ノア (Harold Noah, "Defining Comparative Education : Concepts", in : Reginald Edwards, Brian Holmes & John Van de Graaff (eds.), *Relevant Methods in Comparative Education* (Hamburg : UNESCO Institute for Education, 1973), p.115) による簡潔な定義を参照。「と言うのは、データが一つ以上のレベルで収集され、分析も一つ以上のレベルでなされるというのが、『比較』と分類される研究の本質的な条件であるから」。

(19) この点でベレディの方法論的見解（George Z.F. Bereday, Comparative Method in Education (New York : Holt, Rinhart & Winston, 1964))は比較教育学者の間に幅広くゆきわたっている状況をただ言語化したにすぎない。

(20) Chevalier de Jaucourt, loc. cit., pp.744-5 また近年においてこうした見解を新たに評価したものとしてライヴォラの論文(Reijo Raivola, "What is Comparison?", in : *Comparative Education Review* 29 (1985), pp.362-74) を参照せよ。

(21) 固有の比較方法論に先立つ論理分析は、ブルンスヴィック（Brunswig, op.cit., pp.115 spp.）、ステグミュラー（Wolfgang Stegmüller, *Theorie und Erfahrung*, vol.I (Berlin etc. : Springer, 1974) p.28)、チャーチ（Ralph W. Church, *An Analysis of Resemblence* (London : Allen & Unwin, 1952))によってなされている。

(22) Hall, op.cit. (註1), p.48. この見解の示唆に富む例としてホールズ（William D. Halls, "Comparative Education : Explorations" in : *Comparative Education* 3 (June, 1967), p.189) が「比較は実際比較される現象ができるだけお互いに似ている時にのみなされ得る」と述べている。シュクラ (Sureshchandra Schukla, "Comparative Education : An Indian Perspective", in : *Comparative Education Review* 27 (June, 1983), p.257) も同じように「比較は本質的に比較される現象間の基本的な類似性を前提している」と主張している。

(23) ルーマン（Niklas Luhmann, *Zweckbegriff und Systemrationalität*, 2nd ed. (Frankfurt : Suhrkamp, 1977), p.349) もこの点を明確に述べている。1923年という早い時期にマソン–ウルセルも「現象と一致していると自称される内容」についての些細な言明と、理論的に意味のある「役割や機能の類似性」の

確認を対照させている。(Masson-Oursel, op.cit., pp.15 sq. and 26sqq.)
(24) これは、比較発達心理学から得られた、金言である。(Henri Wallon, "La mentalité primitive et celle de l'enfant", in: *Revue Philosophique*, tome 106 (1928), nos.7/8, p.105.)

組織的に「一連の変数」あるいは「社会的な変数」を探求するという方法論上の要請は、デュルケーム(*Règles de la méthode sociologique*, pp.128-34) からラミレスとマイヤー (Ramirez & Meyer, op.cit. (註4), p.230) に至るまで原因結果モデルに基づく比較社会研究の主流の伝統において強調されている。この要請は、機能的システム理論のような異なったパラダイムにも適用される。(Luhmann, *Soziologische Aufklärung*, vol.I, 4th ed. (Opladen: Westdeutscher Verlag, 1974), p.25)

(25) Klaus E. Müller, "Grundzüge des menschlichen Gruppenverhaltens", in: R.Schenkel et al., *Biologie von Sozialstrukturen bei Tier und Mensch* (Göttingen: Vandenhoeck & Ruprecht, 1983), pp.93-112; and Klaus E. Müller (ed.), *Menschenbilder früher Gesellschaften: Ethnologischen Studien zum Verhältnis von Mensch und Natur* (Frankfurt & New York: Campus, 1984) 参照。

(26) Tzvetan Todorov, *La conquête de l'Amérique: La Question de l'autre* (Paris: Seuil, 1982) ここでの引用は *Die Eroberung Amerikas. Das Problem des Anderen* (Frankfurt: Suhrkamp, 1985) より。Norbert Elias, "Problems of Involvement and Detachment", in: *British Journal of Sociology* 7 (1956), pp.226-52. ここでの引用はこの論文をさらに詳しくしたドイツ語版 (*Engagement und Distanzierung* (Frankfurt: Suhrkamp, 1983)) による。また、Louis Dumont, *Essais sur l'individualisme: Une perspective anthropologique sur l'ideologie moderne* (Paris: Seuil, 1983); Volker Rittner, *Kulturkontakte und soziales Lernen im Mittelalter* (Köln & Wien: Böhlau, 1973); Günter Freudenberg, *Kultur und Kulturwissenschaft* (Meisenheim: Hain, 1971), pp.71 sqq.; Wolfgang Franke, *China und das Abendland* (Göttingen: Vandenhoeck & Ruprecht, 1962).

(27) Todorov, op.cit., pp.221 & 283. とりわけエリアスの概念化が詳細である。Elias, op.cit., pp.65sq.

(28) Todorov, op.cit., p.187; Dumont, op.cit., p.116; Elias, op.cit., p.29; Rittner, op.cit., passim; Freudenberg, op.cit., pp.72 sqq..

(29) 註16ですでに引用したディドローの百科全書にある比較についての認知的言明はここでふれるに値する。この言明はこの再定義に本来的に含まれている認知的歪みに気づきながら懐疑的姿勢を示し同時にまたそれが人間の心に「自然な性質」に根ざしていることを示している。「類似性を同一性と混同してはな

らない。この混同は、誤解や軽蔑を生むもとになる。われわれは、われわれの同意することを見いだそうとするのが自然なので、それだけますますこの混同には注意する必要がある。人間の精神は新しい対象に類似のイメージを既知の観念の中に見いだしやすい」。また Hall, op.cit., p.3.

(30) Todorov, op.cit., pp.56 and 199 ; as well as Rittner, op.cit., p.43.
(31) Kaarle Makkonen, *Zur Problematik der judischen Entscheidung* (Turku : Turun Yliopisto, 1965), p.135 特に、Müller, *Menschenbilder*, p.14, and Müller, *Grundzüge*, pp.94-5. また Rittner, op.cit., pp.92 sqq. and 193sqq.
(32) Todorov, op.cit., pp.9-5, 177 sqq. ; Müller, *Grundzüge*, p.109 ; Müller, *Menschenbilder*, pp.54sqq. ; Dumont, op.cit., p.130 ; Rittner, op.cit., pp.21 sqq. 異なった歴史的証拠に言及しているが、すべて同じ結論に到達している。
(33) Bourdieu & Passeron, op.cit., p.212.
(34) Todorov, op.cit., pp.94 and 291 sqq ; Dumont, op.cit., p.115.
(35) Ibid., pp. 19-20.
(36) Todorov, op.cit., p.226. Cf. Clade Levi-Strauss, *Tristes Tropiques* (Paris : Plon, 1955). 文化的「他者」についての個人的経験を説明して、とりわけ第6章と38章で、レヴィ=ストロースは「慢性的な故郷喪失」の態度を偏見のない民族誌的研究において不可欠な前提条件と見なしている。この態度は、典型的に、観察者の彼自身の特定社会からの距離の増大、規範パターンと社会志向パターン一般の相対化、と社会生活の異なった歴史的文化的現れのより深い理解への寄与を目指す高度に抽象的な理論モデルを構成する試み、を統合している。
(37) こうした概念への依存は意識的に Dumont, op.cit., pp.20 sqq. ; Elias, op. cit., pp.41 sqq. and 69 ; and Todorov, op.cit., pp. 198 and 281 sqq. によってなされている。
(38) e.g., by Oskar Niedermayer, "Zur Theorie, Methodologie und Praxis international vergleichender Sozialforschung" in : *Kölner Zeitschrift für Soziologie und Sozialpsychologie* 35 (1983), p.305.
(39) 包括的な理論モデルを「システム」のあるタイプから別のタイプへ移す試みに関しては Niklas Luhmann, *Soziale Systeme* (Frankfurt : Suhrkamp, 1984) を参照。複雑な文化パターンの比較に関しては Freudenberg, op.cit., p.93 参照。
(40) とりわけデュモンが強調している。(Dumont, op.cit., pp.20-2 and 115-6.)
(41) Durkheim, *Règles de la méthode sociologique* (note 3), pp.15-7.
(42) Cf. especially Emil Durkheim, *Education et soiologie*, 2nd edtion (Paris : Presses Universitaires de France, 1973), pp.69-90, quotation on p. 77 ; and Emil Durkheim, *La science sociale et l'action* (Paris : Presses Universitaires de France, 1970), througout.

第2章　比較の方法と外化の必要性　73

(43) Durkheim, *La science sociale et l'action*, p.243.
(44) Durkheim, *Education et sociologie*, p.90.
(45) このアプローチを例証する論文の選集は英訳されている。Niklas Luhmann, *The Differentiation of Society* (New York: Colombia University Press, 1982).
(46) Cf. Stephen Holmes & Charles Larmore in their "Translators' Introduction" to Luhmann, *The Differentiation of Society*, op.cit., pp. xxxvi-xxxvii
(47) Luhmann, *The Differentiation of Society*, op. cit., p.236
(48) Humberto R. Maturana, "Autopoiesis", in: Milan Zeleny (ed.), *Autopoiesis: A Theory of Living Organizations* (New York: North Holland, 1981), pp. 21-30.
(49) ルーマンは *Soziale Systeme. Grundriß einer allgemeinen Theorie* (Frankfurt: Suhrkamp, 1984) の中で彼の仕事の全体を要約している。この著作は今まで出版された彼の理論的著作の中でもっとも洗練されたもっとも包括的なものである。いくつかの中心的な概念が Niklas Luhmann, "The Autopoiesis of Social Systems" in: Felix Geyer & Johannes van der Zouwen (eds.), *Sociocybernetic Paradoxes* (London: Sage, 1986), pp. 172-92 の中で非常に密度濃く要約されている。
(50) Cf. Niklas Luhmann, *Politische Theorie im Wohlfahrtstaat* (München: Olzog, 1981).
(51) これらのサブシステムに関する一般モデルの特徴の分析は Niklas Luhmann," Die Wirtschaft der Gesellschaft als autopoietisches System", in: *Zeitschrift für Soziologie* 13 (1984), pp.308-27. Niklas Luhmann & Karl-Ebarhard Schorr, Reflexionsprobleme im Erziehungssystem (Stuttgart: Klett-Cotta, 1979). Niklas Luhmann," Selbstreflexion des Rechtssystems", in: *Rechtstheorie* 10 (1979), pp.159-85 に展開されている。
(52) Cf. Luhmann, *Politische Theorie im Wohlfahrtsstaat*, pp.136-7.
(53) Luhmann & Schorr, *Reflexionsprobleme*, pp.103-5によると、強烈なイデオロギー的バイアスをともなった「改革反省」は、包括的な内的に分化した、国家により統制された、西洋の「近代教育システム」の成立にともなって生じた反省の支配的なモードとなった。ところで、ルーマンとショルが大陸の教育思想の発展過程に生まれた反省様式の間に立てた区別は、マーガレット・アーチャーによって描かれた教育システムの拡大の時代区分 (Margaret S. Archer (ed.), *The Sociology of Educational Expansion* (Beverly Hills & London: Sage, 1982)) に照応している。ルーマンとショルが考察の対象として持ち出した教育システム内の反省様式の区別つまり「改革的」反省と「洗練された」反省との区別は、詳細な議論の価値がある。後ろの註115と116を参照。

(54) Elias, op.cit. (註26), pp.36 sqq. and 62sqq.
(55) Fischer, op.cit. (note 4), pp.vii sq.
(56) e.g., by George W. Parkyn, "Comparative Education Research and Development Education", in: *Comparative Education* 13 (1977), pp.87-93, especially pp.88-9に指摘されているように。
(57) 歴史的な説明は、しばしばジュリアンによって表明されていた（Marc-Antoine Jullien de Paris, *Esquisse et vues préliminaires d'un ouvrage sur l'éducation comparée et séries de questions sur l'éducation* (Paris: Colas, Delaunay et al., 1817)) この二重の課題を理解し損なった。
(58) 同時に広範な分野の研究者が、この見解を抱いている。アンセルムス・フォイエルバッハによる「比較法学」の開発の場合（Anselmus von Feuerbach, "Blick auf die teusche Rechtswissenschaft. Vorrede zu Unterholzners juristischen Abhandlungen, München 1810", in: Anselmus von Feuerbach, *Kleine Schriften vermischten Inhalts* (Nürnberg: Th. Otto, 1833), pp.152-77) を参照せよ。
(59) Lorenz von Stein, *Das Elementar- und das Berufsbildungswesen in Deutschland, England, Frankreich und anderen Ländern. Die Verwaltungslehre, Fünfter Teil, Zweites Hauptgebiet: Das Bildungswesen* (Stuttgart: Cotta, 1868) は、今日なおこの種の比較システム分析の範例である。
(60) Horace Mann, *Seventh Annual Report of the Board of Education; together with the Seventh Annual Report of the Secretary of the Board* (Boston: Dutton & Wentworth, 1844), p.20参照。外国の教育システムを検討する際のマンのアプローチは、数ある教育の国際文献を代表するものである。
(61) さらに詳しい分析については、Schriewer, "'Erziehung' und 'Kultur'"（註8）を参照。
(62) キャンデル―ウーリヒ―ハンス―シュナイダー世代の仕事に息吹を与えた知的傾向については、以下の論文で総括されている。Andreas M. Kazamias & Karl Schwartz, "Intellectual and Ideological Perspectives in Comparative Education", in: *Comparative Education Review* 21 (1977), pp.153-76, quotation on p.158; Paul Nash, "A Humanistic Gift from Europe: Robert Ulich's Contribution to Comparative Education", in ibid., pp.147-50, quotation on p.148.
(63) Robert Cowen, "The Place of Comparative Education in the Educational Sciences", in: I. Cavicchi-Broquet & Pierre Furter (eds.), *Les Sciences de l'Education: Perspectives et bilans européens* (Genève: Université de Genève, Faculté de Psychologie et des Sciences de l'Education, 1982), pp.107-26, esp. pp.107-9 参照。

第2章 比較の方法と外化の必要性　75

(64) 引用は以下のものから、この並び順に取られたものである。William D. Halls, "Comparative Studies in Education, 1964-1977: A Personal View", in: *Coparative Education* 13 (1977), pp.81-6, esp. pp.82 sqq.; Fischer, op.cit. (註4), pp.6 sqq.; Koehl, op.cit. (註4), pp.182 and 192. Cf. also Ramirez & Meyer, op.cit. (註4), pp.222-3; Barry A. Sheehan," Comparative Education: Phoenix or Dodo?" in: B. A. Sheehan (ed.), *Comparative and International Studies and the Theory and Practice of Education* (Bundoora, Vic.: La Trobe University, 1983), pp.161-78, esp. pp.169-70.

(65) 「現代社会の進歩的ダイナミクスと教育意図への参加」、Leonhard Froese, *Ausgewählte Studien zur Vergleichenden Erziehungswissenschaft* (München 1983) pp.20-1 and 75-6.

(66) 例えば、Parkyn, op.cit. (註56), pp.90-2 参照。類似の概念化をしたものとして、Rudolf B. Schlesinger, *Comparative Law* (London: Stevens & Sons, 1960), pp.28-30 がある。この知的枠組みでは、ランキングの代わりになるのは、進歩主義的な観点への志向の違いである。ここでは、科学的方法という一つの方法論が研究のあらゆる領域に浸透していき洗練されていく全体的な過程の段階の違いがランクの代わりとなる。註5に述べられた矛盾的な定義が意味をもつのは、この段階の違いという光に照らしたときである。ノアとエクスタインが比較教育の発展を分析した枠組みもこうしたものであった。Harold J. Noah & Max A. Eckstein, *Toward a Science of Comparative Education* (London: Macmillan, 1969), pp.1-82. エプスタインによって提出された「進歩」への批判については、Epstein, op.cit. (註8), pp.3 sqq. 参照。

(67) Hall, *Comparative Law* (註1), pp.67-9 参照。この立場は、Pierre Arminjon, Boris Nolde & Martin Wolff, *Traite de Droit Comparé*, vol.1 (Paris: Librairie générale de Droit et de Jurisprudence, 1950), pp.25-7 とも軌を一にしている。

(68) Frank Rotter, "Dogmatische und soziologische Rechtsvergleichung", in: *Osteuropa-Recht* 16 (1970), pp.81-97; Frank Rotter, "Komparatistik-ein wissenschaftstheoretisches Problem?" in: Alwin Diemer et al. (eds.), *Der Methoden-und Theoriepluralismus in den Wissenschaften* (Meisenheim: Hain, 1971), pp.289-322; Edouard Lambert, "Comparative Law", in: *Encyclopaedia of the Social Sciences*, vol.4 (London: Macmillan, 1931), pp.126-9 参照。

(69) シュレジンガー (Schlesinger, *Comparative Law* (註66), pp.28 sqq.) は、「基礎」研究と「応用」研究の区別を説明するために、これらのドイツ語に言及している。Arminjon, Nolde & Wolff, op.cit., pp.25-27 やアメリカ比較法誌掲載のラインシュタインの多くの論稿参照。彼の論稿はドイツ語のテキスト (Max

Rheinstein, *Einführung in die Rechtsvergleichung* (München :Beck 1974), esp. pp.11-31) にも入り込んでいる。
(70) S.G.F. Brandon (ed.), *A Dictionary of Comparative Religion* (London : Weidenfels & Nicolson, 1970), p.202 ; Heinz Robert Schlette, *Die Religionen als Thema der Theologie* (Freiburg etc.: Herder, 1964), pp.62-4 ; and Wilfred C. Smith, *Toward a World Theology* (London & Basingstoke : Macmillan, 1981), esp. pp.107 sqq. 参照。Gustav Mensching, *Die Religion : Erscheinungsformen, Strukturtypen und Lebensgesetze* (Stuttgart: Schwab, 1959); Trevor Ling, *A History of Religion East and West* (London : Macmillan, 1968); Josef Hasenfus, *Kirche und Religionen* (Paderborn etc. : Schöningh, 1969); Bernhard Stoeckle, "Die auserbiblische Menschheit und die Weltreligionen", in Johannes Feiner & Magnus Lohrer (eds.), *Mysterium Salutis : Grundriß heilsgeschichtlicher Dogmatik*, vol.2 (Einsiedeln & Zürich: Benziger, 1967), pp.1049-75 を見よ。
(71) Reinstein, *Rechtsvergleichung*, p.21：「(社会現象としての) その社会的機能」と「(意味構成物としての) その精神構造」。
(72) Adolf F. Schnitzer, *Vergleichende Rechtslehre*, vol.1 (Basel : Verlag für Recht und Gesellschaft, 1961), p.32 ; また Arminjon, Nolde & Wolff, op.cit., pp.28-30, and Hall, op.cit., pp.9-11 を見よ。
(73) Brandon, op.cit., pp.1-3. また関連した歴史的素材 (Todorov, op.cit. (註26), pp.226-7) も参照。
(74) Mensching, op.cit., p.11 に述べられているように。
(75) Schlette, op.cit. pp.66-7：「救済史における宗教の意味」(すなわち、英語の国際辞典ウェブスター第3版 Vol.II, p.1050によれば、「神の救済行為を強調し、イエス・キリストを贖いの中心とみる歴史解釈」のこと) さらなる例は、Stoeckle, loc. cit., pp.1061-2, and Hasenfuß, op.cit., pp.1-2 である。プロテスタント神学のより開放的な解釈アプローチは、Joachim Wach, *The Comparative Study of Religions* (New York : Columbia University Press, 1958)によって発展させられた。
(76) Hüfner, Meyer & Naumann, op.cit (註4), pp.8-10 and 46.
(77) ますます納得できる「結論」に到達しないという問題は、Arminjon, Nolde & Wolff, op.cit. (註67) p.32によって議論されている。意志決定の基準に関連して、Makkonen, op.cit. (註31)、p.136は「単に類似性を述べるだけでは正しい決定の基準とはなり得ない」ことを明らかにしている。
(78) Luhmann & Schorr, *Reflexionsprobleme* (註51). pp.338-41.
(79) Luhmann, *The Differentiation of Society* (註45), pp.324 sqq. と本論文第4章参照。

(80) Luhmann & Schorr, *Reflexionsprobleme*, p.340.
(81) ルーマンは学問システム形成についての研究において、「自己準拠は、世界というブドウの木からワインを絞り出せなければ、単に決定できないだけといった退屈なものにもなり得る」と述べている。Luhmann "Die Ausdifferenzierung von Erkenntnisgewinn. Zur Genese von Wissenschaft," in : Nico Stehr & Volker Meja (eds.), *Wissenssoziologie* (Opladen : Westdeutscher Verlag, 1981), pp.102–39, pp.106 and 108.
(82) Luhmann & Schorr, *Reflexionsprobleme*, pp.341-2.
(83) これは、W.D.ホールズ (William D. Halls, *Education, Culture and Politics in Modern France* (Oxford etc. : Pergamon, 1976), p.vii) が、理論形成や理論批判に対する社会科学的な関心ももたずまた教育へのシステム内的な改革反省も行わない非理論的な「歴史的」地域研究のパターンを示すのに用いた表現である。これらの研究に関連してラインシュタイン (Rheinstein, op.cit. (註69) p.24) は、結論的に、法的でない目的のためになされた外国の法システムの叙述は、比較法に関わる研究とは見なされないと論じている。
(84) 最近の以下の出版物参照。Michel Debeauvais, "The Role of International Organizations in the Evolution of Applied Comparative Education", in :Brian Holmes (ed.), *Diversity and Unity in Education* (London : Allen & Unwin, 1980), pp.18–30, p.22 ; Wolfgang Horner & Dietmar Waterkamp (eds.), *Curriculumentwicklung im internationalen Vergleich* (Weinheim : Belz, 1981), p.14 ; Chris Hayes et al., *Competence and Competition. Training and Education in the Federal Republic of Germany, the United States and Japan* (London : National Economic Development Council, 1984), p.iv ; Burton R. Clark (ed.), *The School and the University. An International Perspective* (Berkeley etc. : University of California Press, 1985), p.318 ; Nigel Grant, "Higher Education in the United States : Some Possible Lessons for the United Kingdom", in : Keith Watson & Raymond Wilson (eds.), *Contemporary Issues in Comparative Education* (London : Croom Helm, 1985), pp.137–47, esp. p.147 ; Jing Shi-Bo & Zhou Nan-Zhao, "Comparative Education in China," in : *Comparative Education Review* 29 (1985), pp.240-50, esp. p.243 ; Viktor von Blumenthal et al., *Die Gesamtschule in England, Frankreich, Italien, Schweden und den USA* (München : Minerva, 1987), pp.27-34.
(85) この表現は、Der Bundesminister für Bildung und Wissenschaft (ed.), *Darstellung ausgewählter Bildungssysteme, Bildungswesen im Vergleich*, no.1 (Bonn : Wema, 1974), p.3, and Alfons Otto Schorb, "Der internationale Vergleich als Instrument der Bildungsreform", in : Wolfgang Hilligen & Ru-

dolf Raasch (eds.), *Pädagogische Forschung und Pädagogischer Fortschritt* (Bielefeld: Bertelsmann, 1970), pp.16 and 20:「外的刺激に対して……道を開く」において用いられたものである。また、Clark, op.cit. (註84) の p.3 に「われわれは、自国のシステムをその外部に立ち、より広い枠組みでそれを認知することにより知ることができる」とある。

(86)　こうした手続きは、ロセロの研究により特別の方法論的アプローチとして発展させられた (Pedro Rosselló, *La theoria de las corrientes educativas: Cursillo de Educación Comparada Dinámica*, 2nd ed. (Barcelona: Ediciones de Promocion Cultural, 1978))。改革反省という研究様式に特徴的な、方法的規則に従った比較研究から国際的評価による結論付けへの移行は、また当該文献の批判的な評論 (Donald K. Sharpes, "Review of 'Systems of Higher Education in Twelve Countries' (Nell P. Eurich, New York: Praeger, 1981)" によって強調されている。また *International Review of Education* 29 (1983), pp.104-6 には「本書は、結論的部分で、それぞれの国について著者の質的、主観的な判断を示しているが、これは、厳密な方法論的研究と言うよりは、価値評価的分析である」とある。Robert F. Arnove, "Review of 'Higher Education and Social Change' (Kenneth W. Thompson et al., New York: Praeger, 1976. 1977)", in: *Higher Education* 7 (1978), pp.471-4:「この研究は国際的な研究ではあるが、問題の国家間比較はほとんどなされていない。……忠告的なコメントはなされているが……理論形成への寄与はごく少ない」) によっても強調されている。

(87)　Zymek, op.cit. (註4), pp.348-9:「固有の問題や要求の国際化がまとう様々な形態は、共鳴者に対してはその研究の確証を与え、反対者に対しては、正当化の議論を提供する。理論が国際性をもつという指摘は、利益と結びついた党派的な議論であるという非難を免れさせてくれる。その議論に対して一般性と必然性を与えてくれる」。こうした議論のさらなる例として、Otto Eberhard, *Welterziehungsbewegung* (Berlin: Furche, 1930); Vernon Mallinson, *The Western European Idea in Education* (Oxford: Pergamon, 1980); Leonhard Froese et al., *Qualifizierung und wissenschaftlich-technischer Fortschritt am Beispiel der Sekundarschulreform in ausgewählten Indstriestaaten*, 3 vols. (Ravensburg: Maier, 1975) 参照。

(88)　大学レベルでの選別メカニズムに関して、グラントは「暗闇を手探りしているようだ」と述べている (Nigel Grant, op.cit. (註84) p.146)。

(89)　Claus Offe, *Berufsbildungsreform. Eine Fallstudie über Reformpolitik* (Frankfurt: Suhrkamp, 1975), pp.197-8 参照。

(90)　これは決して新しい考えではない。ゴンザレス (Pedro González de Velasco) は、19世紀の旅行者の報告の序文 (*El Museo de Dupuytren de Paris*

(Madrid: Fuentenebro, 1854), pp.7-8) の中で、「比較は、幸福に役立つものをすべて獲得するために、個人あるいは民族あるいは国民にとって足りないものと余っているものを認識するための最善の手段である。比較は社会の必要性を調整する最善の手段である」と主張している。引用は、ペドロが編集した貴重な編集本 (Francesc Pedró, *Los Precursores Espanoles de la Educación a Distancia*, 1987), pp.161-5) から取られている。この引用は、国際的観点は分析を目指すのではなくて違いを最小化することを目指すというテーゼの歴史的な証拠を提供している。

(91) Hüfner, Meyer & Naumann, op.cit. (註4), pp.10-1 and 99-100 and Francisco O. Ramirez & John Boli-Bennett, "Global Patterns of Educational Institutionalization", in: Philip G. Altbach, Robert F. Arnove & Gail P. Kelly (eds.), *Comparative Education* (New York & London: Macmillan, 1982), pp.15-36, esp. p.20 によって示唆されているように。この論文を改訂した版 (Jürgen Schriewer, "Vergleich als Methode und Externalisierung auf Welt: Vom Umgang mit Alterität in Reflexionsdisziplinen", in: Dirk Baecker et al. (eds.), *Theorie als Passion. Niklas Luhmann zum 60. Geburtstag* (Frankfurt: Suhrkamp, 1987), pp.629-68) において、この側面はさらに詳細に展開されている。

(92) Philip G. Altbach, "The Crisis of the Professoriate", in: *Annals of the American Academy of Political and Social Sciences*, no.448 (March 1980), pp.1-14, 引用は p.14 より。また Leonhard Froese et al., *Schulkrise—international?* (Munchen: Minerva, 1983) 参照。

(93) これがクラークの「結論」(Clark, op.cit. (註84)) の中心的な考え方である。

(94) アーチャー (Archer, op.cit. (註53)) やリンガー (Fritz K. Ringer, *Education and Society in Modern Europe* (Bloomington & London: Indiana University Press, 1979)、ヒュージュ (Thomas P. Hughes, *Networks of Power. Electrification in Western Society, 1880-1930* (Baltimore & London: The John Hopkins University Press, 1983) らの広範な比較—歴史研究によって強調されているように。

(95) ラインシュタインは、「法比較」の中で、「法学一般としての比較法学」(p.18) と述べている。また、Joseph Farrell, "The Necessity of Comparisons in the Study of Education: The Salience of Science and the Problem of Comparability", in: *Comparative Education Review* 23 (1979), pp.3-16 参照。ファーレルの論文は、デュルケーム (註3参照。また、Durkheim, *Education et Sociologie* (註42), pp.79 sqq.) によって首唱された、方法論的プログラムの洗練された現代的形態にほかならない。また、以下のものを参照。Ramirez & Meyer, op.cit. (註4), pp.229 sqq.; and Le Thành Khoi, "Toward a General

Theory of Education", in : *Comparative Education Review* 30 (1986), pp.12-29. 比較研究にふさわしい概念化の問題は本書の3章でレ・タン・コイによって論じられている。

(96) Luhmann & Schorr, *Reflexionsprobleme*, pp.340, and Luhmann, *Politische Theorie* (註50), pp.40 and 68:「外在化による相互依存の破れは、よく見てみれば、……システム自身の内部で行われ……環境に於いて本当に何が起こっているかを確実に推論することはできないのである」。「水門は内的自己準拠の必然性に従ってシステムを開いたり閉じたりする」。

(97) Stübig, von Blumenthal & Messmer, op.cit. (註4) esp. pp.20-1, 26, 56-7 and 132を見よ。「外国の事情との比較は、「自国の」教育政策上の議論にとって必要な構成要素である」。「こうした比較は、自国のその時々の現実的な教育政策上の問題に向けられる」。「自国の正当化要求、行為要求に従って……教育的経験を受容することになる」。ケリーとアルトバック (Kelly & Altbach, "Field in Transition", op.cit. (註10), pp.22-3) も類似の結論に達している。「産業国家、とりわけアメリカ合衆国の政策志向や政府の必要性は、疑いなく、比較教育の方向と成長に鍵となる役割を果たしている。……比較教育の領域に重要と見える問題は、一般にその社会にとって関心のある問題である」。

(98) Hermann Röhrs, "Das gegenwärtige Schulproblem im Spiegel ausländischer Reformen", in : Hermann Röhrs, *Schule und Bildung im Internationalen Gespräch* (Frankfurt : Akademische Verlagsgesellschaft,1966), pp.67-87 ; Burton R. Clark, "The Japanese Mirror", in : Clark, op.cit. (註84) pp.316 sqq. ; Gilbert Rozman, *A Mirror for Socialism. Soviet Criticisms of China* (London : Tauris ; Princeton : Princeton University Press, 1985) and similarly George A.F. Bereday & Shigeo Masui, *American Education through Japanese Eyes* (Honolulu : The University Press of Hawaii, 1973), esp. pp.214 sqq. 参照。

この自己準拠性はペコが述べているように、いつも開放的であるとは限らない。「いきいきとした関心をもってイタリアの学校、風俗、政治を調べるとき、私は常に、心にフランスをフランスの状況を思い浮かべている」。あるいは次のような言明もある。「中国の比較教育研究は『外国の事象を中国に役立たせる』原則に従ってなされている」(Jing Shi-Bo & Zhou Nan-Zhao, op.cit. (註84) p.248)。

(99) Ramirez & Meyer, op.cit. (註4), p.224 and throughout ; Stübig, von Blumenthal & Messmer, op.cit., pp.15 and 26 参照。

(100) 出版以来、事実上の古典となった最も初期の研究の一つはクーザン (Victor Cousin, *Rapport sur l'Etat de l'Instruction Publique dans Quelques Pays de l'Allemagne, et Particulierement en Prusse* (Paris : Levraut, 1832)) のも

のである。また、Horace Mann's *Seventh Annual Report* (註60) 参照。
(101) David Battersby, "Educational Gerontology: An International Perspective", in: Sheehan, *Comparative and International Studies* (註64), pp.179-188.
(102) W.E. Hickson, *Dutch and German Schools* (London: Taylor & Walton, 1840) 参照。ヒクソンの研究は、アーノルドらの研究 (Matthew Arnold, *The Popular Education in France with Notices of That of Holland and Switzerland* (London: Longmans, 1861), and: *A French Eaton; or Middle Class Education and the State* (London & Cambridge: Macmillan, 1864) を予想させるものであった。
(103) Harold J. Noah & Max A. Eckstein, *International Study of Business/Industry Involvement with Education* (New York: The Institute of Philosophy and Politics of Education, Teachers College, Columbia University, 1987).
(104) この領域の歴史的説明への関心の復活は、ペドロの詳細な研究 (Francesc Pedró, *Los Precursores Espanoles de la Educación y Ciencia*, 1987) によって示されている。この研究は同じ著者によって編集された註90で引用されている文献を補うものである。
(105) 註20参照。
(106) 典型的なことであるが、普遍化や国際化へと向かう類似の手続きが、比較研究の他の領域の「反省的」分岐においても見られる。ステックレ (Stoeckle, op.cit. (註70), p.1062) によれば、比較宗教神学の「基本的に平和的観点」は、「『潜在的なキリスト教』の隠れた意味」を把握するために「様々な非キリスト教的宗教」を研究する、あるいはシュレッテ (Schlette op.cit. (註70), pp.63-4, and Smith, op.cit. (註70), p.181) によれば、こうした違いに通底するとされる「普遍的真理」を研究する。同様に、法律研究の「応用的」「教義的」分岐としての比較法学は、アルミニョン／ノルデ／ヴォルフとアンセルによれば (Arminjon, Norde & Wolff、op.cit. (註67), pp.29-31, and Marc Ancel, *Utilité et méthodes du Droit comparé* (Neuchâtel: Ides & Calendes, 1971), pp.116-8)、それぞれ「現代世界の法文明の本質的な統一性」と「法律の大きな流れすなわち国際的法行為の改革動向」を扱うことになる。このように「比較法の解釈を」目指しながら言い換えれば、「国家を越えた理論」を目指すことによって、比較法学は、法律の「国際化への運動」に巻き込まれていく (Lambert, op.cit. (註68), p.127, and Hall, op.cit. (註1), pp.59-61)。
(107) しかしながら、トドロフ (Todorov, op.cit. (註26), p.199) によれば、優越性にこだわるようなバイアスのある場合には、違いを体系的に拡大するために、小さな違いを序列的な順序にあるいはヒエラルキーに配列するという基本的な比較操作が用いられるかもしれない。その場合、自国のシステムの優越性を主

張するとともに、他国のシステムを低く評価しそこから距離をおこうとすることになる。こうしたテクニックは、例えば、「社会発展の高い段階と低い段階を」比較する正当派マルクス主義者の著作によって幅広く用いられている。Inge Herzig, Wolfgang Kling & Herbert Mahr, "Zur marxistisch-lenistischen Theorie und Methodologie vergleichender pädagogischer Sicht", in: *Vergleichende Pädagogik* 9 (1973), pp.163-75参照。マルクス主義の比較法学における類似のアプローチはバルテルスによって指摘されている(Hans-Joachim Bartels, *Methode und Gegenstand intersystemarer Rechtsvergleichung* (Tübingen: Mohr, 1982), p.2)。同様に、比較宗教神学の領域における厳格な正統派の流れは、他の宗教の現れに比較してキリスト教の「他にぬきんでた性格」「普遍性要求」を対置することを義務と心得ている（例えば、Hasenfuß, op.cit. (註70), pp.61 sqq., or Heinrich Fries, *Wir und die andern* (Stuttgart: Schwabenverlag, 1966), pp.38 and 258sqq.)。

(108) ベルシュテッヒャー（Berstecher, op.cit. (註13), pp.96-104）が特に興味をもって議論した側面である。

(109) こうした批判は、最近の文献においてもなされている。例えば、Hüfner, Meyer & Naumann, op.cit. (註4), p.9 and throughout; Niessen & Peschar, op.cit. (註4), pp.5-12; or Margaret Archer, "Sociology and Comparative Education: A Reply to Edmund King", in *Comparative Education* 16 (1980), esp. pp.183-5. また、Ssaul B. Robinsohn, op.cit. (註12), p.471, and Andreas M. Kazamias & Byron G. Massialas, *Tradition and Change in Education* (Englewood Cliffs: Prentice Hall, 1965), pp.3 sqq. も初期の著作において同じ欠陥を見いだしている。

(110) Luhmann & Schorr, *Reflexionsprobleme*, p.341, and Luhmann, *Politische Theorie*, p.40.

(111) 註24および Frederick M. Wirt, "Comparing Educational Policies: Theory, Units of Analysis, and Research Strategies", in: *Comparative Education Review* 24 (1980), pp.174-191 を見よ。

(112) 国民形成と知的流動化の歴史的過程における「基準社会」の役割は、Reinhard Bendix, *Kings or People. Power and Mandate to Rule* (London, Berkley: University of California Press, 1978)によって分析されている。

(113) 「世界の文明の前線に位置する国々」、19世紀中葉という早い時期にゴンザレス（Pedro González de Velasco, op.cit. (註90), p.7-8）が、当時の改革志向の研究にとっての実際に支配的となっている基準を述べたのは、こうした言い方であった。Frederick Harbison & Charles A. Myers, *Education, Manpower, and Economic Growth* (New York etc.: McGraw Hill, 1964), pp.203-4, and Zymek, op.cit. (註4), pp.346-7参照。こうした見解は、アルミニョン／ノルデ／

ヴォルフ (Arminjon, Nolde & Wolff, op.cit. (註67), p.30) によって教義的比較法の方法論的規則のレベルにまで高められている。

(114) 体系的な再分析へと誘う教育的情報が、ドイツの文献については、ツィメク (Zymek, op.cit (註4)) あるいはストゥヴィヒ／フォン・ブルーメンタール／メスマー (Stübig, von Blumenthal & Messmer, op.cit, (註4)) によって、スペインについてはペドロ (Pedró, op.cit. (註104)) によって与えられている。ラテンアメリカと中国の嗜好については、それぞれ、Everett Eggington, "Educational Research in Latin America", in: *Comparative Education Review* 27 (1983), p.119-27, and Jing Shi-Bo & Nan-Zhao, op.cit (註4), pp.1 and 20, as well as Robert Leestma, "Comparative and International Education in the U.S. Office of Education". in: *Comparative Education Review* 25 (1981), pp.272-88. を参照。

(115) 註53参照

(116) この区別は、ブライアン・ホームズの方法論に関する著作を再評価する新しい観点を与えてくれる。「ホームズの問題解決アプローチ」のユニークな位置、本書のエプスタインの用語を使えば「折衷的な」性格といままで汲み尽くされていない潜在力は、彼の方法が教育における国際反省を行う上でいままでのもっとも洗練された試みであるという事実と関連している。本書の第4章のホームズの論文を参照。ホームズの方法の簡潔な要約については、"Paradigm Shifts in Comparative Education", in: *Comparative Education Review* 28 (1984), no.4, pp.584-604 参照。

第2部　比較教育学理論の有効性

第3章　異文化間比較における概念の諸問題

レ・タン・コイ

　1984年7月パリで開催された「第5回世界比較教育学会」の発表の中で、私は、教育のあらゆる次元を検討でき、また社会の生産と再生産における教育の役割を検討することのできる教育の一般理論を弁護した。「一般理論」と言うからには、限られた数の社会のみならず、同時代的にもまた現状の説明に役立つ限りにおいてはまた歴史的にも、できるだけ多様な社会に適用できる理論でなければならない。

　もちろん、われわれは科学的な一般理論の構築がはたして可能なのかどうかとか、部分的な理論で満足すべきではないか、とかいった様々な問いかけを行うこともできるだろう。理論というものが、考察し得るすべての状況を包含することができるかどうかという問題については、これまでにも多くの論者が批判を投げかけてきた。レイモン・ブードンは、その近著の中で社会変動の理論の批判を行っている[1]。彼はゲオルク・ジンメルを引用して次のように述べている。

　「社会生活の絶対的な『法則』を発見したがるマニアは、あらゆる知識は絶対的に普遍的かつ必然的なものであるべきだとする古くさい形而上学者の哲学的クレドへの単なる回帰にすぎない」。

　ブードンにとって、変動の法則とは絶対的なものにせよ、条件的なものにせよ、多かれ少なかれ、意味のないことと捉えられているのである。構造的な規則性を見いだそうとしても、多くの例外があってひび割れが生じると考えられているのである。

彼の主張は、しかし全面的に説得力があるというわけではない。たしかに、経済開発の分野において、これまで述べられてきた多くの法則が反駁されてきたことをブードンは例を挙げて説明している。例えば、開発は市場がローカルなところでは可能ではないとか、技術的なインフラストラクチャーが存在していないとか、内部の貯蓄能力が弱いとか、貧しい国のエリートは、豊かな国のモデルを模倣するために、余剰資源のあるときですらエリートたちは投資よりも消費に費やす傾向が見受けられるなどの点である。けれども、他方で、ブードンは、彼が指摘した以外のことで経済学者すべてが受け入れてきた多くの法則については何も語っていない。例えば、資本の蓄積やマンパワーの訓練のないところでは経済開発はあり得ないという法則である。このことは、絶対に一般的かつ例外のない法則なのである。

統計的な事実（例外はあるけれども）や構造に基づいた教育の一般法則を見いだすことはできなくもない。例えば、知的階層の家庭出身の子どもは、肉体労働者の家庭出身の子どもよりも、学校での達成は良好であるとか、あるいは、教育システムは政治システムに対して相対的な自立を享受している、などである。これらは、われわれが現代において観察してきた事実の叙述なのである。

この法則が法則として他の類型の中でも、そして他の歴史的な時代においても確かめられるかどうか、という問題が残されている。この点ももちろん、説明されなければならない。また、その解明は文脈によって異なる形態をとるであろう。

歴史-比較研究によって解明される普遍的な法則は存在しているのだろうか。私にはわからない。しかしながら、結果はどうであれ、そのような努力はなされるべきではないだろうか。

異文化間比較が有効かどうかは、いくつかの条件にかかっている。ここで私は概念に関する問題をいくつかの側面に即して検討するつもりである。つまり、それは、それらが作られてきた環境への妥当性、他の環境へのその概念の適用可能性、そしてそのような場合にはその〈内部〉の解釈と〈外部〉の解釈との相違の可能性、などである。最後に、理解を説明に結びつけるこ

とおよび、概念を一つの言語から他の言語へ翻訳する困難さを認めることが必要である。

1 概念の妥当性

　概念とは、「知の様式」、つまり精神が現実を把握する媒介の過程である。「ものとの直接的な関係をもつ」〈直感〉(カント)とは反対に、概念は具体的な現実からの抽象である。概念は価値によって切り取られた現実の一側面である。その結果、一つの概念が他の概念と対立することがあるかもしれない。

　概念は現象のある側面を把握することによって、他の特性を排除する。この意味で、スピノザが述べているように「あらゆる規定は否定性をもつ」。したがって、一つの概念は一定の特性をもつ民衆にのみ適用されることができる。

　一つの概念は二つの方法で研究を方向づける。プラスの方向としては発見の方向へ、マイナスの方向としては袋小路へ。

　しかしながら、基本的な問題は妥当性の問題である。妥当性とは多くの要素からなる機能であるが、その要素のうち概念がどのくらい適切に現実に関係しているかという点がもっとも重要なものである。歴史を振り返ってみれば、事実、ヘーゲルの仕事やマルクスのそれは、概念を洗練していく上での二つの方法を示していた。

　ヘーゲルにとって、概念とは（ものに内在する）「理念」の発展から現れるものである。それは存在と本質の統一を構成している。この種の思考は、現象の真の内容の深求を通して概念を抽象の中で作り上げる論者たちに共通して見られるところである。したがって、現実は完全に合理的であり、かつまた、絶対精神に適合しているゆえに、概念に対応しているのである。ヘーゲルにとって「悪しき」国家とは、彼の作り上げた国家の概念に適合していない国家のことなのである。同様に、ある教育者にとって「悪しき」教育は、彼らの作り上げる教育の概念に合致していない教育のことなのである。この抽象化の方法は、悲劇的な結果をもたらす恐れのある価値判断を内包している。

なぜなら、それは、理念の名の下に、具体的現実、正当化されているもの、を単に批判するだけでなく、論者の見解に合致する世界をその現実から抽出するために、その現実を解釈し、破壊さえするときがあるかもしれないからである。このようにして、例えば、カトリック教会にとって、アメリカンインディアンは「人間」ではなかつた。そしてこのことが白人の眼からは、虐殺や搾取や、インディアンとの交渉の否定を正当化してきたのである。

その弁証法をとりいれつつ、唯物論的かつ反ヘーゲル的な見地から、マルクスは事実に立脚して、事物の真の特性および事物間の関係を発見しようとした。

「具体的な全体性は、それが思考の全体性と具体的な思考であるかぎり、……それを生みだした概念の産物ではなくて、直観と表象を概念に変革させる過程の結果である」[(2)]。

そのとき、それは具体的世界を把握し、思考するのに必要な現実の表象となる。

しかし、マルクス主義者は彼ら自身の理念によってものごとを推し量り、その物事を彼ら自身の概念に合致させるように操作するという「悪しき」抽象から逃れることができなかった。1848年、エンゲルスとマルクスは、彼らの過去と文明の程度のゆえに、「歴史をもつ」人々と、これらの基準に合致しない「歴史をもたない」人々(例えば、ポーランド人を除く全スラブ人)との間に境界線を引いた。社会主義の建設にあっては、「存在が意識をつくりだす」ゆえに、農民は協同組合の一員になることを強制される。社会主義は、「階級なき社会」を意味するために、封建領主や富農は排除されてしまう。その歪んだ極端な例は、クメール・ルージュの「セルフ・ジェノサイド」である。

もう一つの問題は、概念の正確さの問題である。セーヴは次のように書いている。

「マルクス主義にとって、ある概念の真の内容とは、その諸特性を静的な

方法で列挙していくその定義の中にあるのではなくて、所与の条件下にあって、これらの諸条件を貫き、乗り越えていく運動の、あらゆる諸関係の提示の中にあるのである」[3]。

たしかにその通りである！　しかし、マルクスはいくつかの概念を正確に定義も例証もしていないために、それらの概念の真の内容について、弟子たちの中で延々と議論が続けられてきた。マルクス自身は「仮説」を提供しているにすぎなかったのであるが、とりわけ、マルクスの著作の中に確信を見いだしたいと願う人々の中で混乱が生じた。このことを示すには、「生産様式」や「社会経済構成体」という概念について、これまでなされてきた論争を挙げるだけで十分である。

しかし、主要な問題は妥当性の問題、すなわち真の世界に対する概念の適合性のそれである。理論上は、概念は実践から、すなわち、経験と観察から引き出されたものである。しかし観察には、ナイーヴな観察と科学的な観察がある。前者は表層しか見ていない。後者はその真の次元を分析するために表層の覆いを取り除こうとする。バシュラールが書いているように、「隠されているものがなければ科学は存在しない」のである。他方、先験的な概念というものがある。私がこのような先験的な概念を認めるのは、想像的なものやイデオロギー的なものが具体的なものより優位になるときである。

かつて流行した「国家のイデオロギー装置」[4]という概念を取り上げてみよう。

アルチュセールの提出した概念は、グラムシから着想を得ているが、彼はマルクスがなおざりにしていた一側面、上部構造特有の効率についての理論、を前進させたものである。グラムシは、経済的、政治的領域と同様に文化的領域をも等しく本質的なものと規定することによって、上部構造内の二つの段階、——市民社会と政治社会あるいは国家——を区別した。国家は、強制手段を通した直接支配と、同意による文化的指導性（ヘゲモニー）という二つの機能を行使する。それは市民社会の諸制度を介して、すなわち教会、組合、政党、そして学校を介して獲得される同意である。一つの社会階級は政治的、

経済的行為からだけではこのヘゲモニーを獲得し、発展し、維持することはできない。この階級はまたそのイデオロギーを民衆全体にまで広げ、その生産様式を納得の上で受け入れてもらわなければならない。そのことは、また社会生活の方向についての民衆の賛意を獲得しなければならないということでもある。学校はこの同意を獲得するのにもっとも重要な制度である。

　アルチュセールはこの区別を継承し、それを異なつたやり方で提示する。国家は二つの組織された機関、すなわち暴力を伴う抑圧装置（裁判所、軍隊、警察）と学校、家族、情報、文化等のようなイデオロギー装置をもっている。後者は支配イデオロギーへの服従を保証する形態で生産の諸条件（生産力と生産関係）を再生産することを助ける。

　だが、この命題は社会過程の弁証法的性格をまったく否定するものである。イデオロギーの詰め込みは必ずしもうまくいくとは限らない。教師や学習者がこれを忌避するかもしれないし、あるいはそれと対立することさえあるかもしれない。学校は分析と批判の道具を提供しているために、そして理性を賦与された人間が学校を運営するために、学校は決して完全に政治権力に従属するわけではないのである。他方、イデオロギーは「物質的存在」（個人の観念は彼の観念に有効な物質的なイデオロギー装置の枠組みの中での彼の物質的行為である）をもっていると書くとき、アルチュセールはイデオロギー装置それ自体によって生産されるという循環論的な推論の罠にはまってしまっている。最後に、国家のイデオロギー装置という概念は、この概念が私的セクターをも含むという点で問題である。と言うのは、この私的セクターも公的セクターと同じイデオロギー、すなわち支配階級のイデオロギーの上に作動していると仮定されているからである。現実はある点ではそうであるが、他の点では差異があるところもある。例えば、私立学校は一様ではなく、これらの制度の中には、労働者階級のための民衆大学のような支配的イデオロギーと徹底的に対立する制度もあるかもしれない。ここでも概念が矛盾を覆い隠してしまう。

　最近の歴史研究は、学校に関する国家のイデオロギー装置というテーゼに挑戦するものが出てきつつある。クロード・ルリエーヴルはフランスの1850

年から1914年までのある県の初等学校の発展と機能を検討している[5]。ラソムがその研究対象に選ばれたのは、その当時もっとも進んだ県であり、この制度の範囲がきわめて広範なものであったからである。研究のタイムスパンは、世俗主義に関する問題の重要性と「学校の戦争」、男子の高等小学校教育の大衆的拡大および、女子のための初等後公教育の創設、によって正当化されている。その研究成果によれば、教育制度の多様化は多くの論争を引き起こし、激しいイデオロギーと政治的議論をめぐって闘われてきたことを示している。しかしながら、新しい制度の現実はこれらの次元にのみ還元されるわけではなかった。それらの制度の出現と発展は、また技術的、経済的な構造と関係へと関連づけられている。政治、イデオロギー、経済の領域の間には、いかなる完璧な壁も存在しなかったし、支配階級（？）あるいは国家（？）の学校システムへの支配が機械的で全体的なものであるとされる「本質的な中心」も存在しなかったのである。

　現在非常によく使われている別の概念を例にとって考えてみよう。それは、システムアプローチの意味での「システム」の概念である。ベルタランフイは、システムを「相互作用の諸要素の複合」と定義している[6]。そのアプローチの擁護者によれば、この概念は伝統的な分析方法のように対象をその構成する諸要素に分解する代わりに、むしろ対象を部分の総和以上のものである全体システムとして見なし、線形的な因果関係よりも相互的な因果関係に言及する（例えば結果が原因に作用を及ぼすこともある）という「観察し、理解し、行為する新しい方法」であると言う。

　いかなるシステムも、システムへのそのインプットの操作、そしてシステムからのアウトプットに影響を及ぼす目的によって定義される。それらの概念は「均質な全体」である公立学校システムにもっともよく適用される。しかし、もしわれわれが公立学校システムと私立学校システムとの両システムについて語ろうとするならば、問題が生じてくる。実際、私教育、とりわけ宗派教育は、公的セクターのそれとは対立するのではないにせよ、目的が異なっている。そしておのおのが、それ自身一連の宗教的信念に基づいて運営される様々な学校を含んでいるときの私的セクターについてはどのように考

えたらよいだろうか。多くの教育の型が同一の価値や同一の論理によって支配されていないとき、教育システムという用語を使用することに強い反対さえ起こるのである。実際、アフリカでは、学校が科学、テクノロジー、個人の自由、競争の精神を強調するのに対して、家庭教育、特に農村地域のそれは伝統、年齢、位階制、村の連帯などの尊重に基づいた慣習的な世界観や社会観の影響を受けている。「伝統」から引き継いだとされる「近代」の場合においてさえ、われわれは「教育システム」についてあまり正確に語ることはできない。実際、その用語はフランス語よりも英語ではきわめてしばしば使用されるけれども、どちらともとれる曖昧さが残っている。英語の「教育」はまったく同時に教育、教授、訓育を意味するのである。

　われわれが「システム」という用語を、システム分析の意味で使うのではなく、制度と実践をあわせた一つの全体を意味するものとして使用するときには、われわれは次のことを念頭にいれておかなければならない。それは中央集権国家であっても多様な教育システムをもつことがあるのに対して、連邦国家でもただ一つの教育システムしかもたない国家が存在するということである。連合王国は前者の例を説明してくれる。イギリスには単一の教育システムは存在しない。存在するのは四つのナショナルなシステム、イングランド、スコットランド、ウエールズ、北アイルランドのそれである。それらは行政的には分離されているものの、おのおのが国務大臣に対し責任を負っている。

　政治的には四つのシステムは各文部大臣を任命するウエストミンスターの政府の管轄下にある。そしてすべての教育法の立法は議会を通過しなければならない。事態を複雑にしているものは、国務大臣は、イングランドではあらゆる教育に、スコットランドでは大学に、ウエールズでは高等教育および継続教育に、それぞれ責任を負っていることである。中央集権化と地方分権化の混合はイングランドの政治的、経済的影響を示している。経済的にというのは、その市場の誘引性のゆえであり、政治的にというのは、イングランドが政治的権威や大企業やほとんどの重要なマスメディアの本拠地であるために、である。これらの影響すべてが、カリキュラム、試験、英語の使用な

どと踵をあわすことによって、画一性を促進することになる。しかしながらこのような傾向に対しては、ケルト語の復権を唱える民族アイデンティティの運動や官僚的中央集権化に反対する人々、そしてまた、とりわけ連合王国がヨーロッパ共同体（EEC）に加盟以降、この国とは異なる教育モデルの影響によって抵抗が起こっている[7]。

　ソビエト連邦〔旧ソ連〕は後者の例である。15の連邦共和国、20の自立した共和国、15の国家直轄地域、に分割されており、それぞれの共和国はそれ自身の教育行政を有しているけれども、教育目的、教育構造、教育内容は、全ソ連を通して同一であり、また教育方法も同様である。学校はマルクス・レーニン主義の世界観、祖国愛、過去の最良の伝統の尊重を教え込む。そして必要とされる熟練マンパワーを経済に供給する。党のレベルでの一般目的は　中央委員会の科学教育部局によって統制を受けている。政策の実施のレベルでは、中央行政、すなわちソビエト連邦の文部省、ソビエト連邦の高等・中等専門教育省、技術・職業訓練国家委員会などがある。両親と教師の提携は、家庭と学校双方から紡ぎ出された価値観を調整する傾向にある。兵役もまたイデオロギーの形成と社会化における一定の役割を果たしている。最後に、ロシア語は、中等学校において必修であり、メディアの主要な言語であるが、それはまた、教育実践を統一するのに貢献している[8]。

　これまでわれわれは、ほとんどの論者に広く受け入れられてきた相対的に正確な概念を扱ってきた。だが、これは社会科学で使用されたすべての概念がそうであると言うのではない。この点が社会科学を自然科学と区別するものであり、社会科学に遅れをもたらしたものであった。文化の概念を例に挙げよう。この概念は無限とも言える数の定義を包含している。1952年にクローバーとクラックホーンはおよそ300の定義を数えたが、そのリストは今なお増加中である[9]。文化の定義が、異なる論者の数に対応して、彼らの文化と教育の関係の解釈が異なっていくのは、まったく明らかなことである。しかしながら、それらを6グループに区分したクローバーとクラックホーンが示している通り、すべての定義が同じ科学的、発見的な可能性をもっているわけではない。叙述的な定義は概念上の見地から見ればもっとも満足でき

ない定義である。社会遺産あるいは伝統としての文化という歴史的な定義は、あまりにも安定性を含意したものであり、人間に対してきわめて受動的な役割しか与えていないという弱点をもっている。規範的タイプの定義は、文化を所与の集団の成員に共通の生活様式として、あるいは彼らの生活を規制する一連の規範や価値観と見なしている。それらの定義すべては経験主義あるいは観念論のどちらかに陥っている欠陥をもっている。心理的タイプの定義は文化を「問題解決の獲得様式」と見なしており、還元主義的アプローチを構成する。構造的定義は、時間的なズレがあるかもしれないにもかかわらず、ある文化内の成員たちの行動とその文化の制度との一貫性を強調する。その定義は静的であり、精緻な説明であるとは言いがたい。発生的なタイプの定義は文化を人間活動の物質的および／あるいは観念的あるいは象徴的な産物であることを強調している。その定義はすべての行為者を含むコミュニケーション様式の存在を示唆している。

　意味論の発展に伴った1960年代において、文化の概念化に重要な進歩が見られることとなった。意味はクリフォード・ギアーツが行った文化の分析の基礎である。彼は文化を「人間が自らの経験に表現を与える理解の構造」[10]として叙述している。そこには、成員が共有している価値や行動の共同体といった観念から離脱して、個人がその相違にもかかわらず、経験する現象に対してもっている意味の共同体といった観念を支持するのである。

　しかしながら、文化を〈意味の体系〉と見なす立場は、概念のまったき豊饒性を内包しているとは私には思えない。私自身は文化の定義を次のように行ったことがある。

「人間集団と自然との関係、およびある人間集団とこの集団にとって、あるいはその集団の大多数にとって、その過ぎ去った過去から継承された、あるいは現に作られつつある過程からの固有の意味、すなわち他の集団と共有されない意味をもつ、他の集団との関係における人間集団の物質的、非物質的産物の全体」[11]。

しかしながら、これらの定義すべては、社会が相対的に均質的なものであることを前提にしている。社会的差異がある種の閾に到達するとき、制度や活動の意味はもはやすべての個人、あるいは大多数の個人にとって同一であり得ない。それは、彼らの属する社会階級によって異なるはずである。したがって、おのおの相互に影響力を与えながら、特有の性格と同様に共通の様相をもあわせもっている「支配」の文化と「支配された」文化について、あるいは複数の文化について語られなければならない。

2　概念の歴史性と一般性

この問いは二つの側面をもっている。すなわち、時間的な側面と地理的な側面である。言い換えれば、一つの概念は時間のある点で有効であっても、別の時間に移しかえたときにはたして、同様のことが言えるかどうか、そしてまた、その概念が作り上げられてきた文脈以外の文脈の中でも適用できるかどうか、などを問うてみなければならない。概念の歴史性はその概念の一般性をあらかじめ保証しているわけではない。むしろ、一般性には様々な程度があることを主張しているのである。

概念は、理論もまたそうであるが、歴史の産物である。それらは所与の歴史的条件下に現れる。そして歴史がその妥当性を認めたり、認めなかったりするのである。一般に概念は状況の複雑さと状況の変化に応じて対処できなければならない。他方、「流行の」概念はそれが適切かどうかを問うことなしに過去の事象を振り返ることだけで適用してみることもあり得る。これは例えばシステム理論の派生物として使用されたり、制度の実践の一体となった全体として使用される「教育システム」の概念の場合である。ヨーロッパでは、おそらく、教育のキリスト教的あるいは人文主義的な考え方があったことを除けば、19世紀まで初等学校、コレージュ、大学の間には緊密な関係がなかった。コレージュや大学は社会的少数者のために、また初等学校は大衆の子供のために提供されていた。1789年のフランス革命は、「その成員すべてのために譲ることのできない権利」が国家において尊重されるべきである

という要求を通して、はじめて教育〈システム〉の出現に重要な役割を果たした。1802年以降、ナポレオンによる中央集権的な国家システムがフランスに創設された。産業化はこの過程を強化した。このことは、ホセ・ルイ=ガルシア ガリドが指摘しているように、いかに「ナショナルな教育システムが二つの重要な、内在的に結合しあっている歴史的出来事、すなわち産業化時代の到来と決定的な政治構造としての国民-国家の発展に従って作り上げられてきたか」[12]ということである。

したがって、19世紀以前の教育システムについて語ることは時代錯誤なのである。

以上述べてきたことは、ヨーロッパにも言えることである。他のところにおいても中央集権国家（state）は民族（nation）の理念について語ることをしないで、また産業化の過程とは独立して教育システムを組織した。中国は、秦の始皇帝（BC221-210）の統一政策の下でBC 3世紀に中央集権国家となった。

唐（618-907）においては、競争試験による官吏の登用のためには、公的に組織化された教育を必要とした。最初の試みは、すでにBC 2世紀に漢によってなされた。もし、われわれにこの状況をフランスのそれと比較するならば、公教育システムが同じ観念、すなわち国家に奉仕する教育システムから出現したことになる。フランスや他のヨーロッパ諸国は官吏の養成に競争的な試験システムを借用したのは、中国からだったのではないだろうか。

相互に影響しあう諸要素の集合体としての〈システム〉という用語の他の意味を取り上げてみよう。この用語を上記のような意味に適用することは、われわれはシステムを確認することができるという前提、すなわちわれわれはそのシステムを他のシステムとの境界を引くことができるという前提に立っているのである。この確認は研究主題如何にかかっている。われわれは公教育システム全体を調査したいと思うかもしれないし、ある特定の学校や教室を調査したいと思うかもしれない。いずれの場合にも、われわれは〈インプット〉、〈アウトプット〉、システムと結合した機能の過程を認めなければならない。この種の認知は定義をめぐる諸問題を生み出す。例えば、教育

システムと相互作用にある政治、社会、文化システムとは何であるのか。調査者の仮定によってシステムの範囲は大きく変わってしまう。

　社会の社会的、経済的、文化的側面がはっきりと区別されないところでは、この方法は適用できるだろうか。いわゆる「未開」社会の場合には、教育はそれ自体分離した部門を構成していない。他の社会活動と密接に結びついているのである。子どもは、親から学ぶだけでなく、共同体の成員すべてからも学ぶ。彼らは労働し、消費し、余暇をもち、儀礼やまつりごとを行う。

　同じことが「国家のイデオロギー装置」の概念にも当てはまる。私は、先のところでその概念が練り上げられてきた資本主義国家におけるこの概念の適用可能性について批判しておいた。この概念は、たいていの第三世界諸国においては適用することさえ困難である。そこでは、学校はごく少数の人々にしか関わりがないし、私的セクターは非常に強大で、支配的なイデオロギーは国外からもたらされたものである。この概念はよくてせいぜい社会主義諸国において適用されるだけである。そこでは、生産手段の集団的所有によって、そして文化・教育の私的部門を認めないことで国家が経済とイデオロギーにわたってすべての統制を行うことができたからである。

　このような場合、学校は疑いなく、「イデオロギー的服従を通して労働力の熟練化が再生産されることを保障する」国家のイデオロギー装置である。

　以上のことからもわかるように、概念というのは普遍的ではない。普遍的であるためには、概念は、時間を超えて、あらゆる空間において存在し、また現に生き続けている普遍的な現実から引き出されなければならない。〈社会階級〉という概念は、普遍的ではない。なぜなら、生産手段の私的所有のないところでは階級が存在しないからである。けれども、階級は〈カースト〉の概念よりも一般性がある。〈カースト〉はいくつかの社会に見られるだけで適用可能性が限られているからである。もっとも普遍的な概念は人間性の基本的な精神的、実践的活動に対応する概念である。〈教育〉の概念がこれに当たる。なぜなら、いかなる社会もその社会の成員たちに知識と価値の伝達なくして生き延びることもできないし、永続化することもあり得ないからである。〈生産〉の概念はそれほど普遍的ではない。なぜなら、狩猟-採集の

社会は言葉の厳密な意味で〈生産〉ではないからである。〈生産〉とは農業の出現とともに生まれる概念である。と言うのは、そのときはじめて人間は物的な財を作り出すからである。

　しかしながら、その概念が言及する現実が、たとえそれが同一であるときでさえも、人間が違った解釈をするとき、われわれは「普遍的な」概念について語ることができるのだろうか。たしかに、われわれはそれらの概念をその特殊な文化から切り離すことができない。仏教の教えは煩悩（dukkha）を軽減することを目的にしている。イスラム教では、知識の獲得は神の恩恵における道徳的、精神的発達を促がすための宗教的義務（faridah）である。異なった概念が同じ文明地域において共存していることもあるかもしれない。例えば、スパルタでは、教育は本質的に公民的、軍事的、審美的なものであり、将来の兵士の訓練に向けて行われるものである。アテネでは、理想的な人間は「美しく、善良なこと」（kalos kagathos）であった。この理想は知的な教育よりも身体的な教育を、読み書きよりも芸術的な教育を通して達成されるべきものであった。

　西洋とその他の世界を比較するとき、西洋の言説の中でもっとも広範に使用された概念の一つは、合理性のそれである。これは、15世紀以来、西洋が経済、科学、テクノロジーの面で優位にあったために、ヨーロッパが世界制覇を成し遂げ、自らを理性と合理性の権化として宣揚したためである。だが、それは他者の文化を「非合理なもの」、「遅れたもの」という水準におとしめることであったのである。ヨーロッパは彼らから借りてきたものすべてを忘れてしまった。例えば、ガリレオはインドの数の概念を知ることなしには彼の理論を構築することができなかったであろう。永久運動の理論もまたインドから手にいれたものである。イスラムで作られた代数（al-djabr）、ライプニッツが学んだという「易経」そしてその陰陽二元説、紙、そして印刷機、振り子、羅針盤、火薬、遍心器（eccentric gears）、クランク状武器、ピストン、運転用ベルト、馬具など、中国からもたらされた技術工芸品について語ることなしにヨーロッパの文化や科学は語れないのである。

　われわれは合理性を、手段が目的に適合する程度として定義するなら、そ

のとき、いかなる現存の社会も、存在しているという理由で合理的であると言えるだろう。「非合理な」社会とは、自然の大災害を蒙ったり、征服のために破壊されたりすることがなかったとしても、生存できない社会のことである。合理性の基本的な特徴は、利用できる手段を使用して所与の環境の中での生存を図ることなのである。非合理なことが起こるのは、われわれがその論理に見合った手段をもつことなしに、採択した別の論理に基づいた輸入の形態の言説によって魅惑されているか、支配されているかの時である。われわれは多くの国々を低開発と呼ぶかもしれない。それは彼らが自分たちを他者の基準で評価しているからである(「理性がギリシャ人的であるように、感情は黒人的である」)。彼らは自分たちの知識や価値を忘れ、地に呪われたものとなる。想像力の再発見はそれがたとえ餓えと無知、搾取と抑圧を取り除くための十分な条件でないとしても、自己の運命を掌中におさめるために必須の段階である。無意識の模倣をもっとも手厳しく批判しているのは、経済学者の中ではなく、文学作品の中に見いだされる。例えば、カメルーンのジョン・フォルジェの手になる「至福とテクノロジーの指揮」のユーモラスな告発には次のように書かれている。

　　　　ベニス人は弱く、貧しく分断された人々。
　　　　なぜなら北は支配し、搾取し続けるから。
　　　　ベニス人は彼らの人民を売り、彼らの国を売る人々。
　　　　なぜなら北はあなた方を彼らの一員にしようとするから。
　　　　ベニス人はわれわれの生活様式で餓え、渇く人々。
　　　　そして彼らは、われらの社会的な禍の内奥から引き継ぐ。
　　　　それがわかった上で、喜びと感謝を込めて、歌いたまえ、
　　　　「ハレルヤ！　ハレルヤ！　ホサンナがやってきた、
　　　　われらの遅れを閉じ込めている野蛮な状態を救い出すために。
　　　　聖なるものは君の開発の紙のような指揮。
　　　　われらはいかなる冒瀆をも冒さないことを」[13]。

しかしながら、資本主義の経済合理性は自明性からほど遠い。それは、今日認められるような公害やあらゆる種類の環境破壊といった集団的なコストを考慮に入れない個人の合理性のみを意味する。エネルギーはどのような生産過程にあっても主要な構成要因であるが、「近代」農業の産出高は「原始的」農業の産出高と比較すれば、より高いように思われるけれども、これが幻想であることは測定してみればきわめて明白である。農業生産性に関する限り、第1位だと思われている合衆国では、わずか1キロカロリーを食用の形で得るために、ほとんど10キロカロリーを投資することが必要である。1940年から1970年までの期間中、食料を保存し、分配する方法を「近代化する」過程を通して、効率は半分にまで下落した。それがまた、エネルギー消費を増加させた[14]。「原始的」農業は、投資された1フォッスルカロリーごとに5キロカロリーから50キロカロリーの食料を産出した。アフリカでは、農村地域のエネルギー生産は、人間労働が費やしたカロリー数よりも17倍から41倍も大きいこと、人間の、動物の、機械のエネルギーこれらすべての4倍にものぼったのである[15]。

文化面において、キリスト教以上に「非合理」な、しかし同時に「人間的な」ものは、何かあるだろうか。キリスト教が「人間的」であるというのは、その教義の中に人間のあらゆる夢想——父なる神、処女マリア、原罪、失楽園——を反映しているからである。他方、仏教は、生は苦痛であるというわれわれの誰もが行うことのできる考察から出発する。仏教の目的は苦痛を消滅させることである。その手段は、集中、瞑想、理解である。西洋が自然を征服するのに利用した合理性は、仏教では精神世界を支配するために使われてきた。どのような西洋心理学の文献の中には、この分野での仏教の学問の段階と同じだけの豊かさと洗練に到達したと主張できるものは、ない。その方法は内観という体系的な形態である。簡潔に言えば、それは第一に、既知のもの、そしてそのより単純な諸要素の分析から出発して、次いでその諸要素の相互関係の分析に入り、総合化へと、そして最後に全体的な深遠な直観的な知識 (bodhi) に到達することを目指す。これは、教義ではない。仏陀の主張から進められた唯一の真実である。行為は知識とともに進む。なぜなら、行

為は苦悩の源泉である欲望を統制する問題であるからである。誰もが様々に困難で精神的な修業を、そこからもたらされる注意力と意識を使って実践しなければいけない。どちらの方法が、より科学的なのだろうか。しかし、輪廻の観念は、「非合理」ではないのか？　それは、魂の存在の仏教的な否定に矛盾さえするのではないだろうか、といった議論が展開されるかもしれない。輪廻は現実には大衆への比喩である。なぜなら、洗練された仏教徒にとって「再生」は、知識への道程へのたゆみのない段階以外の何ものでもないことを知っているからである[16]。

　今度は、イスラム教を例にとってみよう。イスラム教に「合理性」があるとする考えは、定義の上から、「神への従属」であると論じる識者には疑問視されてきた。ベルナール・バディは、イスラム教とキリスト教を、国家と近代経済の発生の面から比較して、次のように書いている。イスラム教にあっては、キリスト教と違って、宗教的なものと政治的なものとの区分がない。それは自律的な経済の領域の形成、すなわち、資本主義経済あるいは社会主義経済の建設を妨げ、国家の出現を阻止してきた[17]。その基本的な考えによれば、イスラム文化は「人間の理性に訴えるのでなく、もっぱら神の言葉に依存しているのである」[18]とされている。これは、この神の言葉自体があらゆる科学の中に理性を行使することをイスラム教徒に鼓舞しているのだとする指摘が見落とされてしまっている。もしそうでなけば、20世紀までイスラム世界で行われてきた科学・技術上の発展は、ヨーロッパのルネサンスにも大きな影響を与えたものであるのに、これをどのように説明することができるのだろうか。同様にベルナール・バディはイスラムの驚異的な経済の拡大とヨーロッパ資本主義への多くの商業的な革新の影響を忘れる傾向にある。例えば、交換文字やコメンダ（commenda）型団体、等である。

　ヨーロッパ中心主義は、研究対象とする文化の概念、とりわけコーランを誤解していることからきている。

　バディはこのように主張する。

「ウンマの政治的性格は都市に宗教的方向性を与えたことである……それ

は発見に向かって一直線に進む西洋の進化的なヴィジョンや理性と一体となった都市建設とは対立するものである」[19]。

実際には、ウンマは行為の共同体である。「あなたは人間のうちで最良の共同体でありなさい。あなたは善をなし、悪を禁じ、神の存在を信じなさい」[20]。神への信仰はイスラム教では第一原理であるにもかかわらず、この章句では3番目であることは驚きである。このことは、優先順位が神の恩恵のための行為に与えられていることを意味しないのではないだろうか。そしてそれは進歩ではないだろうか。共同体は、全員一致（ijma）の基礎に立って人間の法（sharia）の形態で神の法（shar）を具体化するために研究の機能（ijtihad）をもっているのである。

われわれはこのような危険なエスノセントリズムの傾向をたくさん挙げることができる。その理念や価値観を外部の世界に投影し、それらを分析と判断の基準として構築するエスノセントリズムは、ついには真実の世界をねじまげてしまう。バリントン・ムーアの「独裁と民主主義の起源」という歴史論文を読むと、彼が、ヨーロッパ、インド、中国、日本を比較するとき、ヨーロッパ的な概念について疑いをさしはさまないことに驚かされる[21]。もし、「民主主義」をギリシャ語の語源によって、「民衆による民衆の政府」と定義するなら、そのようなものは、かつてどこにも存在したことがなかったし、いまもなおどこにも存在していない。もし、われわれが「アテネの民主主義」を政治生活から排除された女性とともに奴隷の労働の上に築かれた少数の市民のための体制と呼ぶならば、私は同じようにインドのカースト制度も分業に基づいた民主主義の一形態だと主張することができるだろう。そこではブラーマンの理論上の卓越性は、経済的な対抗権力や政治的な対抗権力によって均衡がとられているのである。インド社会の中心細胞である農村レベルでは、支配的なカーストは土地所有者であり、彼らは必ずしもブラーマンというわけではない。ブラーマンが土地を所有しないとき、彼らは他のカーストに財やサービスの供給を依存する。その見返りにこれらのカーストは、ブラーマンに儀式用のお供え（jajmaniと呼ばれるシステムと給付と対抗給付

から成り立っている）をあてにするのである。しかしながら、このシステムは厳格ではない。それはある程度の社会的な移動を、個人ではなく集団に対して認めている。ジャーティ[22]はブラーマンになるとき、すなわち、最高位のヴァルナの婚姻と（菜食の）ダイエットにおいて行為のコードを採択するなら、伝統的な階層制の中を上昇するかもしれない。われわれはシュードラのあるものがクシャトリアになったのを見たことがある。ベンガルのカヤシュタとともに、ある「不可触賤民」がバロダとカルナタカのような王朝を築き上げた。

　この均衡は議会制民主主義の導入で破壊されてしまった。後者は多数派の支配を意味するものであった。権力の分配にあずかれないいかなるジャーティもその権利を尊重されることはできないのである。彼らが聞き入れてもらうための唯一の頼みの綱は政治的、宗教的な暴力であろう。ここにわれわれは驚くべき民主主義の「歪められた効果」を見るとともに、コンテクストが異なれば意味も異なってくることを確信するのである。

3　外部からの視点と内部からの視点

　意味の問題はまた別の側面を含んでいる。すなわち、制度や文化をわれわれが理解するとき、われわれがそこに所属しているか（「内部の理解」）、いないか（「外部の理解」）によって、その理解が異なることである。ウェーバーは、とりわけ理解の観念に強調をおいている。個人的活動ないし社会的活動は、ある一つの（あるいは複数の）主体が、それが特殊な場合であれ、「平均的あるいは近似的にある数の場合であれ」、ある意味を賦与する行動である。言い換えると、活動は目的と価値観を含んでいるので、社会学は、もしそれが因果関係の説明だけを追求しようとするならば行動に完全な意味を与えることかできなくなる。社会学はまた、個人が自己の行為に与える意味作用の解釈にも頼らざるを得ない。ウェーバーは、理解と説明を一つのアプローチの中に、彼はそれを「説明的理解」あるいは「了解の説明」と呼んで、結合させた。

しかし、われわれはどのように理解すべきなのだろうか。どのように、われわれは個人の意味から集団の意味へと移行するのだろうか。ウェーバーは、個人の活動は他者があるやり方で振る舞うのは、意味のコミュニティーが、より一般的な経験則に基づいて築かれ得る「客観的な可能性」の上に立って行動するその期待によって規制されていることを認めている。しかしこれが失敗するとき、われわれはまた、知的に理解することもできる。最終的に、ウェーバーは、意味の「明証性」の観念を作り上げることに成功した。彼は「経済と社会」に次のように書いている。

「広く一切の科学と同様、すべての理解は、「明証性」を求める。理解における明証性は、二つの種類があって、合理的なもの（これも論理的か数学的かに分れる）か、それとも感情移入による追体験的なもの、すなわち、エモーショナルな、芸術鑑賞的なものか、である。行為の領域で合理的に明確なのは、何と言っても、行為の主観的意味連関の知的理解が完全かつ明晰に行われる部分である。行為のうち感情移入的に明確なのは、行為の体験的感情連関が完全に追体験される部分である」[23]。

もっとも高度な明証性は合理的な活動をその目的としてもっている理解のうちにある。しばしば起こることであるが、われわれはある目的や価値観を利用できるすべての明証性の基礎に立って、理解することができなくとも、われわれはそれらを知的に把捉するかもしれない（例えば、宗教的な啓示の経験に接近することができないときなどの場合である）。国家、民族、家族のような社会構造については、ウェーバーはこれらの構造は諸個人の特殊な行為の連鎖と相互作用にほかならないと述べている。なぜなら、これらは唯一の行為主体を構成しており、その行為主体の有意の行為はわれわれにも十分理解可能だからである。ウェーバーによれば、それらの構造は現実の人間がそれによって自己の行為を指向する表象なのである[24]。

ウェーバー自身は「明証性」の観念の弱点に気がついていた。彼は同書の中の数頁後に、社会学的にも、歴史的にも有効な行為は、たいていの場合質

第3章　異文化間比較における概念の諸問題　107

的に異なる動機によって影響されていること、そしてその動機のために完全な意味で「平均」を作り上げることが不可能なこと、を明らかにしていた。現象に共通な特性を強調する理念型の構築は、実際の発展と理念型的な発展の差のおかげで真の動機を区別することを容易にしている(25)。事実、個人は自分の活動について常にはっきりした意識をもっているわけではない。ある個人にとって、同じ活動が違った動機からなされることもあれば、別の個人は同じ状況に直面した際に、違うふうに反応することもあるのである。理解は、科学的な調査の規則に統制され、因果の属性によって確証されるべき補助的な方法としてのみ有益である。

　こう見てくると、透明であることは幻想である。「直接的な明証」に限定しても、理解は、科学的調査にあって大きな認識論的障害を表す自然発生的な社会学から由来したものである。説明においても、理解同様に、いくつかの前提から出発している。それらの前提とは、デュルケームが書いているように「支配と権威を獲得するための繰り返しと習慣の結果として」現れるわれわれの中の「図式的な仮説」だからである(26)。方法論的な考察と統計的な測定は、たとえ論争的なものであっても、常識的な見解を確証したり、反証したりすることに役立つ。このようにして、「迷信は教育の発展につれて消えていく」という「自明な」命題は、ガーナ、アメリカ合衆国、インドの各大学においては経験的に証明されなかった。そこでわかったことは社会科学と実験科学の学生たちの間では多くの非合理な信念が消えないで残っていることである（例えば、魔法、未確認物体、占星学などである）。しかし、実証主義的、客観主義的な仮説もまた、科学的知識に対して障害になるときがある。とりわけ、このことは、フロイトがどのような知覚にも二つの対象——真の対象と無意識の対象——があることを発見して以来、言えることである。精神分析は、人間と自己自身との関係を変えることによって、因果関係に新しい意味を与えた。この因果関係はもはや客観—主観の二分法に基づかず、「知る主体」を含んでいる（現在の科学思考では、観察者が観察したり、実験したりする物理的対象に観察者が影響を与えないとする考えは、もはや受け入れられない）。解釈の方法は、無意識のメカニズムの研究に基づいている。社会実践と

しての教育はこの規則に従っている。他方、誰もが社会階級、宗教的な共同体、職業集団、の成員である。これらの集団の間には葛藤や緊張があるかもしれない。それでは、与えられた状況の中での個人の行為は、とりわけ、観察者が異なる共同体に属している場合、どのようにして解釈されるのであろうか。

エスニック・プルラリズムをその特徴としている第三世界の多くの国々では、「国民」文化はせいぜいその異質性の見地から「内部の視点」と呼ばれるにすぎないだろう。そんなものは存在さえしないかもしれないのである。時には、民衆全体が同じ宗教を共有していることがあるかもしれない。けれども各集団は言語、生活様式、習慣などでお互いを区別していることがある。モーリタニアがそうである。アラブ-ベルベルとニグロ-アフリカの民衆はすべてイスラム教徒である。反対に、レバノンでは多くの文化的伝統が共有されているけれども、キリスト教に属するか、イスラム教に属するかという宗教によって様々な集団を区別している。

まず最初におおよそのことを言えば、所与の文化に属する人はその文化を外部の人間よりもよく理解すると言えるかもしれない。なぜなら、彼は生まれたときから、その文化の規範、価値観、儀礼の中でしつけられてきたからである。反対に、外部からやってくる人は、彼自身の文化の概念、価値の体系、偏見、ステレオタイプを投影する危険をもっている。ディダ(象牙海岸)の諺は、「よそ者は大きな目をもっているが、何も見ない」と言っている。「内部と外部の展望」という論文を書いたロバート・マートンは、このように言っている。

「われわれが、その象徴やその社会的に共有された現実に気づくのは集団生活の絶えざる社会化を通してでしかない。それだけが行動、感情、価値観の微妙な意味を理解し、行動の書かれざる文法と文化のイディオムのニュアンスを解読する唯一の方法である」[27]。

しかし、親密さもまたその短所をもっている。一つの文化になれてしまう

と、そこにある問題を見たり、しかじかの制度や態度に対して疑問を投げかけたりすることから妨げられてしまう。外部のものは、反対に、新しい洞察をもたらしてくれることもあるかもしれない。そのコミュニティの関係の中に関与していないわけであるから、彼はそれらを内部のものよりも突き放して、より主観性を交えない形で観察することもできるし、特殊の中に一般性を発見することもできる。しかしそのためには多くの条件が必要である。彼はあらゆるエスノセントリズムを除去し、彼自らが受けた教育や文化を忘れ、その土地に住む人々の見方を考慮に入れ、そして価値判断を下さないようにしなければならない。これは、人類学者によって進められてきた方法であり、マリノフスキーがはじめて「参与観察」方法として掲げたものである。彼は調査者にとって、研究しようとする環境の中にできるだけ深く入り込み、受け入れてもらえるほどできるだけ密接に生活することの必要性を指摘していた。

　ある集団の中に入り込んでいく、あるいは少なくともそれを理解する方法の一つは、その集団の言語を学習することである。言語の習得を通じてはじめてひとは論理と道徳的な価値観に接近するのである。言語の使用は、単にコミュニケーションの必要に役に立つというだけでなく、差異化、階層化、支配の必要にも適ったものであるが、このような様々な言語使用の形態の社会的意味を彼（彼女）に把握させる助けとなる。

　そこでは、警戒しなければならないことがいくつかある。まず第一に、用語がないことがその現象が存在しないということを意味しないことである。例えば、「哲学」という言葉が中国語には最近まで存在していなかった（現在は zhexue＝哲学、として翻訳されている）。その代わりに、師が自らの教義や行為の方法（dao＝道）を教える学校（jia＝家）は存在した。当初は、ギリシャ哲学も変わるところがなかった。しかしながら、その内容は変化をとげた。ソクラテス以降のギリシャ哲学は個人の英知を求め、中国哲学は（道教を除けば）社会道徳と統治の術を追求するようになった。

　他の言語への翻訳は、制度の意味を取り違えることがあるかもしれない。パーリ語の bhikkhou（サンスクリット語では bhikchou）は、しばしば「道士」

(monk) と翻訳されている。しかし、サージュ・クリストーフ=コルムは次のように示唆している。

「二つの用語は性格には反対のものを意味している。monk は monacho, monos『ひとり』から来ているのに対し、bhikkou は『共有する人』を意味する。この『共有』は仏教では二つの意味をもっている。第一に、それは彼の所有物、すなわちまずもって食物を共有する人のことである。それはまた彼の知識を、広い意味での『教えを受けていない人』と、主要には、monksの共同体である sangha の他の成員と共有する人のことを意味する。言い換えれば、西洋では、monk は隠遁者のことであるのに対して、東洋では、彼は修道士なのである。この論議からもまたわれわれはいわゆる仏教の利己心 selfishness（エゴティスム egotism）を再考しなければならないことがわかるのである」[28]。

あらゆる言語は、所与の時代の社会の状態とそこで作り出されたイメージを反映している。「余暇時間」は産業社会の観念であり、生理学上の欲求を満たし、家族の義務や公民としての義務と共に社会の義務を引き受けながら労働に費やす時間とは異なっている。アフリカの農業社会では、余暇とその他の時間との区別はそれほど明確ではない。農民は、実際、社会活動や宗教活動に従事するために彼の計画を変えることがあるかもしれない。K・M・エスナールによれば、トーゴのエーウェ族の間で「余暇」という用語にもっとも近い言葉は、子どもの遊びや楽しみを叙述するフェフェ（fefe）であると言う。この言葉は大人の活動には使われない。後者の活動は相互に関係しあっており、個人の運命は集団のそれと密接に結びついているのである。「タムタムに参加するのは単にリラックスを求めてのことではない。それは田畑の労働とともに共同体の永遠の繁栄を保障する集団的な行為なのである」。子どもにとって、フェフェ（fefe）は労働＝ドー（do）への準備なのである。非常に早い時期から子どもは、フェフェからドーへと移っていく。

第3章　異文化間比較における概念の諸問題　111

「フェフェにおいて両親の模倣をすることによって、子どもは田畑の中で彼にふさわしい仕事、すなわち動物の世話をする、作物の世話をする、雑草を拾い集めるなどに参加するだろう。仲間と一緒にすることによって、共同体に直接役に立つ役割ごっこをするのである」[(29)]。

　この例は、ある所与の社会に産み出された概念が別の型の社会に適用することがいかに困難であるか、あるいは不可能でさえあるかを示している。それはまた、言語の知識が哲学的、経済的、政治的、社会学的知識をともなわなければならないことをも示している。われわれは、しかしながら、概念の不適切な移転が単に「外部の者」によるだけでなく、等しく「内部の者」からも行われることを認めざるを得ない。後者は外国のイデオロギーに大層深くとりつかれているために、彼ら自身の文化を外部からの見方で無批判的に再生産するのである。この点で、われわれは疎外と自己植民地化の現象をもっている。なぜなら、そのとき、他の人々の言説をしらせる基準を採択し、その基準を自己自身に適用し、他者が提案するイメージを受け入れる。しかし、この言説は中立ではない。それは内部の集団（女性、周辺部に属している人々）に向けられているか、外部の文化に向けられているかである。どちらも劣位のものとして考えられている。つまり、言説は支配の過程の統合的な部分なのである。エドワード・サイードの著書、『オリエンタリズム』には、どのようにしてこのようなアカデミックな学問が、──この学問もまた西洋（主としてイギリス、フランス、アメリカ合衆国）の思考様式と制度であるが──「政治的、社会学的、軍事的、イデオロギー的、科学的、想像上の見地から（観念としての）オリエントを統制かつ創造」してきたかを分析している。この場合には、知識と権力が相互に支持しあったのである。このような特性があるにもかかわらず、オリエンタリズムは「オリエント」自身に浸透していった。「アラビア語の無数の書き物（著者や新聞）は、『アラブ精神』、『イスラム』や他の神話についてアラブ人によって書かれた分析で満ちあふれている」。そこにはオリエンタリズムの勝利がある！　この勝利はたくさんの要因から来ている。経済的・政治的関係、アメリカ合衆国とヨーロッパの研究、大学と

定期刊行物の重要性、アラブ諸国の高等教育と研究の立ち遅れ、そして最後に西洋モデル以後の消費イデオロギーの浸透などである[30]。

言い換えれば、疎外は「単純化して言えば」文化的なものである。ある一定のイデオロギーを採択するということは、その概念と方法を受容したことも意味する。こうして、第三世界のマルクス主義者たちは　マルクス主義的な観念でもって、そしてそれらの観念を問うことなしに自らの社会を叙述した。「奴隷制」、「封建制」、「千年の停滞」などの言葉の使用に多くの第三世界のマルクス主義者たちは気にも留めない。「中国経済史」という論文の中でFu Zhufuは毛沢東の次のような一節を無条件に是認しながら引用している。

「地主の搾取と抑圧による農民の極貧の生活と後進性が、なぜ中国社会の社会経済的な発展が、何千年にもわたって同じ程度で留まっていたかを説明する本質的な原因である」[31]。

革命の指導者が自己の党派の活動を称揚するために過去をおとしめるのは理解できるところである！しかし、「非正統派」を認じる経済史家がどのようにして「千年の停滞」のテーゼを信奉するだろうか。中国が何千年も停滞したというのは真実ではない。中国は技術進歩と生産の増大の時代を有していた。そしてそのおかげで、明の時代に人口が6000万人であったものが1600年ごろには1億5000万人に、1800年頃には3億人にも達したのである。北宋時代の（10世紀から12世紀）鉄鉱業は高いレベルの技術的優秀性に達し、その生産性は19世紀のそれに匹敵するほどであった[32]。行政の分野では、世襲制の貴族政治は徐々に競争試験によって登用される官僚にとって代わっていった。またその間、紙や印刷機の発明は徐々に文化を民主化するのに役立った。このような回顧をしたからといって、地主による農民への抑圧や搾取がなかったと言うのではない。問題はむしろ、なぜこのような搾取があったもかかわらず、大きな発展が見られたのかということなのである。

結論を言えば、「内部の者」も「外部の者」も真実を独占することはないということなのであろう。いずれの側も、理解と説明を求めるに際して、利点

と弱点をもっている。この理解と説明による究明には、科学的な調査方法に絶えず統制された幅広い文化を必要とする。異なる文明を研究する際に発生する問題は、これまでの考察からもうかがわれるように、われわれ自身の過去を含めた過去一般を理解したいと思うときに生じる問題と変わらない。なぜなら、たとえそのリズムは異なるとしても、人間のメンタリティーは、経済や社会構造が発展するのと同じように発展するからである。資本主義がヨーロッパに貯蓄と資本の蓄積の不安を押しつける前までは、金持ちも貧乏人も祝祭の喜びを共有していた。科学的精神が民衆全体に広まる前までは、大衆は魔法や呪術、超自然の存在を信じていた。近代人にとって過去の理解は、空間によって隔てられた別の文化の理解を得るのと同様に困難である。それは、常に偏見のない洞察、多方面からの知識、そして共感が要求されるからである。これらの条件の下ではじめて、差異の中に類似性を、類似性の中に差異を作り上げることが、すなわち、個別の中に普遍を把握することができるようになるのである。

(前平泰志 訳)

註

(1) Raymond Boudon, *La place du désordre. Critique des théories du changement social* (Paris: Presses Universitaires de France, 1984).
(2) Karl Marx, *Grundriß der Kritik der politischen Ökonomie*, quoted from the French translation: Manuscrists de 1857-1859, 2vols. (Paris: Editions Socials, 1980), vol.1, pp.34-6. (カール・マルクス『経済学批判要綱』高木幸二郎監訳、5巻、大月書店、1958-1965年）。
(3) Lucien Sève, *Une introduction à la philosophie marxiste*, 2nd ed. (Paris: Editions Sociales, 1980), p.72.
(4) Louis Althusser, "Idéologie et appareils idéologiques d'Etat", in: *La Pensée* 151 (June, 1970). Reproduced in: *Positions* (Paris: Editions Sociales, 1976). (L.アルチュセール『国家とイデオロギー』西川長夫訳、福村出版、1975年）。
(5) Claude Lelièvre, *Etude du développement et du fonctionnement des enseignements post-élémentaires dans la Somme de 1850 à 1914. Mise à l'épreuve des thèses relatives aux appareils idéologiques d'Etat concernant*

l'Ecole (Thèse pour le doctorat-ès-lettres et sciences humaines, Université de Paris V, 1985).
（6）Ludwig van Bertalanffy, *General Systems Theory. Foundations, Development, Applications* (New York: Braziller, 1969).（フォン・ベルタランフィ『一般システム理論』長野敬・太田邦昌訳、みすず書房、1973年）。
（7）See, i.a., Robert Bell & Nigel Grant, *Patterns of Education in the British Isles*, Unwin Education Books, no.37 (Lodon: Allen & Unwin, 1977).
（8）B. Kerblay, *La Société soviétique contemporaine* (Paris: A. Colin, 1977).
（9）Alfred L. Kroeber & Clyde Kluckhohn, *Culture. A Critical Review of Concepts and Definitions* (Cambridge, Mass.: Harvard University Press, 1952).
（10）Clifford Geertz, *The Interpration of Cultures* (New York: Basic Books, 1973).
（11）Lê Thành Khôi, "Culture et développement", in: *Tiers Monde* 97 (January-March, 1984), pp.9-28.
（12）José Luis García Garrido, *Educación Comparada. Fundamentos y Problemas* (Madrid: Dykinson, 1982), p.223.
（13）John Forje, "Béatitudes et commandements de la technologie", trans. J. Chesnaux, in: *Tiers Monde* 100 (October-December, 1984), pp.827-8.
（14）R. Passet, "La double dimension énergétique et informationnelle de l'économique", in: Charles Morazé et al., *Le point critique* (Paris: Presses Universitaires de France, 1980), pp.129-47.
（15）Ibid., p.147.
（16）Serge Christophe Kolm, *Le bonheur-liberté. Bouddhisme profond et modernité* (Paris: Presses Universitaires de France, 1982).
（17）Bernard Badie, *Culture et Politique* (Paris: Economica, 1983), pp.84-5.
（18）Ibid., p.70. 傍点は筆者の強調による。
（19）Ibid., p.84.
（20）Koran, III, 110.
（21）Barrington Moore, *Social Origins of Dictatorship and Democracy. Lord and Peasant in the Making of the Modern World* (Boston: Beacon, 1967). (B. ムーア Jr.『独裁と民主政治の社会的起源——近代世界形成過程における領主と農民〈Ⅰ・Ⅱ〉』(岩波現代選書) 高橋直樹ほか訳、1986・87年)。
（22）〈カースト〉という言葉は、ポルトガル語に起源をもつ。インドでは、四つのヴァルナ、すなわち、カテゴリーがある。ブラフマン（僧侶）、クシャトリア（武士）、ヴァイシャ（農民、商人）およびシュードラ（職人および労働者）、である。各ヴァルナは、〈カースト〉それ自身に対応する多くのジャーティを抱え

ており、それぞれのジャーティがまたそれ自体、集団あるいは「下位カースト」に分割されている。「不可触賤民」はこの制度の外部にある。
(23) Max Weber, *Wirtschaft und Gesellschaft. Grundriss der verstehenden Soziologie*, ed. Johannes Winckelmann, 5th, revised ed. (Tübingen: Mohr, 1980), p.2. (マックス・ヴェーバー『社会学の根本概念』清水幾太郎訳、岩波書店、1972年)。
(24) Ibid., pp.6-7.
(25) Ibid., p.10.
(26) Emile Durkheim, *Les Règles de la méthode sociologique*, 22nd ed. (Paris: Presses Universitaires de France, 1986), p.19.
(27) Robert K. Merton, *The Sociology of Knowledge. Theoretical and Empirical Investigations* (Chicago: University of Chicago Press, 1973), p.106.
(28) Kolm, op.cit., p.27.
(29) K.M. Aithnard, *Evolution des aspirations de jeunes. Etude longitudinale* (Thèse de sociologie, Paris: Ecole des Hautes Etudes en Sciences Sociales, 1985), pp.179-181.
(30) Edward Said, *L'Orientalisme. L'Orient créé par l'Occident* (Paris: Seull, 1980), pp.347-50. (E.サイード『オリエンタリズム』(テオリア叢書) 板垣雄三・杉田英明監修、今沢純子訳、平凡社、1986年)。
(31) Fu Zhufu, "The Economic History of China. Some Special Problems", in: *Modern China* 7 (January, 1981), pp.3-30.
(32) Raymond Stanley Dawson, *The Chinese Experience* (London: Weidenfeld & Nicholson, 1978), p.182.

第4章　社会科学としての比較教育学
　　　　——因果関係論・決定論との関連において——

ブライアン・ホームズ

　1945年に若い物理学者として、私はちょうど出版されたばかりのカール・ポパーの『開かれた社会とその敵』[1]の中で展開された次のような概念上の区別を認めた。その著作の第一巻の中でポパーは、経験的証拠とは無関係に受け入れたり、拒否したりできる人間によって作られる「規範的法則」と、同じく社会的世界に関して人間によって作られる言説——ポパーはそれを「社会学的法則」と呼んだ——を区別した。社会学的法則は、経験的証拠に照らして反駁する可能性を有しなければならないという意味において、物理学者の仮説的な「自然法則」に類似したものである。社会学的法則は予測された事と観察された事とを比較することによって立証されるか、または反証されなければならない。両者が一致する場合、仮説とそれが検証された際の条件が確証されたことを意味する。不一致の場合は、仮説が誤っているか、またはそれが検証された際の条件が不正確にしか提示されなかったことを意味する。
　ポパーは、『開かれた社会』を出版して以来、社会科学の方法論についてはあまり多くは論じていない。しかし、人間の合理性と自由の問題に関する論文「雲と時計」の中の自然科学における決定論に関するポパーの議論は、比較教育学にとって意味をもっている。自然的世界に関する限り、ポパーは完全な決定論者でも、まったくの偶然を信じる人でもない。ポパーはまったくの偶然が決定論と比べてどれほど納得がいくものであるかを問い、「合理的な人間の行動——動物の行動も含む——を理解する際、我々が必要とするものは、完全な偶然と完全な決定論との中間、すなわち完全な雲と完全な時計との中間に存在するものである」[2]と論じている。
　社会事象を理解したり、それを合理的に統制する力をわれわれがもつには、

われわれがまったくの偶然と完全な決定論との中間的な立場を受け入れなければならないと、私は確信している。規範的理論・法則と社会学的理論・法則を区別することは、中間的な理論上の立場を発展させることができる一つのフレームワークを提供することになる。人間が自由に合理的決定を行おうとするならば、完全な社会的決定論と完全な社会的非決定論という極端に対照的な立場のどちらかを受け入れることは不可能である。

　1945年にポパーが受け入れようとしていた社会工学と教育計画の考え方が成功するか否かは、政策に関わる行動の結果を演繹的に予測し、それを経験的にかあるいは比較によって検証することができるわれわれの能力如何にかかっている。当面する諸問題に対する暫定的な仮説的解決策を立案し、それらの問題を経験的に検証することができなければ、それらを効果的に解決したり、教育発展を計画したりすることはできない。現在、大半の政府がそうであるように、教育計画が可能であるという考えを受け入れるには、目標志向的政策または問題解決的政策が実施された時、期待された結果をかなり確実に生み出すであろうと政府が信じることができなければならない。計画（プランニング）とは基本的に、単に「かくあらねばならない」という信念に基づくのではなく、予測し観察することができる事象によって、決定に至るプロセスである。ポパーの観点によるならば、誤謬の排除こそが教育計画の目標とならなければならない。実現しそうにない政策は排除されるべきである。

　政策が立案され採択される場合に二つのやり方がある。例えば、規範的法則と社会学的法則の区別は、政策決定が行われる際の根拠を問うためである。大半ではないにしても多くの場合、政策は「あるべきこと」に関する未来志向的な規範的信念に基づいて立案され採択される。言語、宗教、人種、性、居住地域の別なく教育は人権として提供されるべきであるという見解は、それ自体で普遍的初等教育政策または基礎教育政策を正当化する。このような理由に基づいて行われた政策決定は、科学的反駁には付されない。それらを経験的証拠に照らして立証したり反証したりすることはできないからである。1945年以後のほとんどの教育政策は、こうしたイデオロギー信奉から出てきた結果である。

第4章 社会科学としての比較教育学

　結局のところ、国際連合の世界人権宣言の中で表明された理念は全世界的に受け入れられた。ところがその解釈はヨーロッパや北アメリカの各国において、社会主義政府と非社会主義政府とでは、異なっていた。イギリスとフランスのイデオロギーは、旧植民地諸国における政策に影響を与え続けたが、これらの新興国は、ますますソ連の教育政策かアメリカの教育政策かのどちらかを選択するようになっていった。独立国の政府として彼らは自由に選択できたのである。国民の大多数が、それぞれの集団の名の下に関与する政治過程の結果として、規範レベルでの政策の選択が行われる。開かれた社会においては一般的原則には広範な支持が必要であろうが、特定の政策は自由に論議されるのである。競合する集団の政治力がどの政策が採択されるかの鍵となる。

　政策採択または政策拒否のレトリックは異なる。政策が単に規範的であると見なされる場合、議論の焦点はその政策が特定のイデオロギーに合致するかどうかとなる。その場合には政策は規範的法則と同一であると見なすことができる。一方、政策採択へと導かれる議論の焦点は、競合する政策の道具的価値となるかもしれない。このような条件の下においては、明白にかまたは暗黙のうちに社会学的法則が根拠にされる。政治論争の参加者は、単に「かくあらねばならない」という見解に言及するだけでなく、特定の政策の実施によって生じる利益にも言及する。例えば、第二次大戦直後における、総合制理念に沿った中等教育の再編成は、中等教育がすべてのものに提供されるべきであるという規範的根拠にのみ基づくのではなく、それがもたらす社会的利益の観点からも論議された。特に、「総合制学校が設立されたならば、社会階級制度は修正され、社会階級構造はより柔軟になる」と主張された。言い換えれば、少なくとも暗黙のうちに、諸制度の間の因果関係が明確にされ、それが戦前期のヨーロッパにおいて広範に採択されていた政策とは根本的に異なる政策を正当化するために利用された。一部の保守主義者は総合制学校の導入によってこのような結果が生じることを認めながらも、社会階級構造がその根底から変化することを望まないために、その政策に抵抗した。私が異議をとなえるのは、このような科学的な因果関係法則の定立に対

してではなく、イデオロギー的に決定された政策を正当化するために無批判的にそれらの法則を利用した社会科学者が作り出した法則の無条件的信仰に対してである。

　1945年以後国際機関は、教育機会の提供が望ましい社会的利益をもたらすという規範的観念を広めることに多大の努力を傾注した。例えば、ユネスコの創設者たちは安全と平和を希求していた。彼らは生活水準が向上することを望んでいた。創設者の何人かは教育がもっとも重要であると考えていた。貧困国においては基礎教育が生活水準を向上させ、世界平和を保障すると考えられた。ドイツ、イタリア、日本などのいわゆる侵略国はすべて識字率が非常に高かったという事実にもかかわらず、ユネスコの創設者たちの中には、識字力が世界平和に対して根本的に重要な貢献を行うと主張する者もいた。このような願望の線に沿って、ユネスコ憲章は、戦争は人々の心の中にはじまると主張した。おそらく、この断言がソ連に当初、ユネスコに加盟することを踏みとどまらせたのであろう。古典的なマルクス主義者にとって、真の社会発展は資本主義の打倒を待たねばならない。資本主義が打倒されてはじめて教育が子ども一人ひとりの全面的な発達と社会の安寧に貢献することができるからである。同時にユネスコ事務局職員は、自国に対してよりも、ユネスコに対して第一に忠誠を誓うべきであるという考え方が、1954年までソ連がユネスコに加盟しなかった決定的な理由であった。

　しかし、おそらくはアメリカ人の影響によって、主要な世界問題に対する解決策としての教育の果たす役割への信仰が、戦後の陶酔的雰囲気の中で最高潮に達した。こうした考え方が政策立案と採択の過程の中に組み込まれたのは、教育機会の提供が、すべてではないにしても大半のいろいろな他の社会的諸相に因果関係をもつと考えられたからであった。教育を通じてもたらされるもっとも重要なポイントは、社会階級、生活水準、そして平和にあると考えられた。このような考え方が、原因となりまた結果となって、教育計画が社会発展を促進するために、これ見よがしに策定された。比較教育学者の支援を得て、政策の立案、採択、実施は科学的手続きに基づいて行うことができるし、またそうしなければならないと主張された。

教育が生活水準を向上させることができるという見解はかなり新しいものである。すでに述べたように、この見解は資本主義国に関する限り、マルクス主義的見解とは対立する。1929年以来、イギリスの植民地計画は、植民地の発展は農業、工業、商業への投資に基づくという考え方により立案されてきた。1940年までは、教育を含む社会サービスに対しては福祉発展法に基づく補助金は交付されなかった。失敗に終わったタンガニーカ（現タンザニア）における根菜計画やガンビアにおける養鶏場計画のような戦後初期の計画は、教育を含む社会発展は経済成長に先行するよりも、その後に続くという確信に基づいて開始されたのである。

　「すべてのものに対する教育」（education for all）を提供する経費が増加し、防衛費に匹敵するかそれを超過するにつれて、社会利益論が優勢となってきた。教育に対する膨大な出費は正当化されねばならなかったからである。すでに述べたような種類の社会学的法則を立証するために、比較研究の手法を用いた教育経済学者によって、その正当化のためのデータが提供された。教育経済学者の多くは、教育と国の富の相関が高いと主張し、教育投資が経済発展の原因であると、自分自身を納得させると同時に各国政府を説得することに成功した。このように社会学者、心理学者、経済学者によって行われた比較教育学研究の多くは、仔細に検討すれば完全な決定論パラダイムの枠内でなされたものである。因果関係理論はジョン・スチュアート・ミル[3]のそれとほとんど同一のものであった。帰納法とミルの規準が科学の方法として受け入れられたのである。

　因果関係理論は私の方法にとって中心的なものではないが、因果関係について若干コメントをしておく必要がある。『常識の二つの顔』[4]の中の興味ある議論において、ポパーは、ヒュームの理論との関連で、因果関係が事象の間の必然的な関係であるとするならば、事象が実際に観察されるか否かにかかわらず、その関係は確実に生じることを指摘している。教育機会の提供と生活水準の向上との間に必然的な関係があるならば、その関係は現在と将来においてアメリカや日本だけでなく他のどこでも観察されるであろう。問題は、観察された事例から同一の必然的関係が未観察の事例においても生じ

るであろうと、われわれが推論できるかどうかである。ヒュームの答えは否定的である。多くの社会科学者は暗黙のうちに、この問題に肯定的に対応してきた。そうすることによって、彼らは、過去に生じたことは将来においても生じるであろうと主張し、また自然の一貫性に関する一般原理は真実であり、例えば太陽は毎朝昇るというような自然および社会生活においてわれわれが観察する規則性についてのわれわれの常識的な解釈によってそれが確認されると主張することで、帰納法の問題を解決した。しかし、このような立場から、「事実」と「事象」を慎重に観察することによって、必然的な因果関係が発見できることを積極的に認めようとする帰納主義者の立場へと移行することは問題である。因果関係と帰納法と決定論の間の相互関係は複雑である。しかし単純化していうなら、正しい観察と推論の方法を用いることによって、一つの事象（または一連の事象）と他の事象（または一連の事象）の間の必然的な関係を明らかにすることができるという結論へと導かれる。このようなパラダイムにおいては、原因と結果の関係を立言することが科学的法則となる。これらの法則は必然的関係を意味し、かつ無条件的であるので、帰納法と因果関係の概念は完全な決定論となるのである。

　多くの比較研究がこのパラダイムによって行われてきた。これらの研究はジョン・スチュアート・ミルが『論理学体系』の中で展開した帰納法の原則を用いて行われた。ミルの方法にとって中心的であるのは、すべての事象には先行「原因」または「諸原因」があると主張する因果関係理論である。客観的に観察された事実から帰納される仮説は、「原因―結果」に関する言説であり、別の経験的証拠によって確認される場合、それは科学的法則の地位を獲得する。この理論に基づく研究の目的の一つは、客観的な事象の原因または諸原因を発見することである。貧困の原因は何か、非識字の原因は、社会階級的格差の原因は、戦争の原因は、などなどである。モリス・R・コーエンとアーネスト・ナーゲルおよびスーザン・ステビングスらの著書において展開された精緻な統計的手法は、社会学者、経済学者、心理学者によってさらに発展させられ、近年の社会科学研究において広汎に利用されてきた。帰納法とそれに類似した認識理論、因果関係理論、存在論理論を拒否するこ

とが、ポパーの実証主義攻撃の中核に位置していた。ポパーは、『歴史主義の貧困』(5)において、ミルの帰納法に関する素晴らしい解説を行った後で、その主要な特質に関して非常に批判的にレビューする中で、それをことごとく粉砕している。ポパーは絶対主義に代えて条件付きの相対主義を採用し、決定論に代えて彼独自の中間的決定論を、さらに科学の方法としての帰納法に代えて誤謬排除のプロセスを展開している。

　1945年にポパーの著作に出会い、そして1953年にコロンビア大学ティーチャーズ・カレッジのロバート・キング・ホールによる比較教育学におけるデューイの問題解決法に接して以来、私が一貫して反論してきたのはミルのパラダイムに対してであった。人間は自由に選択できるし、また合理的に選択することができるが、すべてが偶然に生じるわけではなく、また、われわれが好まないからというだけで、われわれの行為の予想できない結果や望まない結果を無視することはできないという確信に基づき、私は中間的な社会決定論の立場を採ってきたのである。

1　代替的方法

　私は1958年に書いた『比較教育学評論』(*Comparative Education Review*) の論文(6)において、漸進的社会工学の手段として、ポパーの批判的二元論または批判的約束論を、比較教育学研究にいかに適用するかについて論及した。私が採用したパラダイムは、ニコラス・ハンス、ジョセフ・ラワライズ、フリードリッヒ・シュナイダーといった先駆者たちが編み出した方法とも異なり、また1950年代後半から1960年代初期にかけて比較教育学研究をはじめた新しい世代の社会科学者たちが採用したパラダイムとも、多くの点で根本的に異なっていた。

　私が行ったパラダイム転換の中心的課題は、上記の新旧世代の理論的根拠となっていた科学の方法、完全な決定論、因果関係論等に見られる帰納法を転換することであった。この転換によって、私はエドモンド・キングによって採用された方法論や、後のレ・タン・コイがポパーに寄せた理論的共感を、

数年先取りすることになった。キングは1968年に著した『比較研究と教育政策決定』において、ポパーの説を受け入れ、その注において「ポパー教授は彼の見解に関するこのような理解の仕方を完全に是認している」[7]と強調している。それが事実であろうとなかろうと、そして私にはそうでないと思うふしがあるが、キングはポパーの立場について非常に公平な分析をしながら、それを私の立場を批判するために用いた。キングは私がポパーを誤解していると主張し、私が決定論者であると糾弾したのである。しかし、キングがその著『教育における世界展望』の中で、私が副編集者として編集に携わった『世界教育年鑑』のうちの数巻を要約して使用していることから考えると、そのような批判は当を得ていないように思われる。この年鑑の数巻における分析はキングの気に入るものであると思われるが、それは、その後私が完全に開発した問題解決アプローチに明白に依拠していた。しかしキングは完全な偶然から完全な決定論までの理論上の立場では、私よりも完全な偶然の極に近いところに位置すると言うことができる。

　レ・タン・コイは私より少し遅れてポパーを発見したようである。1986年に出版された『比較教育学の新しいアプローチ』[8]所収の論文において、レ・タン・コイは、ポパーが『開かれた社会』で行ったと同様に、規範的諸理論と社会学的諸理論とを区別することの必要性を認識している。レ・タン・コイは私のように反マルクス主義のポパーをすんなりと受け入れているわけではないが、「良き教育とは何か」といった哲学的概念と「具体的状況を分析し広範な社会的文脈において変動する教育の意味と役割を評価する」といった社会学的理論を、はっきりと区分している。レ・タン・コイはこの区分を徹底して追究したり、比較教育学研究に対するその根本的重要性を示したりはしていない。しかし、彼の見解は、ポパーの反決定論的立場がイギリスやアメリカ合衆国だけでなく、ヨーロッパ大陸やラテンアメリカの社会科学者に対して与えた影響の程度をきちんとおさえている。しかしながら、レ・タン・コイは、理論上の位置について言えば、私よりも完全な決定論に近いところに位置していると私は判断する。

　要するに、何人かの比較教育学者は1961年まで比較教育学の主流をなして

きた研究が依拠していた諸前提に疑問を投げかけたのである。もちろん彼らの一般的哲学的見解が一致していたわけではないが、彼らは完全な社会決定論と科学の方法としての帰納法を無批判的に受け入れることを嫌ったのである。ところが、ミルによって体系化された帰納法の規準は、依然として多くの比較教育学者の研究の基盤となっている。国際的規模で行われた観察から帰納される社会科学的法則の特質は、私があえて社会学的法則と呼ぶことにした人間が作り出す言説とは、大幅に異なる。この差異を認識できないために、私を決定論者に分類した批判者は重要な点を見誤っているのである。

2　心理的決定論と比較教育学

　私が『教育における諸問題』[9]において概略を示した代替的パラダイムに対するキングの批判の要点は、検証され反駁され得る社会学的法則を明示することが有用であるとする私の主張を誤解しているために、私が決定論者であると決めつけていることである。キングはポパーが拒否している決定論と、社会学的法則に対する伝統的な比較教育学者による見方との類似性を認識できないでいる。つまり彼は決定論の立場と、完全な非決定論に対する私の見方および慎重に特定された条件の下において限定的な予測を導き出すことができる推論としての私の言う社会学的法則の利用の仕方との差異を識別できないでいる。

　私が完全な決定論者でないことは明らかである。他方、社会の中のすべての事象が偶然によって生じるとも私は認めることができない。人間は、その行為が望ましい結果をもたらすであろうと信じて、その希望や期待や好みなどに照らして政策を立案し、採択し、実施しようとする。常識的に考えて、われわれが行動を起こしたり、制度を作ったりした後、その行為や革新から派生する結果が嫌だからといって、それらを認めないですますことはわれわれにはできないのである。私が傷を負わせようとしてある男を撃ったとする。私が彼を殺してしまった場合、私はその事実を無視することはできないのである。政府は戦争に勝つ目的で戦争をはじめる。しかし、戦争に負けたとき

に、その不幸な結果を避けることはできない。チェルノブイリの惨事が人体に及ぼす結果をただなくしてしまえばよいと思うことはできない。明らかに何人かの人間がミスをおかしたのである。

　同様の事例を挙げるなら、総合制中等学校によって「すべてのものへの中等教育の理念」を導入しようとすると、必ずカリキュラム上の問題が生じる。その問題とは、われわれが人間行動のすべての結果を、それが起こる前に確実に予測することができるかどうかということである。おそらく否であろう。そうできると信じることは、われわれを完全な社会決定論者にする。他方、予測が行われる場合、特定の条件が適切に考慮されるならば、人間活動の結果のあるものは、ある程度確実に予想することができると、私は確信するのである。

　この前提はデビッド・ヒュームが心理的決定論と呼んだものに依拠している。ヒュームの後継者たちは、われわれの行為、嗜好、好みは先行経験によって心理的に影響を受けることになる。つまり環境と遺伝によって決まってくるのだと結論した。したがって比較教育学者としてわれわれが個人の行動の「動機」を見つけることができるならば、一人の人間または集団がどのように行動するかを予測することができるし、また、新しい制度がどのように運営されるかを予測できるのである。

　社会変動の理論家たちの多くは、社会生活におけるもっとも安定した特質は、人間の精神に深く内面化された信念であるという見解を提出している。この内面化された信念は、われわれの環境と遺伝の産物である。比較的意味において、それらについて何かをわれわれが知ろうとするならば、個々人の発達において歴史的に重要な意味をもつ社会化の影響を認識する必要がある。このために、ハンスのいう諸要因はその重要性をもっているのである。と言うのは、それらは若者が成長していく環境の実態を明らかにするとともに、それを記述することを可能にするからである。宗教、言語、民族、そして性が、人間行動を決定する心理的精神構造を生み出すのに寄与するのである。

　私は行動を決定したり動機づけたりする心理的複合相を人間の「精神構造」（mental states）と呼んできた。バーノン・マリンソンはそれを「国民性」

と呼んだ。人間の集団は、家庭、教会、職場、学校において類似した経験を積んでいくために、類似した精神構造をもつであろうということが、私の前提である。このために、われわれはある集団の心理について語ることができ、またその集団のメンバーの行動が、同じ要因によってある程度決定され、したがって類似性を示すであろうと仮定することができる。

　比較教育学者にとって若干興味ある問題は、どの人間集団が比較研究のもっとも有用な対象として選択されるかという問題である。伝統的には、この人間集団は国民国家の国民であった。もっと最近では、比較研究の目的のために人間を分類する異なる方法が提唱されてきた。文化的背景、社会階級的地位、宗教的信念、母語が、提案された分類基準のうちのいくつかのものである。このように人々を分類する方法は、国家間の比較研究よりも文化間の比較研究に適切であると言える。それらの方法はまた、多くの国において文化的多様性を識別することを可能にする。ちなみに、ハンスの諸要因は、教育問題の「原因」であり、かつて私が考えたような制度化された教育の「原因」ではない。分類の価値は、それによってどの程度予測をすることが可能になるかにある。全世界のイスラム教徒は、かなり類似した行動を示すと言えるであろう。同じことがキリスト教徒、仏教徒や他の世界宗教の信徒についても言えるであろう。彼らが同一のまたは類似の精神構造を保有している限り、彼らの行動は予測可能となる。たしかに、共通の行動形態は同じ国の国民に限定されるわけではない。もっとも、明らかにこの理論によると、ハンスの言う「理想国家」においては行動パターンの変種は少ないものとなるであろう。現代の比較教育学者の中ではマリンソンが、国民性概念をもっとも利用したが、彼は現在では、それを「文化的原則」(cultural imperatives)と呼ぼうとしている。国民国家を超越するこうした知識は、今日的状況を予測することを可能にする。

　比較の単位を国家にとることは、同一の国家の国民であれば、類似した過去の経験と、おそらくは共通の伝統を彼らの行動に反映させるであろうということを前提にする限りにおいて重要となる。国家間比較研究を行う主要な理由は、私が示した規範的パターンの中に見いだされる。一つの国の国民は、

国の憲法と法律において尊重されている規範的法則を受け入れるものと想定される。同じ憲法と法律の下長年の間生きてはじめて、憲法と法律に具体的に示された信念が国民の中に内在化されるのである。明らかに、ハンスの言う「理想国家」の一つに生まれ、その生涯をずっとそこで生きた人々は、心理的葛藤をほとんど経験しないであろうし、政策に関する規範上の不一致はほとんど生じないであろう。現在「理想国家」はほとんど存在しないし、また、大半の国において心理的に決定される多様なタイプの行動が見いだされることを否定することは危険であろう。様々な集団の政治力が、将来の政策論議の結果を決定する。したがって政治闘争の結果を予測する困難性が増大しているのである。

　にもかかわらず、われわれが社会的利益を予想するために社会学的法則を用いる場合の鍵になるのは、人間行動の予測可能性である。われわれが作り上げてきたいかなる制度も人間によって運営されている。彼らの行動パターンそのものが、制度がどのように作用するかを決定する。制度に関する理論モデルは、実際の人々の行動様式によって修正される。したがって、一つの制度をある文化または国から他へ移植することは、両者の状況における文化的経験が実質的に同一でない場合には、危険である。国家的差異と文化的差異は、国家間における移植にとっては、あまりにも大きいので、一つの制度が「借用」されたとしても、提供側の社会の諸結果が受け入れ国で複製されるという意味において成功することは難しいという理論的前提に基づいて、比較教育学研究は行われるべきである。したがって、一般的言説としての社会学的法則は結果の予測のために用いることができるが、異なる社会に一般的政策を持ち込み、移植される際の様式を明らかにしようとするならば、その国特有の心理を理解しなければならない。国際教育局（IBE）によって開催された会議において採択された一般勧告において明らかなように、非常に一般的な規範的政策については意見の一致が見られるであろう。ただ細部の解釈になると違うかもしれないし、それらから明白に派生した行動のパターンは、さらに違ってくるであろう。

3 社会の自律相としての教育

　ヒュームの心理的決定論は、ポパーが自然科学における完全な決定論を説明するために用いている意味における「完全な」ものであると見なされるべきではない。人間は自由に選択することができるので、その行動が完全に過去の経験と環境に基づいて常に決定されるであろうということはできないのである。実際、デューイもポパーも、そのような概念を批判しているのである。デューイは、科学の方法を上手に採用することによって、人間が直面する問題を総合的に解決することを期待する。ポパーは人間は完全な機械、すなわち時計でないことを強く主張している。デューイと同様に、ポパーは「我々は、誤謬排除を目的として、いわば観測気球として多くの競合する理論や仮説を暫定的に提案し、それらを批判的論議と経験的検証に付すことによって、我々の問題を解決するのである」[10]と述べている。

　人々がどのように彼らの問題に立ち向かうかを予想する場合、類似した環境の下で、人々が明日も今日や昨日と同じように行動するであろうと、完全に確信をもって言うことは決してできない。われわれが言えることは、将来の条件が類似したものであればそれだけ、人々が将来においても過去の場合と同様に行動する傾向が強まる——すなわち、習慣の問題——ということだけである。

　しかし、人々がどのように行動するかを、われわれがある程度確実に予測できないならば、われわれは生活を営んでいけないことを明確に認識しなければならない。例えば私はX教授をよく知っているので、彼は予定された自分のセミナーに15人から20人の学生が、今から1週間後、1カ月後、さらに1年後も、出席すると確信してやってくることを、自信をもって私は予想することができる。現在とセミナーの日までの間に、条件がいくらかまたは根本的に変わるかもしれないので、それは確実なことではない。X教授が当日病気になるかもしれない。天候が悪いために出席する学生の数が予想より少ないかもしれない。X教授が空港で足止めされるかもしれない。しかし教授のパーソナリティが変わってしまって、以前は義務を良心的に遂行していた

が、この場合にはそうしないことに決めるようなことは、上記の場合よりも可能性は少ない。ただ、教授が一見何の理由もなく考えを変えることはあり得るのである。

　教授がセミナーに出席するであろうとわれわれが正確に予測しようとすれば、われわれがX教授と彼が勤務する大学の実態をどの程度正確に知っているかが鍵となる。さらに、教授もわれわれも統制することができないいくつかの環境条件が、われわれの予測に関連してくる。われわれが予測を行う「時」と、観察できる「出来事」との間の関連条件が不変であるという保証はないので、われわれは教授が出席すると確信をもって言うことはできないのである。それはすべての関連する条件がどの程度同じ状態にとどまるかに賭けるような問題である。日常生活においていかに多くの条件が不変であるかに気づくのであるが、それは驚くには当たらないであろう。しかしある条件が突然変わると、習慣に頼っていては解決できない諸問題に直面する。

　このような考え方は、役立つように定立できる仮説的社会学的法則の範囲に関連する。決定的な経験的検証という手段をもたないために、社会科学者の立場は自然科学者とは異なる。自然科学者は、注意深く統制された実験において経験的検証に付すことができることを十分知っているので、厳密な検討なしに仮説的言明を思い描くことができる。科学者がそれらの仮説が反証可能であることを受け入れるならば、誤謬を容易に排除することができる。一方、ある科学者（および観念論者）は反駁検証の証拠を受け入れることを拒否することもあり得る。さらに、解決策を見いだそうとする科学者によって、解決したいと望む問題を、最初にあまり分析せずに、多くの時間だけ浪費するかもしれない。しかしケプラーも天文学を転換することになったいくつかの仮説を構築した際には、それより前に20以上もの仮説を提出したことを想起すべきである。

　もちろん、社会科学者は、漠然と把握された問題に対する解決策として、いくつかの仮説を思いつく。ところが彼らは実験的条件の中でその仮説を検証することができない。したがって、誤っている仮説を自信をもって排除することができない。さらに、イデオロギー上の理由から排除することも社会

科学者は望まないであろう。政策上の解決策を仮説的に立案する場合、社会科学者は自然科学者よりもはるかに慎重になるべきである。同時に比較教育学者は、政策上の解決策を、確証するためではなく反駁するために、比較による経験的検証に付すように努力すべきである。1945年以来、社会科学者は、教育を社会の他の諸相に関連づける社会学的法則をあまりにも安易に定立してきた。さらに、彼らはそれらの法則を検証しようともせずに、容認するように政治家を説得するのに成功してきた。経験的検証の手段がないために、比較による検証は政策を検証する場合に、それに替わる満足すべき一つの方法となるが、比較研究が次に挙げるような戦後教育政策の基盤となったり、それらを正当化した主張を反駁するために構想された例を見いだすことは難しい。それらの主張とは、教育は平和を保障する、教育は生活水準を向上させる、総合制中等学校は機会を平等にし社会階級構造を変容させる、教育は政治的安定を促進する、等々である。明示的にではないにしても暗黙のうちに、社会的諸相のほとんどは教育が社会との関連において望ましい結果を生じさせることを前提としていたのである。

　予測の多くは長期的であり、普通5ヵ年計画が立てられた。その期間の途中で、予測に関連する環境条件の多くが変わり、したがって予測の誤りが立証されることになる。このような状況においては、環境条件の安定性に甚だしく依存する政策を、社会科学者が立案し、その結果を予測することは無責任である。したがって、教育顧問たちは教育政策を立案し、採択する前に、それが実施される条件を非常に注意深く考慮しなければならない。このことは、一国に限定される政策にも、国際的に適用可能であると考えられた政策にも、同じように当てはまるのである。手段的価値をもつことを意図した長期計画の立案に際して、あまりにも少ない注意しか払われてこなかった。それらを反証するために比較によって検証を行う企図はほとんどなされなかったのである。

　逆説的に言うならば、ポパー的観点に立てば、明白に意図されたものではなかったにしても、教育計画立案者たちは、ほとんど半世紀にわたって、教育政策が立案され、採択され、そして合法化される際の基盤となった隠され

た社会学的法則を反駁することに成功したのである。このような状況においては、ユネスコ創設以来、世界の多くの地域で実施された教育計画の基盤であった因果関係理論と研究方法に疑問を投げかけることは、正当であるように思われる。マルクス主義理論とミルの理論は疑問である。私は、資本主義が貧困、階級闘争、疎外、不十分な教育機会などの「原因」であると認めることは有用であるとは思わない。あるいは、これらの結果（疎外など）の原因（資本主義）の除去が、はるかかなたの千年王国への歩みを進めるであろうと認めることも有用とは思わない。社会の発展が起こる前に、資本主義が革命によって打倒されるべきであるという何人かの古典的マルクス主義者の見解は、認めることができない。コントやミルなどの19世紀の社会思想家の実証主義の中に存在し、資本主義諸国において人気がある、第二の考え方も、認めることはできない。

　われわれが現代世界の状況の「原因」を探るとすれば、第三次世界大戦の防止に役立っているのは、教育の普及よりも核戦争の恐怖であることが、資本主義国における厳然たる事実である。教育は「小規模な」戦争やテロリズムさえも防げなかった。いくつかの国において、生活水準が向上した理由は、石油が発見されて採掘されたからであった。他の国々においては、教育の拡充に大きな関心が向けられたにもかかわらず、生活水準は向上しなかった。別の国では、韓国のように、エロクトロニクス産業の発展が教育の拡充よりも、生活水準に対してはるかに大きな影響を与えた。抗生物質の発達と外科医学の改善が寿命の延長をもたらした。このように高度に政治的な議論においては信頼性と妥当性に対して疑問が投げかけられるような証拠しかないにもかかわらず、教育が社会改善の原因であるとする考え方は、特に教育計画者たちの間では依然として強く信奉されている。しかし今日、教育にお金を出す人々はそれほど楽観的ではない。一般的に言って、約束された社会的利益を生み出すことに教育が明らかに失敗した結果、楽観的な期待は失望へと変わってしまった。この心境の変化は「不完全な偶然」によって生じたのであり、自らの理論と隠された社会学的法則を経験的に検証することによって誤謬を除去しようとする教育計画者たちの意図的な試みの結果として生じた

のではない。

　比較教育学者は誤解してきた。その理由は、教育を理解し学校制度を比較するためには社会の中で行われることが、学校で行われることと同じくらい重要であるか、おそらくはより重要であるというマイケル・サドラーの言説を比較教育学者が受け入れたからである。それは、容易に検証できる命題ではない。実際、それは、われわれがそのことを信じるか信じないかという形而上学的な問題である。私がここで言いたいのは、われわれは信条の一つひとつをもっと批判的に見るべきであるということである。比較教育学者は、今までよりも教育をはるかに自律的な社会の中の一つの相であると見なすならば、われわれにとってなじみの深いやり方で自らの制度を運営している教育関係者たちの心理についてより多くを知っているのであるから、もっと立派な研究を行うことができるかもしれない。教育制度の働き方は経済制度の働き方よりも、予測が容易である。比較教育学者は、例えば一般労働者、政治家、企業経営者などの行動の将来予測を行うことよりも、教師と教育制度に関して批判的な観察を行うことにおいて、その専門性を発揮しなければならない。サドラーは誤って、われわれが経済学、社会学、心理学の専門家にならなければならないと信じ込ませ、またわれわれが全世界から利益を引き出すことができると思い込ませたのである。実際はそのようなことはないし、またそう考えられるべきでもない。社会学者、経済学者、心理学者は、科学的方法の観点からすると疑問なしとしない前提に立っているために、比較教育学研究にとって益がないばかりか害をもたらしたのである。

　要するに、社会科学に特有の方法論的限界が比較教育学者に示唆しているのは、一国の教育制度の中で生じる諸問題に対して、もっと関心を向けるべきであるということである。教育とはまったくと言ってよいほど直接的に関係ない問題よりも、個々の教育政策の中に解決策を見いだすことができるのである。

　しかし、仮に教育が、あるいは言葉の形式的な意味における教育の欠如が、貧困の「原因」であるとか、貧困を根絶し人種差別や女性差別や戦争を防止し、さらには宗教的寛容を促進することができると主張し続けるのであれば、

誤謬を排除する目的をもって、これらの命題を比較によって検証するための方法を考案することがわれわれの課題となる。もちろん、こうしたやり方は非常に消極的な立場をとることと見なされるであろう。私もそれを認める。しかし、この立場がもっと積極的に採用されていたならば、教育が望ましい社会的効果の「原因」であり、社会の害悪を矯正することができるという信念の下で行われた多額の金の浪費や、何百万人もの若者と成人を巻き込んだ非科学的な実験も避けられたであろう。ただし検証のやり方を考案し、人々に実験の結果を受け入れるよう説得することは困難なことである。

その点、因果関係に関する中間理論の方が、より受け入れやすい。因果関係あるいは因果的規則性は、例えば経済、政治、宗教などの社会の異なる領域の中に存在し、また一つの領域における変動はその領域全体に密接に関係するが、領域間においては必ずしもそうとは限らないと仮定できるであろう。したがって、学校制度の構造上の変動は、カリキュラムの再検討を必然的に意味するのである。完全な決定論は、不可避的な変動が自動的に生じると言う。ところが教育事業においては、参加者の選択の自由と精神構造によっては、適切な変動が生じないかもしれない。このような非同時的変動の条件の下において、教育問題のあり方は識別できるのである。

非同時的変動を識別し、したがって教育問題を発見するためには教育に関するタクソノミーが必要である。国際教育局（IBE）によって採用されたタクソノミーは、教育制度を、a) 目的、b) 行政、c) 財政、d) 構造・組織、e) カリキュラム、f) 教師養成に分類している。目的は規範的であり、他のカテゴリーの各々に関連づけられることに留意しなければならない。目的を行政、カリキュラム、教師養成などに関連づけて論じることは、行政制度を財政に、カリキュラムを構造に、または教師養成を他の教育制度のどれかに関連付けて各種の推論を行うこととは異なる。目的と制度との関係は論理的なものであり、いかなる意味においても不可避的なものではない。制度間に存在すると見なされる仮説的な社会学的法則として表現された関係の中に、非同時的変動によって作り出される諸問題を合理的に解決する可能性が存在するのである。

社会的条件が教育政策が原因となって引き起こされると見なすべきではなく、逆に教育のある側面を他の側面に関連づけて説明する際、それが検証される特定条件と見なすべきである。総合制中等学校導入にともなうカリキュラムの位置づけは、国によって状況が異なるであろう。換言すれば、ポパーが『客観的知識』[11]の中で述べているように、われわれが規則性を推測と見なすならば、「我々の推測から予測を引き出すことを可能にする初期条件が与えられたならば、我々はその条件を（推測された）原因と呼び、予測された事を（推測された）結果と呼ぶことができる」のである。

4　問題解決アプローチ

　私の研究の基盤である問題解決パラダイムは、伝統的な比較教育学に見られる理論とは異なる存在論、因果関係論、さらに認識論を含んでいる。知識を獲得する場合ジョージ・Z・F・ベレディとフランツ・ヒルカーが支持したような、最初にバケツですくうように広くデータを集めることからはじめるべきであるという考え方は、「人間が当惑した時に探究がはじまる」とする考えにとって代わられた。当惑を感じることは、当惑の原因または諸原因の識別と、解決したいと望む問題の分析へと向かわさせる。暫定的解決策すなわち推測が提案され、それらが批判的討論に付され経験的に検証された結果、批判に耐え得るものでなければ、それらは排除されるのである。検証することは、既に述べたように、注意深く選定された初期特定条件の下において観察された出来事を、仮説的解決策（すなわち法則）から演繹された出来事と比較するわれわれの能力にかかっている。

　この種の論文にとって若干興味ある問題は、因果関係理論が問題分析と解決の各段階において、どの程度不可欠な特質となっているかである。この論文の結論として、可能な解決策を検証する過程においてのみ、出来事が因果関係にあると仮定することが必要であると、私は主張する。そうであっても、そのような出来事は一定の状況において因果関係にあり、その結合関係そのものは別の状況においては持続しないという意味において仮説的であると見

なされるべきである。したがって、基礎教育、総合制中等学校、職業訓練などの政策が実施される場合の初期特定条件を適切な用語を用いて識別し、記述できる比較教育学者の能力こそが、教育発展計画の成功にとって重要なものとなる。

　タクソノミーは関連データの分類にとって必要である。1963年にハンブルクのユネスコ教育研究所において開催された会議の参加者はこの問題に取り組み[12]、ヒルカーなどの助力を得て、教育の段階と時期を記述する方法を改善することができた。国際教育局は、加盟国政府が自国の教育制度に関する情報を、より容易に比較可能となるような形で提出することができるような教育制度に関するタクソノミーを採用した。

　カリキュラム、行政制度、財政制度、教師教育に関するデータの収集と分類を精緻にするために、この一般的タクソノミーの枠内の各カテゴリーにおけるサブ・カテゴリーがさらに必要である。使用されるモデルが単純であればあるほど、この枠組みに組み入れる制度の範囲は大きくなる。言い換えるならば一般的モデルは単純でなければならない。なぜなら、個々の国の状況が非常に複雑なものにならざるを得ないからである。特定の制度から導き出された一般モデルは、あまりにも詳細にわたりすぎて、世界中において見いだされる一連の差異を取り込むことができないであろう。

　同様の原則は、社会・経済的データと政治的データを識別し、収集し、分析するために作られたタクソノミーにも言えるであろう。差異を考慮に入れるためには、あまりにも一般的すぎるカテゴリーとあまりにも詳細で細部にわたるカテゴリーとの間のバランスを慎重に配慮しなければならない。政治制度に関するデータを収集する場合に、一枚岩的・権威主義的・全体主義的などの用語は、中央集権的・非中央集権的などの用語ほど有用ではない。同じことが民主主義についても言える。アメリカ人、フランス人、イギリス人、そしてソビエト連邦〔旧ソ連〕の市民もすべて、その政治制度を「民主的」と形容する。制度に与えられた名称は比較研究にとってあまり役立たない。むしろ重要なのは、政策立案と採択の過程の観点から制度内の権力関係を分析し記述することを、研究者に可能にするモデルである。この過程は教育問題

が論議されているのか、それとも経済問題が論議されているのかによって異なるであろう。

　経済の分野では、経済的指標がある程度詳細に構築された。教育発展計画に関心をもつ比較教育学者にとって、GNPによって測定される国の富と国全体の教育程度との間に不可避的で無条件の関係が存在すると主張しない限り、GNPが用語としてわかりやすいという以外には、非常に有用な情報であるかどうかは疑わしい。しかし、GNPについてミッシェル・ドゥボベは『教育における多様性と統一性』[13]の、彼が担当した章の中で、望ましい指標であると主張した。

　社会階級構造を記述したり比較する際のモデルも、ある程度同様の難点をもっている。1950年代、いわゆる資本主義国において広範に用いられた社会階級モデルに基づいて、ソ連の社会階級構造に関する情報が収集された。こうした研究の価値を否定することはできない。しかし、そのモデルのエスノセントリックな性質が、社会主義国では疑われたのである。

　普遍的に受け入れられ、かつ教育の結果の予測に関連するデータの収集と注意深い分類に役立つタクソノミーを精緻化する課題は、比較教育学者が問題解決アプローチを採用するためには、依然として重要である。そのようなタクソノミーは、すべての国の制度に適用できる程度に一般的であり、かつ個々の国について詳細な情報が収集可能となるものでなければならない。

　本論文の観点からすると、タクソノミーは重要である。と言うのは、その間に因果関係が定立される可能性をもつデータのカテゴリーの範囲を示すからである。換言すれば、タクソノミーそのものが規範的法則または社会学的法則として定立され得る関係が存在する可能性を有しているのである。これまで比較教育学者は、一つの社会に関する全体的タクソノミーの中の一カテゴリーから得られる教育的データを、他のカテゴリーから得られるGNPや社会階級などの指標に基づき収集されたデータと、難なく因果的に関係させることができると、あまりにも安易に考えてきた。「社会学的法則」を定立する場合には細心の注意が払われねばならないのであり、科学としての比較教育学の確立において、タクソノミーの開発と受容が重要な要素であることは明

白である。

　「問題」の識別と分析に関しても、同様の配慮をすることが重要である。と言うのは、問題解決アプローチにおいては、「問題」は非同時的社会変動の結果として生じると仮定されているからである。一方、相対的非変動との関係において、「問題」を生じさせる変動を識別するためには、社会に関するタクソノミーが必要である。つまりそれは、教育的解決策が必要であると考えられるような問題である。非同時的社会変動を識別するために、したがって「問題」を識別するために私が用いる一般的タクソノミーは、ポパーによる規範的法則と社会学的法則との区分から当然生起する。規範的言明と規範的法則は、規範的パターンの中に分類することができる。社会諸制度とそれらを関係づける社会学的法則は、制度的パターンの中に位置づけることができる。これらの基本的カテゴリーに、私が環境的パターンと呼んだ自然科学のデータを位置づけることができるカテゴリーを、その後私は付け加えた。ちなみに、初期の比較教育学者の地政学的アプローチが、おそらくはその使い方を間違ったために信用を失ったので、現在の比較教育学研究においては、地球物理学的データに対してはほとんど関心が払われていない。最後に、多くの社会変動理論家の見解とともに、人々の精神構造を位置づけることができるもう一つのカテゴリーを付け加えた。いかなる社会についても、その「問題」を生じさせる特質を識別し正確に記述することは、非常に難しい。歴史的に重要な哲学的言説に基づく理念型的モデルを考案することによって、それは可能になるであろうことを示唆するにとどめておきたい。この理念型的モデルの例は、私の著書である『比較教育学の方法に関する若干の考察』[14]において示しておいた。

　ポパーの批判的二元論または批判的約束論から私が開発したタクソノミーは、問題の識別と分析、政策上の解決策の位置づけ、そして政策が実施される場合の条件の記述を可能にする必要な枠組みを提供している。

　すべての社会変動の論者は、変動が最初に社会のどの相において生じるかを指摘することを可能にするタクソノミーを構築している。マルクスやオグバーンのような19世紀の理論家の大半は、科学的発見とテクノロジー革新の

変動の速度はあまりにも速いために、大多数の人々は適応できないという見解をとった。人々の精神構造、社会的習慣、根基概念ははるかに緩やかにしか変動しない。したがって、オグバーンのいう社会的遅滞が生起するのである。マンハイムのような20世紀の社会学者は、異なる変動の速度について同じ前提を立てた。テクノロジーの変動と結びついているのは、労働市場における変動である。デュルケームのような社会学者は労働の分化がほとんどない原始社会と、高度の職業的分化によって特徴づけられる近代社会とを対比した。大半の社会変動論者は、テクノロジーと産業の諸相において社会変動が最初に生じるとした。態度や行動のパターンはなかなか変動しないのである。しかし、私の観点からすれば、公的に言明された規範的立場と、言葉よりもむしろ行動による深く内面化された信念の表現との差異を認識することが必要である。後者は非常に緩やかにしか変動しないであろうが、工場に見られるような制度的革新が起こる以前に、根本的に新しい規範的言明が現れる可能性は常にある。したがって、科学とテクノロジーの発展と同様に、規範の変動も「問題」を生起させると見なされうるし、またそうあるべきであろう。

　私は問題分析の出発点として、革新論者の規範的見解は反映していながら、しかし深く内面化された信念に基づいて効果的に運営されるとは限らない制度的革新も、同様に受け入れる用意がある。同じことは環境条件の変動の結果についても言える。石油の発見と採掘は、制度的変動をも含む変動の一例である。環境の変動を経験する人々の精神構造が、新しい状況に素早く適応できない時に、「問題」が生じるのである。したがって、規範的パターン、制度的パターンあるいは環境的パターンの変動が起これば、解決策を見いださなければならない「問題」を引き起こすことを認めるにやぶさかではない。

　精神構造の変動が他のパターンの変動に先行することは、あり得ないことではないが、その可能性は非常に少ない。精神構造という要素は非常に安定したものであり、大半の場合、社会問題を識別するために用いることができる「変動―非変動」を内容とする方程式の一方の項である。

　もちろん「問題」は、周知の社会変動理論のどれを用いても識別できる。

いかなる社会変動理論も、それが明示されるならば、また取り上げられた変動が研究を行っている者ではなく研究を観察している者によっても認められるような仕方で言明されるならば、比較教育学研究の出発点として認めることができる。ところが問題識別の過程を研究者が意図的に操作することなしに、一つの問題または諸問題を研究の出発点としてしまっている研究が、あまりにも多すぎる。このような場合には、考察の対象となる「問題」が何であるかについて意見の一致は得られないであろう。

しかし、研究されるべき「問題」を明確にするということは、変動と非変動の原因が、規範的革新か制度的革新のいずれかに位置づけられねばならないということではない。変動が生じたことを指摘することができ、また公的に、ということは反復できる仕方で、確定することができれば十分である。社会のある特質が変動しなかったとか、また今後大幅には変動しそうにないことを確定する作業は、必要性は少ないにしてもやっておいた方がよい。非変動は変動よりも行動面において、より容易に認識されるということが前提である。要するに、問題分析の過程にはいかなる因果関係理論も含まれていないのである。しかし、変動を提案する集団、またはそれに抵抗する集団の権力を分析することが重要である。と言うのは、それが新しい政策が実施されなければならない場合の条件の重要な特質となるからである。私が考えている例を挙げれば、政治家や体制側の教育関係者によって提案されるカリキュラムの変動に抵抗する教師の力が、それに当たる。さらに、自由選挙によって政府が一定の間隔で交代する社会においては、別の政党員によって立案され採択された政策の結果を予想する時には、競合するイデオロギーをもつ集団の権力を考慮に入れておかなければならない。

新しい政策の立案、換言すれば識別された「問題」に対する仮説的解決策へと至る政治的過程に、因果関係理論は含まれない。仮説演繹的研究方法は、「問題」に対する解決策の起源を明確にすることを必要としない。例えば、政党の政治宣言の場合、いくつかの選択的解決策が示され、それに関心をもつ観察者によってその反復が可能であるというだけで十分である。選択肢をテストする過程の方が、誰が選択肢を立案するかよりもはるかに重要である。

ただすでに述べたように、立案者の権力が、実際に彼らの政策がどの程度十分に実施されるかに影響を与えるであろうことは認識しておかなければならない。

　誤謬排除を意図して政策を検証することの過程には、因果関係理論を含んでいる。つまりそれは、出来事は因果的に関連しているために、仮説的言明（推測）から予測できるということが前提となっている。問題解決アプローチにおいては、行われる予測は暫定的なものである。と言うのは、出来事が生じる際の条件が予測の時点とその出来事が観察される時点との間に、変化するかもしれないからである。完全な決定論を容認することはできない。したがって、出来事の間に不可避的で無条件の結合関係があると主張する理論は、問題解決パラダイムの中心的特質である中間的決定論とは相反するものである。

　これまでの議論において、推測から予測が行われる際の条件が、政策の結果に影響を与えるであろうことが明らかとなった。ポパー的枠組みにおいては、条件を「推測された」原因（それ以上のものではない）と呼ぶことは正当である。したがって、社会階級的条件は総合制中等学校をいくつかの異なる社会に導入することの結果に対して影響を与えるであろう。普遍的な第一段階の教育を、明言された年月以内に導入することができるかどうかに対して国の富は関連をもつであろう。しかしこうした因果関係理論は、ユネスコやOECDによって論じられたような仮説的解決策において、教育を識別され得る一つの「原因」として考える立場を排除する。このことが認められるならば、教育は一つの条件として、経済政策または医療サービスのような社会政策の成功や失敗に対して、何らかの影響を与えるかもしれないことを認識しなければならない。因果関係に関してこの見解をとるならば、教育を万能薬にする程度は、1945年以降の多くの政治家や社会科学者よりも少なくなるのである。

　要するに、問題解決アプローチにとっては分析過程が中心であり、因果関係理論へのコミットメントよりもはるかに重要である。問題を識別し、解決策の選択肢を、政治的文脈と規則性に関する言明から予測が論理的に導き出

される際の条件の観点から考察するためには、社会に関するタクソノミーが不可欠である。ポパーの批判的二元論または批判的約束論に基づき私が開発したタクソノミーは、因果関係理論と決定論を全体的文脈の中に位置づけた。重要なことは、形而上学的に一つの出来事群と他の出来事群との間に不可避的な結合関係が存在するか否かではなく、比較教育学者としてわれわれが教育政策を批判的論議に付し、可能であるならばイデオロギーによって正当化された政策を是認するためではなくそれを反駁し、そのことによって誤謬を排除するために、比較によって検証することである。比較教育学者が深く内面化された信念のレベルにおいて、ポパーの批判的方法の意味をくみとるまでは、比較教育学者が教育計画に対して従来とはかなり異なる貢献をすることができるようになる見込みはほとんどない。

(望田研吾 訳)

註
───────────

(1) Karl R. Popper, *The Open Society and its Enemies*, 5th ed. (London: Routledge & Kegan Paul, 1966). (武田弘道訳『自由社会の哲学とその論敵』世界思想社、1973年)。
(2) Karl R. Popper, *Objective Knowledge : An Evolutionary Approach* (Oxford : Clarendon, 1972), p.228. (森博訳『客観的知識──進化論的アプローチ』木鐸社、1974年)。
(3) John Stuart Mill, *A System of Logic : Ratiocinative and Inductive*, 8th ed. (London : Longman, 1970). (大関将一訳『論理学大系──論証と帰納』全6巻、春秋社、1949-59年)。
(4) Popper, *Objective Knowledge*, pp.32-105.
(5) Karl R. Popper, *The Poverty of Historicism*, 2nd ed. (London : Routledge & Kegan Paul, 1960). (久野収・市井三郎訳『歴史主義の貧困』中央公論社、1961年)。
(6) Brian Holmes, "The Problem Approach in Comparative Education", in : *Comparative Education Review* 2 (June, 1958).
(7) Edmund J. King, *Comparative Studies and Educational Decision* (London : Methuen, 1968), p.7. (沖原豊・石附実監訳『比較教育学と教育政策』南窓社、1976年)。
(8) Philip G. Altbach & Gail P. Kelly (eds.), *New Approaches to Comparative*

第4章 社会科学としての比較教育学 143

 Education (Chicago : University of Chicago Press, 1986).
(9) Brian Holmes, *Problems in Education* (London : Routledge & Kegan Paul, 1965). (岩橋文吉・権藤與志夫訳『比較教育学方法論』帝国地方行政学会、1970年)。
(10) Popper, *Objective Knowledge*, p.240.
(11) Popper, *Objective Knowledge*, p.91.
(12) Brian Holmes & Saul B. Robinsohn, *Relevant Data in Comparative Education* (Hamburg : UNESCO Institute for Education, 1963).
(13) Brian Holmes (ed.), *Diversity and Unity in Education* (London : Allen & Unwin, 1980).
(14) Brian Holmes, *Comparative Education : Some Considerations of Method* (London : Allen & Unwin, 1981).

第5章　比較教育学におけるゲーム理論
　　　——展望と提案——

デビッド・ターナー

　レイモン・ブードンは、社会科学とりわけ教育社会学の領域内に二つの主要なパラダイム群を認めている。この二つとは相互作用モデルと決定論モデルである[1]。本章[2]の目的は、相互作用論の枠内で教育に関する行為モデルを構成し、このモデルを決定論的なタイプの説明と対照させて論じることである。

　ブードンによれば、教育の分野では決定論モデルがもっとも優勢なものになっている。したがって本章は、教育の配分に対する諸々の影響について、現在この分野に普及しているオーソドックスな説明図式とは対照的な、まったく新しい解釈を提示するものになっている。本章の論考のモデルはゲーム理論の分析方法を基盤に展開されるもので、ボーマンによって精緻化された開発途上国における教育普及モデルと対照をなすものである[3]。ここでボーマンの論文を選んだのは、それが比較教育学という学問分野に共通する論証形式を代表するものだからである。それは非常に明解で、ブードンの言葉を借りて言えば「決定論的」なものである。

　ブードンが「決定論的」という言葉を、特殊かつ厳密な意味で使っていることに注意しておく必要がある。ここで「決定論的」という言葉は、人間の行為が、その行為に先行する何か別の事柄（events）によって説明・解釈されるとする諸理論を指して使われている。こう考えると、ボーマンのモデルは決定論的だと言えるのである。なぜならば、それは入学率の説明のために、これに先行する事柄、例えば地域の経済構造および農業構造、学校設置基準、入学志願者の性別等々といった事柄をもってくるからである。ボーマンが規定する諸変数間の関係は、厳密に言えば統計的なもので、変数間の相関関係

がもっぱら問題とされている。したがって広義に考えれば、ボーマンは決定論者ではない。しかしながら決定論の（広狭両義の）二つの形態の間には重要な繋がりがあり、その点については本章の最後のところで再び言及するつもりである。そのとき、そこに含まれるいくつかの問題について、さらに詳しく立ち入ることができるだろう。

1 決定論的パラダイム

ブードンは次のように書いている。

「社会的主体は、社会構造が押しつけてくるプログラムをただ受け入れるのみであるというフィクションを設定して、そこに逃避して安住している社会学者がいる。しかしこうした姿勢は、結局は不毛に陥らざるを得ないように私には思える」[4]。

ブードンが主張し続けているのは、人間行動を観察する際のひとつの視点である。この視点は当の行為者が行う選択の意図・目的・期待利得等を考慮に入れている。一方、ボーマンの分析は表面上は経済学的なもので、現在の行為に対する将来の見返りという言葉で言い表されている。そのため一見したところ、ブードンの批評はボーマンには当たらないように思える。ボーマンは自己の課題について次のように記している。

「ミクロ経済学的決定理論と情報・コミュニケーション要因理論とがひとつの統合的アプローチとして結合されているような分析枠組みを設計し、これによって……開発途上国における学校教育の普及を分析する」[5]。

しかしながら、データ解析の過程を通じて実際に生み出される分析枠組みは、これとはかなり異なり、そこに含まれる人々を、何ら実質的な選択を行わないものとして描いている。この点についてはさらに検証してみる必要が

あろう。

　ボーマンは単に、教育を受けることによって得られるであろう将来利益の範囲（ここには金銭的な利益と身分的な利益とが含まれているが）を記述しているにすぎない。また、彼女自身も気づいていることであるが、どんな場合であれ、教育から得られる利益は確実なものではない。それはホワイトカラー職や農業部門等々の雇用機会に依存している。したがって彼女は、こうした将来利益の、またこうした利益を観察可能なものにするために、代替尺度としてホワイトカラー労働者の数と当該地域の農業形態を用いている。

　この点が決定的に重要である。ボーマンは昔からよく使われている諸変数を選択することによって、自身の主張の本質的な部分をすっかり変質させてしまっているのである。数々の背景的変数、例えばホワイトカラー労働者の数とか、その地方の農場所有者の数とかは、教育課程に参入してくる人間の気分や気質に影響する。これらの変数がさらに初等・中等教育への入学者数にも影響を与える。こうした教育普及モデル、すなわちある地域で教育を受けている人の数が増えれば増えるほど、将来においてもそれは増加するということは、教育による将来利益見込みを注意深く査定するといったこととは無関係なのである。行為者は単に「社会構造が押しつけるプログラムを受け入れる」だけとなっている。なぜボーマンのモデルが「決定理論」の一翼になり得るかを理解するのはそう簡単ではない。

　インドにおける見合い結婚についてのボーマンの分析を見れば、この点はかなりはっきりする。彼女の言によれば、一地方における14歳以前に取り交わされる見合い結婚の数は、ある種の伝統的なコミュニケーション領域をあらわす指標として利用し得るものである。つまり「学校教育がもたらす失望ないし障壁感が男女双方、とりわけ女子の間に顕著に見られる」[6]と言うのである。ここに見られるのは、またしても、問題に対して何らの選択もなさず、伝統の「壁」によって己の利害追求を阻まれた諸個人の姿である。こうしたネガティブな意味での伝統的価値の記述は、行為者は因習的な誤った信念に抗して振る舞うにはあまりに無力だということを意味している。

　伝統的価値に対するボーマンの姿勢とは対照的にブードンは、儀式され

た伝統的行動も、その行動が現在目指している目的を当人が了解する場合に限り、十分に理解可能なものになるにすぎない、と述べる。時代錯誤だからというだけでは、伝統を打ち捨てるのに十分ではない。しかるに、もしその伝統が何らか有効な機能を果たさなくなれば、もはや固執もされなくなるだろう。ブードン自身が挙げている例を見よう。

「私がいかにエコロジーの訓戒を『内面化』していようと、捨ててしまいたくてたまらない紙屑を抱えたまま、あてどなくパリ市街をさまよったりはしないだろう。はるか彼方に屑籠が見えていたとしても、はたしてそこまでもっていく気になるだろうか」(7)。

ここで紹介するモデルは、社会学における決定論的パラダイムに対するブードンの批判のいくつかを念頭において設計されている。本章では、このモデルに従って、イギリスの義務教育の最終段階にいる生徒たちを対象とし、義務教育修了後も教育を受け続けることによって期待される利益を、現実に則した形で査定している。こうした教育選択の直接・間接のコストを分析することは——ボーマンは可能だと言っているが——この場合には不可能である。したがってこういったものを表示する場合には純利益よりもむしろ総利益の方がよく使われている。もちろんイギリスのような場合には、直接の教育費に対しては政府による相当の助成があり、ボーマンが考察したような事例に比べて地域格差も小さいので、この点は大して重要ではない。しかし、コストを考慮に入れようとする時、ボーマンの研究が示す精妙さは、比較研究の文脈において非常に望ましいものであり、またおそらく必要不可欠なものであるという事実はなお残る。もちろんこう言ったからといって、ここで紹介するモデルの説明的・方法論的価値が下がるわけではない。

本節を閉じる前に、もう一つ言及しておかねばならないことがある。教育の機会費用に関するボーマンのやり方は、それが解決したのと同じくらい多くの難点をも生んでいるということについてである。ボーマンが意志決定について語る時には、誰の決定が考慮されているかという点が述べられていな

い。この点が曖昧なために、家族への費用と個人への費用とが多かれ少なかれ同じものとして表現されている。しかし、われわれは、以下のような事例を容易に思い描くことができる。つまり、親は出費を惜しまず、子どもを学校へやるために犠牲を払っているのに、子どもはそんな苦労を理解せず学校を怠けたりするような場合である。決定論の枠内では、こうした利害の葛藤を扱うのは困難である。使われている語彙がどうであれ、ボーマンが人間の意志決定の本質を把握しているとは考えにくいのである。

2 社会学的法則

　本章の目的はしたがって、ある意味で精密ではあるが、かといって決定論には結びつかないような仕方で、生徒が行う教育選択を記述してみせることである。これはつまり、いくつかの社会学的法則を用いてその選択行為を描写するということである。こうした法則はいくつかの単純な基準を満たさねばならない。まず何よりも、いかなる社会学的法則であれ、仮説的命題としてのみ考えられねばならず、どんな場合にも検証と反駁が可能でなければならない。ポパーも言うようにこうした法則は、説明力という点で同等もしくはそれ以上であるような他の社会学的法則と競合している時には、再吟味され、いつでも放棄されるようでなければならない[8]。そして己の法則が反駁されるような経験的テストを受けねばならない。

　社会学的法則に対して第二に要求されることは、それが経験的な内容をもち、予測可能であり、その結果として反証可能であることである。したがって私の場合にも「全国子ども発達調査」(the National Child Development Study)[9]から引用した経験的証拠をもとに書くつもりである。この研究は、1958年にイギリスで生まれた子どもを対象にしている。この子どもたちは1974年すなわち16歳の時に、学校をやめるか続けるかという重大な選択をすることになる。もちろん、不明な点はどうしても残るとわざわざ言ってみたり、以前には「明らかでなかった」条件をカバーするようなデータを産み出したりしなければ、1974年に起こったすべてを「予言」することなど不可能である。私

はそのような口実を設けるつもりはない。私が提唱する社会学的法則の記述は、ある特定の型の教育を求める志願者数についての、今日にも通用する適切なデータ、しかもそれは将来予測を可能にし、いずれの国においても通用するデータとはいかなるものか、という点を一層明確にするだろう。もっとも、適切なデータがないとわかれば、こうした予測の検証はその瞬間に不可能になってしまうが、この課題に意欲的に取り組むだけの価値はあるであろう。

　社会学的法則の次なる重要な特性は、決定論的であるべきでない、ということである。われわれは人間行動の中に、自由意志と気まぐれの諸側面を見る。ことに個人についての正確な予測は、われわれがよく知っている個人の場合でさえ、しばしば不可能である。私はある特定の活動方針を自らに課してそれに自ら従おうとしているのかもしれないが、知ってか知らずか、それは自分の健康状態やその日の天気や交通事情、はたまた神の慈悲等々が良からぬ方向に動き出すと、途端にどうにかなってしまうものだ。しかし現実的には、大きな人間集団については、結構正確な予測が可能である。社会秩序（および営利行為）の主体は、比較的正確な予測に基づいて、大晦日にはどれくらいの人がトラファルガー広場に集まってくるか、6月にはどれくらいの人が大西洋の空を渡りたいと思っているか、どれくらいの人が平日の朝9時前にセブンオークスからチャリングクロス（広場）へ出かけたいと思っているかといったことを判断する。しかしこうした予測をしたところで、特定の一個人がその集団内にいるかどうか言い当てられるようになるわけではない。

　集団行動は個人行動よりも予測が容易である。これはわれわれの人間理解の程度がたまたま現在この程度なのだというだけではない。むしろ次のような事実に注意を向けるべきである。つまり、集団行動を予測するということが、実際必要であり望まれてもおり、しかも文句のつけようのないことである一方、それとちょうど反対のことが個人行動については言える、ということである。個人の行動が予測可能であるという仮定は、それ（個人の行動）が、背後にある原因によって決定されるとする（決定論的）仮定と等価である。科学的方法は、研究対象たる人々を非人間化するという批判があるが、

仮にこれが回避さるべきものだとするなら、決定論を回避するためにどうしても必要なことは、個人の行為を予測する際に課せられる上述のような制限を、教育研究の理論枠組みに組み入れることである。こういったわけで、個人行動を予測することは困難であるとか、現在われわれが知っている科学の発達の現段階ではそうしたことは不可能なのだと言うのは適当ではない。人間科学の発達プロセスにおいて肝要なことは、そこで採用される諸概念においては、特定諸個人の行動の予測可能性を、一応原理的には除外して考えることである。

　このように考えてくると、もう一つ重要な論点が浮かび上がってくる。人間の行為は未来志向的であり、目標と願望には一定の志向性がある。ただし、ある確実な未来を目指しているわけではなく、その未来はぼんやりと認められているにすぎない。しかし私は、デューイとポパーにならって、あらゆる活動はある意味で「問題解決的」であるという言葉をこの場合にも当てはめることにする。こう言ったからといって、あらゆる活動がデューイやポパーによって描写された形式に意識的に枠付けられていると仮定するものではない。ただし、むだだとわかった行動を続ける人はいない、つまり人々は、期待した結果を得られない場合にはそれに気づくだろう、という仮定に基づいている。

　要約すれば、一般に社会学的法則は二つの条件を満たさなければならない。第一に、予測を容易にすること、経験的な内容をもつこと、決定論的でないことといったある種の方法論的な限定条件を満足させなければならない。また社会学的法則は、それが描き出すはずの人間行動のある側面を、未来志向的であることによって映し出すものでなければならない。とりわけ、数量的方法を教育研究にうまく適用するためには、行為者は先行する出来事に左右されて行為するという（決定論的な）含みを避けるようなやり方でそうした法則を構成しなければならない。ここで作り上げようとしている社会学的法則は、以上のような基準に適合するならば、ブードンが相互作用論と名づけたパラダイムの枠内に十分収まるものになるだろう。

　社会学的法則の形成を容易にし、上述の諸条件に合致するような理論枠組

みは、実際には直ちに入手できるのである。この論文では、ダベンポートによって開発・応用された、2人による対自然ゼロサム・ゲームの枠組みに基づいて、一つのモデルを提示しようと思う[10]。この枠組みが、まさに必要とされる諸性質をもっていることを以下の節で論じていこう。

3 対自然ゲーム

16歳というのは、イギリスの子どもたちが、学校に別れを告げることのできる法規上最初の年齢段階である。ここで生徒たちは、学校を去るか、教育課程に留まるかを選択しなければならない。ここでは、「全国子ども発達調査」で対象とされた生徒たちが行った選択を取り扱う。この生徒たちは、1958年3月に生まれている。したがって1974年の夏に決断を迫られたということになる。

1974年の時点で、学校に残る決心をしたということは、進学目標を掲げたシックスス・フォーム（第6年級）に進む決心をしたということである。その目的は、上級レベル試験ないしこれに相当する他の試験に向けて勉強することであり、最終的に大学に入る機会を獲得することであった。

この場合、生徒たちは、シックスス・フォーム（課程）に入る前に、ある最低限の資格を獲得するよう求められる。ここでは、16歳時点で3〜4つの科目でOレベルないし同程度の成績に到達していた生徒について特に述べることにする。このグループは、間違いなく大学を目指せるだけの資格を得たとは言い切れないが、シックスス・フォームに入るための条件は満たしている。彼らは、学業を続けるべきか否かという問題に関して真にジレンマに直面していたことになる。この研究はさらに、父親が半専門職ないし管理職である生徒たちと、父親が熟練肉体労働者である生徒たちとに限定されている。こうしたカテゴリーは、父親の職業を分類するという点から見ればもっとも正確なものであるが、単純化のために、生徒たちは父親の職業に応じて、それぞれ中産階級ないし労働者階級に属するものとする。

このようにしてわれわれは、16歳の時点で行われる教育選択を、四つの生

徒集団に分けて観察した。すなわち、中産階級の男子、中産階級の女子、労働者階級の女子、労働者階級の男子の四つである。ここで対象とされる生徒たちはいずれも、当人が望めば、進学向けのシックスス・フォームで勉強を続ける資格を十分にもっていた。しかし、ある者は残り、ある者は去っていった。このことはどうしたら説明がつくだろうか。

ここで提示しようとしている解答は、一つの経済学的解答である。すなわち、去るか留まるかの選択はもっぱら金銭的に動機づけられており、これは、その選択が行われた後7年間の週当たり所得額で判定し得ると想定している。何人かの教育経済学者がこれまで提案してきたように、はっきりした理由がない限り、生涯賃金を計測するよりもこの方がよいと思われる。ここで扱うような研究例には、生涯賃金は直ちに利用できる指標ではない。ほかには、23歳時点での所得額が考えられるが、これもここでの議論を明確化するのに十分役立つものである。

まず中産階級の男子生徒について考えてみよう。彼らのうち、離学者の週平均所得額は84.58ポンド、進学者の方は74.44ポンドであった。週200ポンドという最高の所得を得た生徒は16歳で学校に別れを告げていた。離学者の所得額上位5パーセントの稼ぎは、進学者の上位5パーセントよりも実質的に多く（190.88ポンド対100.53ポンド）、所得の幅全体を通じて、16歳で学校を去った者の方が、残った者よりも儲かっていたのである。にもかかわらず、学校に別れを告げるのが最善の選択だという結論に達したのは、このグループにおいては少数派であった。

ブードンは、報酬の平均値が考慮される唯一のものでは決してなく、賃金の配分の方がはるかに重要なものになることに注意を促している[11]。いま問題にしている（中産階級男子の）グループのうち、進学者の平均給与はたしかに74.44ポンドであるが、実際問題としては誰もこんな数字を選んではいない。もしいたとしてもこの額を受け取っているものはごくわずかである。彼らは学校に残るか、それとも去っていくかを選択したのであって、この意志決定によって、ある特定の給料をではなく、労働市場のある特定の部署に参入することを選択したのである。進学するという選択をした少年は、平均

給与74.44ポンド、上位5パーセントで100.53ポンドという収入が得られる労働市場のある部署に参入したことになる。しかし16歳の時点で、こうした賃金の配分状況を予測して選べるわけではない。彼らが7年後に受け取ったであろう実際の賃金は、その後の幾多の選択、ある場合は生徒自身によって、またある場合は教師によって、あるいは試験官や雇用者によってなされた選択によるので、1974年夏の時点で精密な将来設計ができる者などいなかったと考える方が自然である。したがってこの生徒たちは、平均利得とか特定の報酬額をではなく、どこかに落ち着くことになるはずの報酬の範囲を選んだのである。

ここで使うことになるモデルは、2人によるゼロサム・ゲームの一つの発展型である。この種のゲームの原型はモラのゲームである。このゲームでは2人のプレイヤーが、指を1本上げるか2本上げるかを同時に決定する。それぞれのプレイヤーは、相手のプレイヤーの決定を知らないまま、自分の戦略も決定しなければならない。図1にプレイヤーAの側から見た利得行列を示そう。両方のプレイヤーが同じ数の指を上げた時にはプレイヤーAは1ポンドを得る。一方、2人が違う戦略を選んだ場合は、Aは1ポンドを失う。これはゼロサム・ゲームなので、Aの勝ち分はBの損失分とイコールになる。逆も同様である。

このゲームの解はこうである。プレイヤーAはどちらか一方の戦略だけを常に取り続けるべきではなく、戦略を混合すべきである。これはある意味では直観的に明らかである。と言うのは、もしプレイヤーBが、Aがどうするつもりなのかを推測できるならば、Aの負けは確実である。この解は、決定的な戦略や鞍点をもたないゲームに典型的なものである[12]。

さてここで、この利得表に様々な操作を加えて、プレイヤーAの最適戦略がどのように変化するかを調べよう。例えば、図1の1ヵ所だけを変更すると図2のような利得行列ができる。

	プレイヤーB	
	1本	2本
プレイヤーA　1本	＋ £1	－ £1
2本	－ £1	＋ £1

図1　モラのゲームの利得行列

このゲームでもやはり、プレ

イヤーAは、Bに自分の行動を予測させないように、自分の選択をランダムに混合させるべきである。こう言っても間違いではない。しかしながら、1本指1回につき2本指2回の割合になるように選択を修正すべきなのである。プレイヤーAにとっての最善の結果、つまり3ポンドの利得は、1本指を上げることによってしか達成されないことからすれば、これは一見矛盾している。しかし同様にプレイヤーBは、3ポンドの損失を避けるためにA以上に2本指を選択することだろう。

		プレイヤーB	
		1本	2本
プレイヤーA	1本	＋ £3	－ £1
	2本	－ £1	＋ £1

図2　モラのゲームの利得行列（その2）

　ダベンポートはこの単純なモデルを使って、人々の意志決定行動を記述している。そこではプレイヤーBは特定の一個人ではなく、特定個人の集団でもない。このようなゲームは対自然2人ゲームと呼ばれる。生徒は一つのゲームの中で、ある決定を行うものと仮定されている。そして同じように意志決定を行う単一の相手と対抗してプレイしたものとされる。この生徒の最終的な報酬は2人の意志決定の組合せにかかっている。それぞれの意志決定は、相手の意志決定を知らないか、もしくは相手からの影響をまったく受けないで行われる。

4　ケーススタディ

　この単純化されたモデルの上で生徒の意志決定をシミュレートするためには、それぞれの生徒が決定を行った後で獲得するであろう賃金の範囲を確定して、利得行列上の4つの数字で表現しなければならない。学校に留まるかそれとも去るかの選択を行うことによって、生徒が獲得することになる所得範囲を記述するために、ここでは平均値と95パーセント点（上位5パーセントの者だけが越えられる額）とを用いることにする。この4つの数字は2×2のゲーム行列に書き込まれる。ただしこの場合、鞍点や優越戦略は存在しない。

　この生徒は、離学することによって84.58ポンドまたは190.88ポンドを得

		相　　手	
		選択1	選択2
生徒	選択1	£ 84.58	£190.88（離学した場合）
	選択2	£100.53	£ 74.44（進学した場合）

図3　中産階級男子の利得行列

ることができるのだが、どちらの金額になるかは選択することはできない。当然、もしもすべての生徒が常に、進学することを選ぶのなら、相手側も、常に選択2を採用するわけだから、彼らの報酬は74.44ポンドに減ってしまう。このモデルが示唆しているのは、離学する生徒もいれば進学する生徒もいるということである。

　上述したモラのゲームから類推すれば、次のような結論を引き出すこともできる。すなわち、もっと多くの生徒が、離学よりも進学を選ぶだろう、と。これもやはり、奇妙な結論だと思われるかもしれない。もっとも有利な報酬（190.88ポンド）は、離学することによってしか獲得できないのであるから。しかし、まさにそれと同じ理由で、相手方は選択2をプレイしたがらないであろう。そして相手方が選択1の方を多くプレイする限り、学校に残った方が得策である。

　このゲームは厳密に数学的な解をもっている。すなわち、これら中産階級男子生徒の80パーセントが進学を志向するだろうという計算が成り立つのである。しかし、実際に起こる事柄についての「感じ」をつかむことも大切である。一般にリスクの高いところ、つまり2つの選択肢の数字が大きく違うところへは、生徒も行きたがらないであろう。

　この解の第一の重要な特徴は、その集団のうちある割合で進学すると考えられる者がいて、それ以外は学校を去ると考えられるということである。第二の特徴は、同じ数字から引き出されるであろう「常識的な」結論とは真向から矛盾するかたちで、進学する者の割合が増加するであろうという予測が成り立つことである。最後に、このモデルには決定論的な含みがないということに注意しなければならない。（離学か進学かの）決定は、先行する出来事によっては説明されないし、モデルから導き出される結論は、ある特定の選択を行ったグループが全体に占める割合によっているから、このモデルは特定個人の行動については何も語らない。個人をこのような結果に到達せしめ

たのはなぜかというこ
とを追跡調査したり、
背後の条件や社会化に
よって個人の選択を説
明したりする必要はな

		相 手	
		選択1	選択2
生徒	選択1	£ 84.57	£124.74（離学した場合）
	選択2	£125.60	£ 85.25（進学した場合）

図4　労働者階級男子の利得行列

い。繰り返しになるが、モラのゲームについての但書は示唆的である。モラのゲームにおいては、一方のプレイヤーが一回のプレイごとに相手の出方を予測できるならば、ゲームの目的自体が完全に瓦解するのである。

　労働者階級出身の少年について考察するなら、問題はさらにはっきりする。今度は状況はかなり異なる。平均賃金、最高獲得額、上位5パーセントの者が獲得できる最良の収入等は、いずれも進学することによって達成できるのである。このときの利得行列は図4のようになる。

　中産階級の少年たちの場合とはちょうど反対の結果になっており、学校に留まることによって得られる報酬は、中産階級の場合よりもよくなることが期待される。しかし中産階級の少年たちの場合と同じく、労働者階級の少年たちにとっても進学することはリスクが大きい。ゲーム行列中の数字から、進学すると思われる者は全体の50パーセントにすぎないことが計算によって判明する。ここで考察してきたそれぞれのグループについて、上記のモデルを適用することで得られる、進学すると思われる者の比率と実際に進学した者の比率は、表1のようにまとめられる。

表1　16歳時点での離学者予測値と実測値
（性別・父職別；%）

		予測値	実測値
男子	中産階級	19.7	38.9
	労働者階級	50.1	55.1
女子	中産階級	44.2	41.9
	労働者階級	46.1	58.9

5　評　価

　本章では、ある重大な教育上の選択に直面したときの人間行動を表現するために、一つのモデルを提示してきた。そのモデルは、非常に単純化してはいるが、中等教育を離脱していく生徒たちを知的な行為主体として、すなわち不確実な状況下である決定を下す時に、自身の最良の利得を追求する行為

者として描き出そうとしている。父親の職業といった初期条件を表す指標はもちろん重要であるが、このモデルにおいては、これら意志決定の主体は未来に目を向けているものと仮定されており、過去の決定因子に支配されているとは考えられていない。したがってこのモデルは、かつてブードンが社会学における決定論に向けて放った批判を回避しているのである。

　ブードンは、ゲーム理論から導き出されたモデルにひとかたならぬ注意を払ってきたが、そこで彼が使ったのは非ゼロサム・ゲームであった。しかしゼロサム・ゲームは、彼が注目した非ゼロサム・ゲームといくつかの重要な特徴を共有している。とりわけ個人の問題への関心という点でそうである。ある一定の集団内のすべての個人は、名義上まったく同じものとして扱い得るけれども、このモデルが予測する結果は、その集団のすべての成員に当てはまるわけでは決してない。ゲーム理論流の言い方で言えば、この理論が許容する範囲で言えることは、最良の利得を達成するという目的に向けて、その集団内の何人かがあることをすべきだと言うなら、残りの者はその反対のことをしていなければならない、ということである。これが、個人の問題に還元できないという結論の意味である。一人の人間が、教育課程に何パーセント残ることにした、という言い方はできない。したがって、ある一定の集団内でなされる多様な意志決定は、ゲーム理論が構成するモデルの枠内でこそ、より適切に扱われ得るのである。

　これは、ブードンが決定論的と説明した諸方法とは鋭い対照をなしている。厳密な意味で決定論的なモデルの場合には、このことは非常にはっきりしている。進学することによって得られる利益が、学校を去った場合の利益よりも大きいとすれば、決定論モデルの立場からは、すべての生徒にとって進学する方が得策である、との予測がなされるだろう。分散分析法を用いる場合、この方法はつまるところ確率論であるので、因果関係としてはあまり明確な断定を下せない。本章の冒頭で述べたように、ブードンが決定論を広義と狭義の二つに区別したのは、以上のような理由によるのである。

　分散分析による場合、一応同質のものと想定された集団内に多様性が現れれば、それは解釈が必要であるということにほかならない。この点は注意さ

れてしかるべきである。従属変数の中に説明されざる分散が出てきた場合、それはさらに別の独立変数が必要であることのひとつの指標として理解される。この意味で、本来同質な集団内に出現した説明されざる分散は、分散分析に基づいた研究の枠内ではあってはならないものである。突き詰めていくと、完全な分散分析は、「社会構造が押しつけてくるプログラム」にすべての個人が動機づけられている、と主張することになるのである。

　こうした方法論上の理念のレベルで、広狭両義の決定論的パラダイムの関係がはっきり見えてくる。そこで私が言いたいのは、ブードンの決定論的パラダイムに対する批判が、彼の立場から当然出てくるはずの批判としては、さほど強くないということなのである。彼は、社会調査における変数分析に基づいた研究の役割を認めているが、この研究領域は結局さらに詳細な調査を要求することになるのだ。ごく大雑把に考えれば、ブードンの指摘は真実であろう。しかし彼が決定論的な研究方法に対して行った方法論上の批判は、あらゆる応用研究に等しく有力な批判として通用するものである。

　ゲーム理論モデルは、比較研究の分野に顕著な可能性をもたらすものである。たしかに、ここで適用されたモデルは、それが単一社会内の様々な集団に比較の観点から適用されたという意味での「比較研究」である。ここで行った分析では、学校に残るという意志決定について階級と性の観点を考慮に入れないで、入学率の大雑把な国際比較をやることにはあまり意味がないということが示唆されたわけだが、この種の研究の発展が、将来の比較研究の主要な一面として求められるということも十分考えられることである。

　しかし、これは前にも述べたことだが、教育にかかる費用を論じるときにおそらく問題になってくる国家間の相違を考慮に入れると、国際的な研究にそのような作業を拡張するに際して障害になる点がないわけではない。とはいえ相異なる社会の間に見られる違いは、少なくともそれが特定の行動進路に対する経済的な報酬の違いに関する場合に限り、あらかじめ調整し得るものである。

　ここで展開した単純化したモデルは、二つの重要な問題を提起している。なぜなら二つの主要な側面がこれまで見過ごされてきたからである。第一の

ものは、ある特定の教育選択を行った後に直面するであろうリスクの範囲を、生徒たちはかなり正確にイメージしているという仮定である。これは厳密に考えれば真実とは言いがたい。そしてすべての個人に均一に当てはまるようなものでもない。したがってここで呈示したモデルは、以下のような問いを必然的に投げかけるのである。すなわち、集団が獲得する報酬はある意味で自己成就的予言の産物ではないか。人々は自分たちになじみの深い分野に入り、そこでは人々はリスクを最小限に食い止めることを知っている。この種の問いは、さらなる実験によってのみ答えが見つかるものである。例えば生徒たちに、労働市場について何を知っているかと質問したりするわけである。これはまた、同様の争点を扱ったボーマンの方法と対照をなすものである。そこでは見合い結婚の普及が情報欠如の指標として使われていた。

　第二の決定的に重要な論点は、ボーマンも十分な解決策を提供せず、ほのめかす程度にとどめていたものだが、ここで取り上げたモデルがまったく金銭的報酬に基づいているという点である。しかし、教育がもたらす利益は経済的なものに限られるわけではない。地位や満足度に関する見返りも同じく重要であろう。ゲーム理論的な構造にこうした見返りの予測を組み込んで、この種の研究を拡張することは大変興味深いことである。国際的・通文化的研究の文脈で言えば、これは必然的に以下のような争点を喚起する。金銭、地位あるいは仕事満足度などは、すべての社会において等しく重要なものであるか否か、あるいは、何かほかに、教育から引き出される未だ想像だにされていない利得があるものか否か。

　ここで扱ったケーススタディは、実用上の可能性という点でいくつかのヒントを提供するものである。例えば、義務教育終了時点の離学率を比較するなどして、国家体制間の比較研究を行うことができよう。こうした研究は、それぞれの国家体制における賃金構造に関するデータが利用できるであろうし、それによって生徒集団が行う選択を、その選択に適った経済的な文脈において扱い得るであろう。この種の研究結果は推測も可能である。アメリカ合衆国（ここでは高等教育を受けることによる報酬は他国におけるよりも相対的に低い）では、高等教育終了者に対する報酬が相対的にかなり高い国々よりも、

義務教育終了後に進学する若者の割合が高水準に維持されている。これは一見矛盾している。本章で取り上げたモデルに従ってこれが意味するところを考えない限り矛盾である。学生たちは、リスクを避けることに何より関心を寄せていると仮定する。そうすれば高等教育終了者に対する報酬が、アメリカ合衆国の場合、相対的に狭い範囲内に落ち着くという事実によって、なぜかくも多くの若者が大学に進学しようとするのかが説明されるのである。

この意味で、ゲーム理論モデルの利点は、離学率を扱う際に相異なる社会階級間の違いを考慮に入れることによって、比較研究における技術をより広汎な応用研究に拡張していく見通しが立てられるという点にある。しかし本章の主要な論点は、ここで提示したモデルの実証的な利点にあるのではない。もっと重要なことは、ケーススタディに使われたこの方法が、数量的な研究手続きを社会科学に応用する際に生じる主な難点を、決定論に逃げ込まないで克服しているという事実である。

ここで提示したモデルにおいて、例えば、労働者階級の少年たちの50.1パーセントが一番早い年齢段階で学校を離れるだろうという予測を立てた。しかしもし、ある一人の生徒にこれを適用しようとしていたらどうなったであろうか。明らかに、一人の人間の50.1パーセントが学校を離れるということは起きようがない。さらに進学するよりもやめたい気持ちの方が強いからやめていくだろうという言い方もできない。と言うのは、これはすべての生徒に同じことが言えるから、すべての生徒が学校をやめるという不条理な結論を導くからである。そしてこれはこのモデルによって予測されることでは断じてない。

実際には、これまで述べてきたモデルの核心には、目をつぶってきた領域がある。このモデルは一人の人間には、あるいはさらに一つの小集団にさえ、適用することができないのである。したがってこのモデルは個人については何も語らない。このモデルは、労働者階級の少年たちの50.1パーセントが学校を去るだろうという予測を立てることはできるが、どの生徒が残りどの生徒が去っていくかは予測できない。この無視された領域の内部には——それはこのモデルにとって偶発的な部分ではなく統合的な部分である——個々人

が野心、決意、熱意あるいはそれらの反対の感情を実行に移すための場所がある。このような人格的な諸性質については、このモデルは何も語らない。したがってこのモデルは、個人が行う意志決定から人間の尊厳を取り除いてしまうわけではないのである。

ここで展開した相互作用モデルは、人間の諸活動のうちでももっとも人間的なものであるはずのもの、すなわち教育に注意を集中している。このモデルは、フォーマルな教育構造よりも個々の行為主体に注意を向けている。あまりにも長い間、専門家は教育制度の発達に関心を集中させてきた。また教育の消費者が最良の利益にあずかるだろうと思われる構造の構築に専心してきた。失敗に終わった改革の方が多かったのは、新しい、より進んだ型の教育について専門家が予想したニーズが、これに対応する現実の需要とは必ずしも合致しなかったからである。

6　今後の方向

「全国子ども発達調査」に比肩しうる膨大なデータが、先進産業国においてはすでに集められている。そして今や、ここで設定したモデルよりもさらに洗練された教育需要についての相互作用モデルを展開し、検証し、修正する機会に恵まれている。

本研究に利用されているのは、生徒たちがイギリスの教育制度を通過していくときに行う諸選択について調査したものの一部である。生徒たちの教育キャリアの中で決め手になる意志決定のポイントは、例えば、13歳頃に行われる科目選択、16歳時点での、進学するか否かに関する決断、16歳時点での科目選択、高等教育への進学等があるが、それら選択肢を経過することで一つのプロフィールが出来上がる。すなわち自分なりに教育制度の経過通路を構成するときに個人が採用する戦略についてのプロフィールが出来上がる。自分たちが身をおいている状況に対して、それぞれ異なる社会集団がどう反応するかは、そのときはっきりと見えてくる。

多くの先進産業国に、相互に比較可能なデータが存在するため、この作業

を比較研究に拡張していくことは十分可能である。当然、それぞれ異なった国で学生が直面する選択は同じものではないだろう。年齢段階も異なるであろうし、関連する教育状況によっても変わってくるだろう。しかし比較の際の概略的なポイントは必要である。そしてそうした研究は、高等教育の需要増加、綜合制教育への動き、技術教育需要の一般的な低水準といった問題を含めて、先進産業国における教育のほぼ普遍的な傾向を説明するのにも十分役に立つであろう。さらにこの種の研究は、生徒たちが直面する選択がどの程度彼らの社会的出自に依存しているかといったような、国民相互の違いにも光を当てるものになるだろう。

いくつかの国——例えばスウェーデン——で長期にわたって集められてきたデータによって、数々の歴史上の転換点でなされた学生の選択行動を研究することもできるだろう。このようなデータによって、生徒集団が有用な報酬パターンの変化にあわせて自分たちの戦略をいかにして調整するのかという点についての理解をさらにクリアなものにすることができるだろう。例えば、学生の選択行動は、現在の経済状況によって理解されるのが最良の方法であるのか、学生は将来の変化を見越して意志決定にこれを組み入れているのか否か、すでに時代遅れになっている報酬を査定して行動しているのか否かといった事柄について、何らかの判断を下すことができるだろう。このような調査研究は、学生たちが比較的重要だと考えている事柄、例えば両親のアドバイス——ここでは歴史的な条件に従った選択がなされるだろう——や政府財源から見込める将来需要の報告等に、興味深いヒントを与えることができるだろう。

以上、研究の可能性について概略を示してきたが、いずれも比較的安価に行うことができる。なぜなら、学生の選択行動モデルを検証・発展させていくためには、すでに集められているデータを利用すればよいからである。しかし長い目で見れば、学生が直面する選択行動について、学生自身がどう考えているかとか、実際に行った選択から彼らが何を望んでいるのかといったことに関する一次データを集めることも必要になってこよう。私はイギリスの三つの学校で17歳の生徒を対象に小規模の調査を実施したが、これはシッ

クススフォームでの科目選択に関する今後の研究に役立つだろう。ブードンもフランスにおいて、高等教育段階の学生を対象に同様の調査を行い報告している[13]。このようにまずはじめに上記のような研究が必要なのであるが、その理由は明白である。現在行われている縦断的な研究は、学生の期待感に関する情報、つまり彼らが教育から何を得ようと望んでいるかの情報をしばしば含んでいる。しかし、こうした研究においては決定論モデルが優勢であったため、一般に非常に単純で、分析が平均報酬に集中している。例えば回答者に対して、将来の金銭的な報酬や仕事の満足度は仕事を決めるときに何より重要なものかどうかという質問がなされている。あるいは、ある特定の行動進路に従った方が暮らし向きがよくなると思うかとも問われている。もしもブードンや私が使ったモデルが十分使えるものだとすれば、それは、学生が直面するリスクの範囲があらゆる点で現実の報酬水準と同じくらい重要なものだという事実に、このモデルが注意を集中しているからである。この分野における将来の研究は、人間行動の動機づけに関する見方を単純化しないように注意しなければならないだろう。

(佐藤広志 訳)

註

(1) Raymond Boudon, *The Unintended Consequences of Social Action* (London: Macmillian, 1982), pp.155-9.
(2) 本章は以前に書いた論稿 "Problem-Solving in Comparative Education", in: *Compare* 17 (July, 1987), no.1 をもとにしている。そこでは Brian Holmes の方法論的アプローチの枠内で構成されたモデルと、社会学的法則の役割についての彼の議論を扱っている。この論文が今のような形態になったのは、実に Jürgen Schriewer の明敏な批評と提案のおかげである。記して謝意を表したい。
(3) Mary Jean Bowman, An Integrated Framework for Analysis of the Spread of Schooling in less Developed Countries", in: *Comparative Education Review* 28 (November, 1984), no.4, pp.563-83.
(4) Boudon, op.cit., p.7.
(5) Bowman, op.cit., p.563.
(6) Bowman, op.cit., p.577.

(7) Boudon, op.cit., p.195.
(8) Karl Popper, *Conjectures and Refutations*, 3rd ed. (London: Routledge & Kegan Paul, 1969), pp.217-20. (藤本隆志・石垣寿郎・森博訳『推測と反駁』法政大学出版局、1980年)。
(9) 16歳時点での離学者あるいは進学者の所得に関するデータは、「全国子ども発達調査」において収集された情報(1958年コーホート)から引き出されている。このデータの利用については、the National Children's Bureauに依拠している。また、the ESRC Data Archivesとthe National Child Development Study User Support Groupの協力と助言をいただいた。併せて謝意を表したい。
(10) W. Davenport, "Jamaican Fishing: A Game Theory Analysis", in: S. W. Mintz (ed.), *Papers in Caribbean Anthropology*, nos.57-64 (New Haven, Conn.: Yale University Publications in Anthropology, 1960), pp.3-11.
(11) Boudon, op.cit., p.98.
(12) 2人によるゼロサム・ゲーム(対自然ゲームも含めて)の一般的な記述は、Andrew Colman, *Game Theory and Experimental Games* (London: Pergamon, 1982), に見られる。特にchap.4を見よ。
(13) Boudon, op.cit., p.94.

第6章　比較教育学における従属理論
―12の教訓―

ハロルド・ノア／マックス・エクスタイン

　　　　登れ、そうしないと落ちてしまう
　　　　勝利し支配せよ、そうしないと敗北し服従することになる
　　　　勝利せよ、そうしないと堪え忍ばなければならない
　　　　ハンマーとなれ、そうしないと金床にされてしまう
　　　　　　　　　　　　　　ゲーテ　「ゆきて従え」

　　　　誰が命令を下すのか、そして誰に
　　　　　　　　　　　　　　　　　　　　ロシア格言(1)

　本章は、人類社会と国家発展に関して徐々に一般化している理論モデルを取り上げ、このモデルが比較教育学研究とどのような関係にあるのかを論じたものである(2)。このモデルが単一の理論であるのか、理論の集合体であるのか、あるいはパラダイムであるのかに関しては、議論のあるところであるが(3)、このモデルは従属理論と呼ばれている。いずれにしても、従属理論は、近年、経済学的思考の中核を形成してきた。従属理論は、貧しい地域や貧しい国家の発展を妨げている障害物を説明しようとするものである。従属理論は広くは教育学者により、特殊には比較教育学研究者によって借用されてきた。

　われわれの目的は、従属理論の主要概念を概観し、その本質的要素を考察し、従属理論が教育の比較分析にもたらした主な貢献を検討することである。われわれは、従属理論が比較教育分析にもたらした貢献を総括的に評価するために、以下の議論を通して最終的に12の教訓を引き出すつもりである。

1 理　　論

　従属理論によれば、世界の現状は、「持てる」国家の「持たざる」国家に対する支配の結果として、また国家内においては、「持てる」階級の「持たざる」階級に対する支配の結果として把握するのが、もっとも妥当であるということになる(4)。こうした考え方はもちろん新しくはない。新しい点があるとすれば、それは、ますます多くの比較研究者たちが、支配と従属の二分法を世界的に適用可能な強力な説明的モデルとして承認するようになったことである。

　この理論の鍵概念となる用語は、中心－周辺、ヘゲモニー、それに再生産である。これらの用語は今日存在している世界（ウォラーステインの言う(5)「世界帝国」）を次のように説明するのに用いられている。中心諸国の価値観を組織的に周辺諸国で再生産することにより行われる、中心諸国による周辺諸国への、支配する側の従属する側への一方的な力の行使、といった具合に用いられるのである。学校教育は、支配集団の利益にもっとも適合する価値観、態度、技術を、若者の中に再生産する道具として、とりわけ積極的な役割を担うことになる(6)。

　こうした説明枠組みを使って、過去と現在の両方が分析されている。歴史的に見れば、宣教師達の情熱ではじまった外国への宣教はやがて露骨で恥知らずな植民地化に道を譲ってゆく。現状の特徴は、古典的植民地主義が後景に退く代わりにより巧妙かつ狡猾な植民地主義、つまり「心と意志の植民地化」がなされている点にある。今や、大学、慈善財団、多国籍の開発機関、一国の開発機関、出版社そしてマスメディア機関、（自動車からボールペン、離乳食に至るまで）産業化社会の加工品もまた、すべて抑圧の道具と見なされている(7)。抑圧された人々にとっては、単に物理的支配が精神的支配に代わっただけなのだ。

　こうした世界の見方は、国民国家間のみならず、国民国家内の関係を説明するのにも有効であると主張される。それぞれの国の中に、周辺を搾取する中心があり、支配的階級あるいは支配階層が、一連の価値や階層システムを

再生産し自分たちのヘゲモニーを維持するために学校を利用しようとしている。この目的のために、ある知識は価値あるもの、望ましいもの、地位を与えるものとしてお墨付きを与えられ正当化され、他の知識はなおざりにされ、無視され、抑圧される。たいていの国々で思想統制の目標はほぼ達成されている。国民は、自分たちが、自らを隷属状態におくために巧妙に作られた価値観や理念の中で生活していることに気がつかないだけなのだ。国民は、こうした「精神の隷属状態」を生み出すにあたって学校の果たしている役割にも気がつかない[8]。実際、このメカニズムの輝かしい成功は、国民に対して実際は奴隷状態なのに、自由であると信じ込ませる力に依拠しているのである。

　もっとも厳しい批判は、精選して編成され学生に伝達される知識(「文化資本」)すなわちカリキュラムに向けられている。周辺諸国は、有害な中心諸国のカリキュラムをコピーするよう強制されるかそそのかされる、と主張される。植民地支配から解放されたあとですら、教えられている内容と地域で必要とされる内容の間の断絶が続いているのである。例えば、農業への科学の適応や小規模農業、家計や衛生はないがしろにされ、もっぱら抽象的な「学問的」内容が教えられている。かつての植民地宗主国の言語が教授言語、コミュニケーション言語、行政言語であり続けている。これらすべての事実は、カリキュラムが単に不適切であるのみならず、中心諸国と周辺諸国の間のヘゲモニー関係の結果であると同時に、その関係を永続化する手段でもあると結論づけられる[9]。

　こうして、従属理論は、自然に再生産理論に重なってくる。再生産理論は、新しい知の社会学の一部として生まれたものである。この理論は、知識の構造や内容を所有、権力、および特権の形態として見なすのがもっとも適切であると主張する。人類によって今まで達成されたもっとも強力な知識すなわち産業国家の科学的知識を発達させた社会が、その知識を弱体の従属国に押しつけ、従属国に劣等感を抱かせ、産業国家の優越性を確立し、知識および知識の産物の双方の市場を拡大しようとする自然なダイナミズムが働いている。これはある集団の他集団に対するヘゲモニーを時間的空間的に拡大する

という意味で再生産過程にほかならない。

　経済発展の問題を説明する理論としてはじまった諸理論を教育事象の領域に適用することが活発に行われた。ネオマルクス主義の葛藤理論、イデオロギー分析、社会制度の力学研究、および心理学的条件付け理論は、手を携えて以下の命題を押し進める世界観を形成した。すなわち、階級国家は、階級支配の貫徹した教育制度の中で、生徒に対し公的なイデオロギーを支持するよう強制する。学校は支配階級が現状を維持するために彼らの価値観を労働者階級に押しつける機関である。そして、こうした特徴は、国家の内部（この場合学校は内的植民地主義を担うことになる）においてもまた国家の間（この場合帝国列強が自国の教育を従属的な国に押しつける）においても見事に示されている[10]。フレイレはこうした議論をさらに拡張した。誰もがボスになりたがるために、被抑圧者自身が今度は抑圧者になり、真の自由と個人の自立の発達の展望は開かれそうもない[11]と。ボウルズとギンタスも同じような見解を表明した。学校は、既存の権力構造を維持するために若者を規律化すると。この規律化は、成績評価、競争、わずかばかりの報酬と、軽からざる罰とによって達成される。教育システムは、生得的な独創性と創造性を破壊し、人間性を損なう[12]と。ブルデューとパスロンの場合には階級間の葛藤の方がもっと脅威であると考えられている。知識は学校によって与えられる。この知識の分与は、生徒の形成――教育過程に関する実に記述的なフランス語を用いたのであるが――の過程で強者（教師、行政官、社会の指導者）が弱者（生徒）に対して行使する暴力の一形態である[13]。教育計画は、従属を拡大強化するための見え透いた道具であるとして非難される。たいていの従属理論家は、資源が周辺から中心へと吸い上げられ続けるので、悲惨がますます深刻化するだけだと見ている。暴力的な反乱なしに変化は起こりそうもなく、学校改革は、ポイントをはずされ、世界規模の権力関係を変えるという本来の仕事からそれていくとされる。

　われわれは、従属理論の様々な主張や所説を6項目の形で要約することができよう。

　1　従属理論は、貧しい国々が権力の一方的な行使によってどのように騙

され犠牲にされているのかを理解するための地球規模で適用可能な客観的アプローチたらんとしている。
2　従属理論は、教育構造と教育内容を、中心諸国が周辺諸国を思想統制し自分たちの生き残りと発展を前進させる本質的な手段であると見ている。これらの手段は顕在的な形で作動するばかりでなく、きわめて微妙な形でも作動する。
3　従属理論は、思想統制の過程があまりにも強力なので親と市民が自分の子どもの最善の教育的利益を認識することを不可能にし、圧倒的なイデオロギー的ヘゲモニーにより自分に有利な選択をできなくさせる、と主張する。
4　こうした状況を改善するのに、教育あるいは教育改革がかなり重要であるという考え方を従属理論家は否定する傾向がある。急進的な（暴力的ともいうべき）中心のヘゲモニー的な支配力の解体が必要とされるのである。
5　従属理論によれば周辺諸国の人々は、犠牲者となった「善玉」を代表し、中心諸国の人々は犠牲を強要する「悪玉」である。後者はいわゆる近代化を前者に強要するが、近代化の結果はさらに従属を押し進めるにすぎない。
6　従属理論は、ある国の従属の程度が大きければ大きいほど、効果的な社会的教育的構造を確立する際にその国の困難は大きくなると主張する。

以上の主張は、説得力ある所説である。これらの主張が正しいとすれば、私たちは教育と社会の発展に関し恐るべき一般的展望を与えられることになる。従属理論はとりわけ比較教育学者の関心を引きつけているので、ここで従属理論の教育へのアプローチの評価を行うことにしよう[14]。従属理論と再生産理論の主要概念を研究枠組みとして用いている最近の八つの研究をもとにこの作業を行うことにする。

2 適　用

　以下に論ずる八つの論文すべては、程度の差はあれ、中心―周辺、再生産、ヘゲモニーといった従属理論の主要なメタファーを用いている。

中心―周辺

　アルトバックは、広い範囲を扱った論文の中で「中心としての大学、周辺としての大学」[15]について論じている。大学は、「影響力を行使する」か「従属的」かのどちらかに分類される、つまり知識の創造者か分配者のどちらかに分類されると、彼は指摘している。第三世界の大学は、自国の内部においては影響力があるものの、国際的な知識のネットワークの中では不利益を被り続けている。それらの大学は能動的であるよりはむしろ受動的であり、工業化諸国が世界で支配的な地位を維持するための機関として奉仕している。アルトバックは、諸国家内部においても中心―周辺概念が妥当すると考えている。メトロポリタンの国々は、それぞれの国の内部に世界的に有名な「旗艦」となるような大学のみならず、取るに足りない大学ももっているのである。

　マズルイは、「多国籍企業としてのアフリカの大学：浸透と従属の問題」[16]の中で、アルトバックと同じ基本的テーマを論じている。そのテーマとはすなわち、メトロポリタンの大学が周辺諸国の大学を統制しているというものである。この場合には、典型的なアフリカの大学が取り上げられている。マズルイは、中心国の株主の利益のために周辺国を搾取する多国籍企業の活動と大学のそれを併置している。彼は、アフリカの大学の機能として二つを取り出した。一つは、植民地支配国の人的資源要求を満たすことであり、もう一つはアフリカの価値観を作り直して、西側の工業製品のための市場を作り出す手助けをすることである。マズルイは、アフリカの大学はアフリカのナショナリズムと政治的独立を押し進めた功績があるとはいえ、文化的従属を押し進めたとして断罪する。

　中心－周辺というメタファーは、教育制度の多様性にアプローチするのに

役に立ちはするが、比較教育学者の理解に独自な貢献をしているとはとても言えない。アルトバックはつまるところ、教育機関間の不平等を指摘しているにすぎない。彼は、(第一に人的な、それだけでなく物質的かつ財政的な)資源の不平等(研究、出版、重要なコミュニケーション・ネットワークにおける地位)、活動の不平等、それに学生の学問的な質の不平等について述べている。こうした不平等は、支配従属関係と関連するいくつかの社会－経済的な過程の結果であるかもしれないしそうでないかもしれない。これはむしろ検証すべき仮説なのである。しかし、与えられているのは一連の主張にすぎないのだ。例えば、地方での名声しか得ていないチリの大学が、北アメリカあるいは南アメリカのメトロポリスの諸大学によってどのようにしてその地位に留めおかれているかについては、明確にされていない。不平等に関するより直裁的かつ簡易な説明は、資源の制約の下でなされる選択が不平等を生み出すというものである。この説明も十分有効な説明ではある。アルトバックは最後の節で次のように語っている。

「大学とりわけ第三世界の高等教育の問題に適用された場合、中心と周辺の概念は、複雑な世界にあって、学問的制度の不平等や制度や学問のヒエラルヒー、異なる役割について考える手段である。第三世界の大学は、国際的システムの中では周辺としての機能を果たすが、第三世界にとっては明らかに中心なのである」(p.619)。

さらに、アルトバックは、実質的な援助によって第三世界の大学の中には卓越したものもある、と記している(p.612)。大学の違いを生み出す第一の原因が、貧しいか豊かか、新しいか古いかであり、この違いがある特定の大学が知識の生産者であるか配分者であるかを決定するとしたら、中心―周辺概念は、単に古い用語を新しくしただけでそれ以上の説明力はもたないという結論にならざるを得ない。

マズルイも中心―周辺メタファーを説明の道具としてよりはむしろテーマにアプローチする方法として用いている。マズルイは、アフリカの大学と国

家が、事実上独立し、他国の利益のためでなく自国の利益のためにつくすための三つの戦略を論文の結論として挙げている。三つの戦略とは、1.学部の入学者や大学組織のリクルートに関して、入学資格や入学基準をアフリカの実状に合わせる、2.ヨーロッパ文化だけを強調することなくカリキュラムをアフリカ化ないし「アジア化」して、影響源を多様化する、3.(芸術、工芸、音楽を通じて)アフリカがすでに西洋文化に与えた影響の上に立って、アフリカ文化を西洋に逆浸透させる。

マズルイのアドヴァイスと従属理論に典型的なペシミスティックなメッセージの間の対比は記するに値する。たいていの従属理論家は、従属国の前途は大変厳しいと見ている。従属国は、強力な世界規模で広がる力のネットワークの網の目に捕らえられており、搾取と悲惨と抑圧のシステムに組み込まれているとされる。マズルイはこうした見方を受け入れない。アルトバックとマズルイはいずれも周辺に位置することからくる従属的条件を超克する可能性を認めているが、このことは従属理論の第二の主要メタファーである再生産の基礎を掘り崩すことになる。三つの論文が比較教育研究における再生産概念の使用を例証してくれよう。

再生産

ケリーの論文は、「教師と国家の知識伝達：植民地ベトナムの事例研究」[17]と題されている。著者は、再生産の観点から書きはじめている。

「本章は、植民地下のベトナムからデータを得ているが、ここで扱われる問題は、学校教育が支配集団の維持に有利な一連のイデオロギーの特徴を伝達し社会の分業を再生産する仕方に関わっている」(p.176)。

これに続いて、植民地ベトナムで、教師が自らに課せられた役割にどう対応したかが示されている。植民地におけるフランスの教育政策は、特定の型の知識を常に正当化する試みであり、フランスの利益にもっとも役立つような力関係を再生産するように学校を利用しようとするものだった。ここにこ

そ、従属理論とそれにともなう再生産のメタファーが解釈上もっとも効果を発揮するような古典的な植民地支配－被支配状況が存在していた。

しかし、ケリーは、植民地支配者が命令し、被植民者がそれに従うという単純な話ではないことを示している。植民地国家は、教師に対しきわめて詳細な指示を出し、教師がフランスの目標に従うように慎重に教師を訓練し選別し、全国的な学校監督を通じて教師の仕事を監視した。しかしながら、ベトナム人教師たちは外部から強制された教育システムを自国の目的に合致させようと努力した。彼らは、自立的に行動し、知識を選んで伝達し、彼らの民族主義的な、文化的な、階級的な感覚に反するフランス版の道徳教育や公的カリキュラムを拒否したのである。フランスはもっとも強力な政治的、法的、警察的権力をもっていたにもかかわらず、再生産の目標を達成できなかった。西欧化した訓練を受けた教師も、「西欧順応型」のフランス－ベトナム学校で教育を受けた生徒も、教化に抵抗した。彼らは、ベトナム人の団結を培う専門組織を創設しベトナム人を二流の役割におとしめようとする試みを拒否した。ケリーは結論的に、次のような警告的意見を述べている。

「学校が不平等な権力関係に都合の良い分業や一連のイデオロギー的特徴を再生産する仕方は大変複雑である。再生産がとても完全とは言えない場合もある」(p.190)。

ケリーの論文の意味するところは明らかである。従属理論は、フランスの植民地支配下でのベトナム教育に起きたことに対して納得できる一連の説明を提供するにはほど遠く、決定的に事実と矛盾している。

ケリーがベトナムの経験に即して外部から強制された同化教育政策の複雑さを示しているのに対して、バリントンは適応アプローチのもつ問題性を明らかにした。バリントンの論文「文化適応とマオリ族への教育政策：アフリカとの関係」は、1930年代に教育政策が同化の目標からニュージーランドのマオリ族が必要と認める教育へ変化したことを示している[18]。農業に必要な知識技能の獲得や地域文化や手工芸の伝承が強調された。マオリ族をヨー

ロッパ文化人にしようとする教育様式は終焉せざるを得なかった。バリントンは、こうした政策上の変化がアメリカ南部の黒人の教育への考え方、植民地アフリカの現地人の教育への考え方の変化といかに平行しているかを示している。

ケリーと同様にバリントンはなぜマオリ教育のこうした公的かつ修辞学的に強力な新原則が浸透しなかったかを説明している。マオリの両親の多くは、一貫して自分の子ども達に二流と見なされる教育を与えることに反対した。彼は、マオリ学校記録から引用している。「『マオリの親はヨーロッパ人の親とまったく同じである』と代表的な宗派経営のマオリ男子寄宿学校の校長は結論づけた。『私が農業コースを薦めても、親の方は息子たちに大学入学試験を受けさせたがっている』」(p.9)。

ベトナムのみならずニュージーランドにおいても、再生産により子どもたちを単なる従属の対象へとおとしめようとする植民地当局の対象となる無力な人々という構図を支持する証拠はほとんどない。ベトナムでは教師が強制された外国のカリキュラムに抵抗し、ニュージーランドでは、親が学校へのアクセスを要求し適応教育を拒否した。再生産のメタファーはこうした二つの対照的な教育プログラムを説明できないし、異なった現地の反応を説明できない。その限りにおいて、再生産メタファーは比較研究の道具として弱体である。

ブリヴァントは、「フィジーにおける文化的再生産―誰が知識・権力を支配するか」という論文の中で、「発達途上の子どもに文化を伝達する」(p. 230)[19]フォーマルおよびインフォーマルな過程を調べることにより、以上のような複雑さの幾分かを明らかにしようとしている。彼は支配的な立場にあるフィジー人と移民したインド人との間の政治的、教育的関係を再生産の観点から描いている。しかし、彼は、フィジー人の支配が教育システムや知識構造を利用して達成されているとの証拠は曖昧であると結論づけている。彼の結論は、支配は、イデオロギー装置によるというよりも、(例えば、高等教育への入学許可や政府の雇用におけるフィジー人のひいきといった) 構造を通じて行

われているということである。さらに彼は、住民のインド人部分の文化要求に対してなされたフィジー人の重要な譲歩に気がついた。「ある『任意の文化』が『教育的行為』という資格でもって強制され他の文化を排除するということは行われていない」(p.243)。支配の証拠として解釈されている事象には、譲歩の要素も混在しており、再生産アプローチの示唆する内容に合致していない。

　実際、「誰が知識／権力を支配するか」という疑問に対するブリヴァントの答えは、文化的再生産の概念に依拠することによって得られたものではない。そこでは、むしろ再生産過程の複雑性が描かれており、中でもとりわけて重要なのは、実際ケリーやバリントがしたと同じように、「支配者」と「被支配者」の関係の双方向的性質が強調されていることである。

　ヘゲモニー
　引用した著者たちはすべて、中心－周辺および再生産のメタファーを使うことで、ヘゲモニーの性質を明らかにしようと努力している。例えば、ブリヴァントは、彼の研究の最後で、フィジー人のヘゲモニーの究極的源としての西洋化の機関とヘゲモニー維持のための手段についてふれている。

「しかし、ヨーロッパの影響は、外部試験制度とすべての子どもが共通語である英語を学ぶ必要からして強力なものがある。この影響はいかなる種類の知識が上級の学問レベルで教えられるべきかを決める上で重要な役割を果たしている。ヨーロッパ人はフィジーでは少数派であるけれども、以上の点は、『教育的働きかけ』でありヘゲモニー的であると解釈可能である」。

　また、次のようにも述べている。

「フィジーの経済は、消費と資本主義といった西洋のイデオロギーによって、またヨーロッパ主体の旅行産業への深い依存によって影響を受けている。その帰結として、西洋イデオロギーを象徴する、例えば銀行、保険事務所、

航空会社、タクシー会社、リゾートホテルなどがフィジーのインフラとして整備されている」(p.244)。

ブリヴァントは、多人種カリキュラムの名の下にヘゲモニーの現実が巧妙に隠蔽されていると主張している。しかしながらこの主張はまったく証明されていないし、例示されてもいない。むしろ、単に主張されているにすぎず、研究から導き出される結果から望む結論を引き出しているにすぎない。

本質的に同じやり方でアルトバックは、きわめて適切に中心－周辺メタファーが調べてみると不平等を示す以上の意味はないと結論づけたあとで、ヘゲモニーのテーマを強調することで論文を終えている。

「第三世界の教育制度は、歴史的経済的に築き上げられてきた産業国家の現実の力を築き上げる必要があるのみならず、産業国家がその支配的地位を維持しようとする広範な欲求にも対処しなければならなかった。産業国家の優位性を維持しようとするこの欲望とそのための政策は新植民地主義と呼ばれてきた」(p.605)。

しかし、ブリヴァントと同様、アルトバックも主張しているだけで、証明してはいない。

ヘゲモニーを議論の中心に据えている三つの論文として、バーマンの「アフリカの教育植民地主義：1945年以後のアメリカ財団の役割」[20]、イリザリーの「第三世界の過剰教育と失業：従属的産業化のパラドックス」[21]、シカとプレシェルの「政治的―経済的従属と教育開発」[22]が挙げられる。バーマンは、アメリカの財団は利他主義の煙幕に隠れて中立的な技術援助をするだけだと主張し、巧妙に受容国でなく供給国の利益になる政策を追求してきたと非難している。アメリカの財団は、アフリカの戦略的に重要な地域での中心的大学の創設と援助、開発や変革の問題に対する社会科学的なアプローチの促進、行政官を養成するための訓練プログラムへの援助、アメリカ合衆国のアフリカ人学生、アフリカ事情のアメリカ人専門家の養成といった事業

に対して援助を行った。こうした事業はすべて、一般には資本主義システムの、特殊にはアメリカの利益をアフリカにおいて追求する可能性を開拓するために行われた。

「これらの財団がアフリカにおいて教育システムを発展させようとする試みには人道主義はほとんど含まれていなかった。たとえ個々の財団の職員がたまたま人道主義的であることはあったとしても。教育は、アフリカ国家においてアメリカの存在を主張する際の手掛かりと考えられていた。アメリカの政治エリート、ビジネスエリートにとっては、アフリカの教育は戦略的、経済的重要性があると考えられているのである。アフリカにおける財団の支出はもともとアフリカの利益を考えてなされたのだという異議があるが、これは受け入れられない。むしろ、アメリカの財団の職員がアフリカの開発の方向性にアフリカの教育を通して梃子入れしようと望んだのは、アフリカの開発がアメリカの利益になるものだからなのである」(p.225)。

「『博愛主義的な財団の職員』が過剰なほどアフリカに関心を抱いたのは、アフリカの内的成長と政治的安定性の最大化を保証するように国家を運営できるエリート階層を訓練するためだった。アメリカの観点から見て、アフリカの内的成長と政治的安定は、切実な要望なのであった」(p.226)。

しかしながら、主要なアメリカの高等教育機関は、アフリカ諸国家に対してヘゲモニーを主張しようとする強力な陰謀を抱いていたとするバーマンのテーゼは、アメリカのヘゲモニー権力が、ブラック・アフリカに支配権を確立する（維持する）ことにすら、明らかに失敗したことを説明できない。現代のアフリカの状況は、「内的成長と政治的安定性を最大化する……」アメリカの訓練された「エリート階層」によってもたらされたものではないし、アメリカ資本主義の利益のみに基づいて支配されている領域であるわけでもない。もしもアメリカ財団の目標がヘゲモニー的な支配であるとしたら、彼らのアフリカでの失敗は明白である。

バーマンが政治学の用語を用いて書く傾向があるのに対して、イリザリーは経済的用語を用いる傾向がある。イリザリーは、低開発国の問題が厳しいのは産業国家による経済的植民地化のせいであるとしている。彼は、「加速された産業化、すなわち経済の近代的、産業化された高生産性セクターの創造と拡大」(p.338)を追求する開発戦略が望ましくない結果を生むことを特に指摘している。こうした戦略は、著者によると、貧困を除去することにも、多数の人々の福祉を改善することにも、すべての子どもに完全な初等教育を与えることにも、経済的必要に応じた訓練された人材を供給することにも失敗した。

イリザリーは、適当な職を見つけることのできない過剰な技術者を生み出す教育システムのパラドックスを指摘している。彼は、同時にまた、この教育システムが人道主義的で妥当なカリキュラムを重視していることも指摘している。彼の研究は、教育構造とその教育のアウトプットを決める上で経済的なヘゲモニーが一番大切であると主張する比較教育学文献のもっとも顕著な例の一つである。彼は、外部から注入された資本、外部から決定された古典的植民地型勢力浸透モデル、加速された産業化に基づいて発展した国の教育制度は独特の歪みをもっている、と主張している。

イリザリーはこうした歪みを正確に描いているが、歪みの存在がヘゲモニー権力の責任であることを示すことに失敗している。海外貿易や国際組織によって産業化を加速することにより歪みが生まれたのである。イリザリーがアフリカに関して指摘した状況、すなわち、人文科学や社会科学に比重をおきすぎることや、産業の発展を犠牲にしサービス業を過大評価し、技術的訓練を受けた人材が職につけないという矛盾した状況が生まれていることは、例えば、イギリス、ギリシャ、エジプト、インドそしてデンマーク——ここでは経済発展の異なる国々、以前の「隷属状態」の異なる国々の名前をばらばらに挙げたのであるが——にも少なからず当てはまるのである。

イリザリーと同様にシカとプレシェルは、教育を発展させるにあたって経済的なヘゲモニー権力が果たす役割を検討している。二人の著者が言明しているように、この論文の目的は、「国際的不平等と教育配分の重要な局面を

第6章　比較教育学における従属理論　181

説明するのに、従属理論の観点が経験科学的に有効であるかどうかを検証することである」(p.387)。特に彼らは教育の普及が国家間の経済的な従属の程度に応じて組織的に変化するかどうかを見極めようとしている。

著者たちは、中心、周辺、「半周辺」を代表する72の国からデータを集めている。教育の普及は就学率によって測定された。「従属度」は国内資本形成、輸出、海外の公的債務（それぞれ国内総生産の百分比として）により測定された。一戸当たりのキロワット時またはGDPが、一国の発展レベルの尺度として採用された。

相関を見ると、「経済発展の水準は教育指標と強い相関がある」ことが明らかとなる。この発見は通常（従属理論よりも）近代化論を支持するものと考えられている。著者たちは、その後四つの経済指標を教育指標のそれぞれへと回帰させた。ここでもまた、開発の水準と教育指標の間に強い統計上有意な相関が示された。しかし、従属仮説に反して、従属の程度は、教育の就学率とプラスの相関があるが、それ以外の教育指標に関しては統計的に有意でなかった。「低開発を開発する」という主題は支持されない。さらなる分析も、従属理論を支持するという観点からはせいぜい曖昧な結果しかもたらさなかった。ある点では完全に矛盾した結果さえ生み出している。測定された九つの相関係数のうち（三つの教育レベルと三つの経済的従属変数の関係）二つだけが統計的に有意であった。

シカとプレシェルは従属仮説が明らかに完全に総崩れになっているのに、そこから何かを救出しようとしているが、最後には敗北を認めざるを得なくなった。彼らは、彼らの研究結果のいくつかは「国が発展するにつれて、初等教育から中等教育へ進学する人口の増大の割合に示されているように、従属が深まる」(p.392)ことを示していると解釈されると考えている。しかしながら、彼らは、彼らの研究で得られた他の調査結果は、「因果関係の観点からして、教育は発展の重要な要素であり、教育の遅れはそれ自身果てしなき従属のもとである、ことを示している」(p.392)と主張し、また、「文化的成長を達成する道は、財政上の自立である」(p.392)という従属理論にとって重要な考えを支持する統計データが見いだされた、と主張する。しかし、その数字

は統計的有意の観点からは絶望的にまで弱い関係しかない。最後には、著者たちは、以上の方法は従属理論を検証する上で正しい方法ではなかったと弁明するに至っている。

「この種の線形回帰モデルは、全体的な経済事象と個々の国々の社会文化的、社会政策的特性といった微細な点の双方の認識を必要とする理論である従属理論に適用するのは不適切である。従属理論という見方を生み出したのは、ブラジルについてのフランクの親密な知識や、アフリカ諸国へのアミンの強力な関心等であったのだ。……たしかに、従属理論の適切な検証のためには、統計的な相関関係を越えたもっと包括的な方法論的アプローチが必要であろう」(p.400)。

従属理論の命題は、かなりの自信と確信をもって主張されているけれども、教育の領域においては、従属理論の主要な内容を国家横断的に証明することは不可能ではないにしても困難である。従属理論の支持者によれば、中心諸国によって行使されたヘゲモニー的権力が周辺諸国を侵害し、周辺国の社会制度、文化制度を作り上げる。少なくとも、こうした制度への影響は、経済的従属関係という形で測定した場合、ヘゲモニー的権力の強さと少なくとも大雑把な関係があるだろう。しかし、シカとプレシェルの研究ではこの影響関係はほとんど論証できていない。

3 評　価

教育への貢献に関して、ある分野を評価するには二つの基準が重要である。一つは、観察された現象を説得的に説明し、さらなる研究の方向性を示すことができたかどうかである。もう一つは、行為を方向付けるのに役立つかどうかである。言い換えると、行政官や計画者に情報を提供し政策形成を助けることができるかどうかである。本質的に同じ基準が、比較教育学において従属理論の観点から行われた研究の貢献を評価する際に適用できる。われわ

れは決して経済学あるいは広義の教育において従属理論の有効性を批判しようとしているわけではない。われわれの仕事は、とりわけ近年の比較教育への従属理論の研究上の貢献に焦点を当てることである。こうした仕事の意味は、学問的範囲を超えている。それらは教育政策、教育計画、教育運営の問題にも及んでいく。明示的にせよ、暗示的にせよ従属理論の概念は、国際的な教育開発の努力に編み込まれているし、また教育開発の結果の評価にも編み込まれている。もし従属理論に欠陥があれば、行為の基礎や評価の基準は疑問にさらされてしまう。

八つの研究はいずれも豊かな情報を与えてくれる優れた研究である。しかしながら、どの論文もまた八つの論文全部併せても、従属理論の基礎命題を証明するにはほど遠い状態である。すべての著者が、それぞれの研究は従属理論的研究であるとして研究をはじめているが、三つの研究事例において（アルトバック、ケリー、シカとプレシェル）、結論が従属理論の基本命題と合致していない。さらに三つの事例において（バリントン、ブリヴァント、マズルイ）、従属理論の主張のいくつかに慎重な気持ちにさせる結論が出されている。バーマンとイリザリーだけが、従属理論の妥当性に最初から最後まで固執しているにすぎない。明確な矛盾が示されたこと、証明にかげりがあることを見ただけでも、従属理論は、比較教育学において、理論的な観点を付加する強力で説得的な理論とは見なされ得ないと言える。

われわれの批判の一部は、人々が生活したり行為したりする際の条件に関してなされた仮定に関連している。従属理論は、貧者や弱者は、文化的再生産過程において彼ら自身の最善の利益を判断することができないと主張する。この過程は権力者によって遂行される。権力者は、効果的に（また暗黙のうちに）知識へのアクセスを統制し、ある価値を確立し、弱者自身の利益を支える価値観を解体する。こうした見方は、ブリヴァント、バーマン、マズルイによる論文に十分示されている。このように、従属理論は植民地時代においては、貧者と弱者が効果的に服従させられ、ポスト植民地時代には思想統制の形態が物理的な力にとってかわると見る。教育は、こうした行動の操作の主要な手段として非難の対象となる[23]。

こうした主張が見過ごしているのは、中心諸国と周辺諸国の間の関係は非常に複雑であるということである。周辺諸国の人々が中心諸国の人々による巧妙な操作の単なる対象でしかないという見方は、単純化しすぎである。貧しさが人々に制限を課すのは明らかであるが、それと同様に経済力にも限界がないわけではない。中心国の指導にまったく喜んで従うように見える周辺国もある。こうした国々の指導者は、そうすることが自分たちの利益に適っていると考えている。しかし、行為においても思想においても、中心国に従わない国もある。その中間にもいろいろな形態がある。政治的対応のこうした違いは、教育事象にも見られる。ある国々は、教育上の手掛かりを直接中心国からとりわけ旧宗主国から得ている。他の国は新しい道を歩もうとし、不適切と考えるモデルは激しく拒絶する。また別の国々は折衷的なアプローチを採用し、様々な国から自国に適した教育制度を借り受けそれらを新しいやり方で組み合わせる。こうした現実を見ると、事実として中心国の優れた経済力が自動的に周辺国への文化的ヘゲモニーを意味すると安易に仮定することはできない。

　われわれの批判の第二点目は、権力の性質と権力の作動についての従属理論の仮定に関わるものである（特にアルトバックとバーマンを見よ）。ここでも、従属理論は単純化しすぎるという非難が当てはまる。権力は、決して、一次元的な現象ではなく、権力の行使も従属理論が言うように一方向的ではない。もっとも重要なのは、強国の目的は、ケリーの論文が示しているように、常に達成されるとは限らない、ということである。命令を与える側に極端に有利に見える状況においても、支配国と被支配国の間の関係に重要な双方向的要素が含まれている。たしかに、従属理論家が論じているように、教育は権力関係に基づいているのかもしれない。しかし同じく重要なのは教育過程は、単なる権力の行使以上のものを含んでいるということに気づくことである。教育過程には権力の委譲も含まれている。この点を無視することは国家間、文化間、階級間の権力関係に異なった段階が存在することを無視することになる。表面的には、（政治的、文化的、経済的）従属形態の間にはほとんど違いは認められない。しかし、どの段階においても、そのダイナミックス、選択

肢、結果は、まったく多様であり、思いがけないものも含んでいる。権力をもつということは必ずしも目的達成に成功することを意味しない。一度達成された成果を維持することに成功することを意味しない。歴史は、帝国の創出の説明のみならず、没落の説明も含んでいる。権力の行使の説明のみならず権力の委譲の説明でもある。歴史を単に人々の隷属として読むのは、単純すぎる。フィリップ・フォスターは以下の言明でこの点を留意するよう強調している。

「学校が画一化の手段であるという主張は、陳腐である。……いかなる社会においてもすべての教育制度は、大まかにはこの機能を果たしている。……がしかし歴史的な観点から見れば、学校は画一化と抑圧の手段として失敗してきた」[24]。

　権力の性質についての考え方は、当然、変化がいかに起こるかについての理解に影響を与える。これが、われわれの三つ目の主な批判である。従属理論は、経済的、イデオロギー的な従属が継続する限り、政治的独立は単に名前を変えた植民地主義にすぎないと主張する。周辺国を支配する中心国の地域官僚として奉仕するエリートの役割には、本質的な変更はないと見なされる（アルトバック、マズルイ、イリザリーの論文がこれに当てはまる）。中心国に対して、より大きい支配力をもつ方向での改革の可能性は、きわめて小さいと見なされる。強力な反対の議論を展開しているマズルイは別として、周辺諸国による中心国の支配力への挑戦が成功をおさめている証拠が沢山あるにもかかわらず、こうした可能性はほとんどないとされる。ここに、従属アプローチの中心的問題がある。（教育を含む）文化形態は、明らかに従属理論が仮定するよりも、ずっと強力である。民族主義の弾力性と活力、方言と国（家）語、民族文化と歴史的伝統は、グローバルな地球文化の成長に関する予測を裏切り続けている。
　従属理論家は、国際資本主義をヘゲモニーを動かす力であると見ている。ヘゲモニーが、ソビエト〔旧ソ連〕権力よりもむしろ西洋の影響から生まれた

現象であると見なされるのは、おそらくこうした一般的に反資本主義的な方向付けの結果である。しかしながら、ソビエトの影響圏においても、経済力が自動的にヘゲモニーをもたらすわけではない。ポーランド、ハンガリー、ルーマニア、その他の国々に対するソビエトの巨大な権力にもかかわらず、これらの国々はソビエトの単なる文化的コピーとはなっていない。思想統制という微妙な過程は別であるが。

　従属理論とそれに関連した比喩は、われわれが論じてきたように、非常に複雑な現象を単純化しすぎているがゆえに、比較教育に対して限られた貢献しかなし得ない。なぜそうなるのであろうか。

　一つの理由は、この理論が他の領域から借用した理論であることだ。経済学の領域で説明力がある理論が、他の領域でもそうであるとは限らない（経済学の領域においてすら、従属理論は議論や批判がある）。マクリーンが見てとったように[25]、ある理論をある領域から別の領域に無考えに移すのは危険がともなう。彼は、三つの問題点を指摘している。「化石化（もとの分野で作り上げられた理論の改善に、新しい領域での理論がついてゆけない状態を意味する）の危険」、もとの領域と新しい領域との適合性の基本的欠如、借用したパラダイムによって示唆される探求方向に注意が不当に集中する結果、新しい領域における中心的問題が無視されてしまうこと、の三つである。

　単純化しすぎるという非難が寄せられるもう一つの理由は、従属理論家が記述した権力が意図的であるとする傾向から生まれてくる。読者は、地球規模で活動し悪事を行う悪い力が存在するという印象を与えられる。中心諸国の教育制度は、世界のヘゲモニーを維持しようとする複雑な陰謀を張り巡らし、周辺諸国の教育制度を通して騙そうとしているものとして描かれる。読者は、暗黙のうちに、悪なる力に対する善なる力に自分を同一視するようになる。こうした一般の関心を引く物語への異議は、制度（学校、大学、財団、教科書出版社、情報・コミュニケーション企業、政府の援助機関など）、つまり仮説上のヘゲモニー的権力の全装置は、それらの属性としての意図や目的をもつことはできない、というものである。人間だけが目的をもっている。目的と傾向を混同する習性と、傾向に対して道徳的判断を加える習性が相まって、教

育的変化と文化的変化についての単純な見方を促進するのである[26]。

われわれが単純化しすぎと考える三つ目の理由は、修辞学的トリックにある。修辞学的トリックの効果は、理論を批判から守ることである。従属理論の中心的な命題は、ヘゲモニーがしばしば多くの人々が気づくにはあまりにも微妙な仕方で行使されているというものである。慈愛のレトリックに隠れて侵入しその犠牲者を腐敗させるというわけである。従属理論を批判する者は、この批判が批判者自身に返ってくることに気がつく。批判者の批判がまさに、始動している悪魔的な力のさらなる証拠とされてしまうのである。彼らの批判が、彼らの思考こそが見事にコントロールされていることを示しているのだ、というわけである。こうした論理は循環論法であり、厚かましい論理であると言える。

単純化の傾向は、従属理論の歴史的な先達にも見られる。植民地主義という見解は古いものである。それは時代遅れのモデル、19世紀ヨーロッパの帝国主義のモデルに基づいている。帝国主義において、植民地は純粋に帝国の戦術と経済的利益に基づいて中心国によって運営された。帝国主義的権力は、物理的な服従に依拠し、教育あるいは思想統制のことはほとんど考えなかった。なぜなら植民地の人々は知恵遅れの子どもとほとんど同じと見なされたからである。現代の従属理論は、古典的モデルを中心国が教育を通して行う発達した統制メカニズムを指摘することにより更新したが、古典的モデルの中核はそのまま残されている。どちらかと言えば、搾取者と被搾取者という単純な二区分が用いられ、かつての帝国主義諸国と初期の植民地との間の関係に深遠な変化が世界で起ったことにほとんど気がついていない。こうした変化を無視することは時代錯誤的であり、もっと単純な世界から導き出されたモデルを現代へと、言い換えればより複雑な関係によって特徴づけられる時代へと延長することになる。

単純化の原因として最後に挙げられるのは、重要な用語を用いる際の注意力の欠如である。基本用語（中心－周辺、再生産、ヘゲモニー）は比喩であり、特定の説明パラダイムを構成する比喩的叙述である。たしかに、よく知られた現象に新鮮な観点を与えるのに役立つかもしれないが、その適用の限界に

ついての自覚がない。そのために、ブルデューとパスロンは大まじめに教育を「暴力」[27]として扱っている。また、「再生産」という言葉を彼らの社会－教育モデルにおいて使用している。その用語の借入先である生物学の領域では、忠実なコピーのみならず一世代から次の世代への突然変異の余地も認めていることに、彼らは気がつかなかったのである。

　理論により比較教育学研究を促進しようとする人々にとっては、従属アプローチは特に失望をさそった。従属アプローチは、あらゆる社会科学研究に共通の困った問題の多くを避けるにはほとんど役に立たない。例えば、自分の探しているものが目につき、それを見つけると探すのをやめてしまう傾向とか。時間と空間において関連のある二つの現象から強い因果関係を安易に仮定する傾向とか。それを支える証拠能力をはるかに超える理論的な観点に頑強にしがみつくとか。もちろん、従属理論だけがこうした問題をもつわけではないけれども、この理論にはイデオロギー的な色彩が強いので、よけいにこうした傾向を避けられない。

　比較教育研究における従属理論と再生産理論の使用に関する以上のような批判から、われわれは12の教訓を引き出すことができる。

民衆、陰謀、権力について
　教訓1　一般に、民衆が自分たちの生活を作り上げている主要な力を認識できないことを示す一片の証拠もないのに、従属理論は、人間の大多数は騙されやすいという疑わしい考えを助長する。
　教訓2　従属理論には失礼だが、物理的な植民地化も「心理的な」植民地化も必ずしも子どもにとって最善の教育に対する親の関心を消すことに成功しなかった。親は、子どもが成人したときの未来の世界の形態を考慮に入れるのである。
　教訓3　従属理論は、あまりにも容易に、「聖人と罪人」という世界の解釈に陥りがちである。これは修辞としては素晴らしいが、理解の促進には役立たない。
　教訓4　中心諸国の機関は、周辺諸国で中心諸国の利益になることを促進

しようとするが、しかし、これは中心諸国が自分の利益のために体系的に洞察力のある改造計画をしている証拠ではない。

教訓5 権力をもつ者と命令を受ける者との間の関係は決して単純ではない。従属国の人々は必ずしも受動的ではないし、武装解除されてしまっているわけでもない。権力は一方向にだけ流れるものではない。植民する側も植民される側も影響を与え合う。

教訓6 過去数十年間に開発途上国の多くの地域で「第一世界」の目的達成が完全に失敗した。完全な従属理論は、この失敗を十分説明できなければならないし中心国のヘゲモニーも記述できなければならない。

変革と近代化について

教訓7 文化的な独立を達成するのにいかなる外的な障害があろうとも、開発途上国は自国の運命を自分の手に握っている。入手可能な証拠によれば、外的諸力に文化的に従属しているという非難はすべて、あるいは今日では、そのほとんどが当てはまらない。

教訓8 社会的改善のための戦略、文化的独立を回復するための戦略、文化的影響に対抗して自己を主張する戦略が存在している。従属理論は、従属国家が従属国家と産業国家との関係を破壊する方法をもたないと主張する点で誤っている。

教訓9 従属理論は、あまりにも経済的な依存関係に依拠しすぎている。経済的な依存関係の透徹した分析と、教育的な欠陥の分析から、後者が前者の結果であると結論づけることはできない。従属概念は教育的欠陥を説明する上で重要な力とはならない。

教訓10 従属理論の著作の多くの主張とは反対に、近代化はきわめて望ましい目標であり、誹謗されたり、欲求不満や怒りから簡単に拒絶されたりすべきものではない。

方法論について

教訓11 従属理論は、研究における偏見を統制するのに役に立たないし、

理論モデルを改善するために事実と整合しない証拠を考慮する助けにもならない。

教訓12 中心－周辺概念は、古い用語を新しくしたにすぎず、意味ある説明力を追加していない。

結　論

　われわれが明らかにしたように、比較教育学研究への従属理論の貢献で、称賛すべき点はわずかしかないにもかかわらず、従属理論は多くの方面の学者たちの興味を広く引いている研究方法である。その魅力はどこから来るのだろうか。一言で言えば、われわれは何を求めていたのであろうか。

　まず第一に、従属理論は、二つの世界大戦、ジェノサイド、多くの普通の人々が改善の希望もないままに広範囲に脱植民地化が進むのを目撃し、大衆破壊兵器の増殖への危機意識を目撃した20世紀後半の失望と欲求不満、おそらくはまた冷笑主義を強力に表現したものである。教育に多くの投資がなされた。教育は、世界の病弊を治療する最上の薬として声高に称揚された。貧しさも、軍国主義も、憎しみも、政治的従属も、個人の失墜もすべて学校によって克服されるはずだった。ところがそうはならなかった。失望は理解できる。1950年頃に世界が直面していた問題の厳しさは時とともに消滅するどころか増大した。これは予想外のことであった。「失敗」の責任を社会制度に帰する誘惑が大きかった。これらの社会制度の中でもとりわけ高い希望を寄せられていた学校の失敗がもっとも悲惨であった。それだけに学校がもっとも強く断罪されることになった。

　同様の理由で、従属理論は、独立後も彼らの国の問題がなくならないという事実に欲求不満になり、しびれを切らしていた第三世界の知識人を引きつけた。従属理論はイデオロギーの落差を埋める役割を果たし、社会科学者に取り上げられてその正当性を獲得した。発展した国の知識人たちも途上国の同僚たちの欲求不満を共有し、周辺の悲惨さに資本主義が本源的継続的に果たしている役割に対し罪悪感を抱いた[28]。

　従属理論が典型的に示しているその命題の強力さと実際に成し遂げられた

研究成果の弱体さの対照はパラドックスと見なされるに違いない。こうした弱さを前にしてもなお従属理論に固執し続けるのは、おそらくは、社会科学の問題と言うよりは、信仰や価値の問題であろう。

比較教育にとってイデオロギーはおなじみのものである。比較教育とイデオロギーは切り離せないと論ずる学者もいる[29]。おそらくはそうであろう。そうであるならば、従属理論が研究者のイデオロギー上の必要に応えてくれる限り、従属理論は、論理的経験科学的弱点にもかかわらず比較研究の人気ある手法であり続けるであろう。

(松久玲子 訳)

註

(1) 「登れ、そうしないと落ちてしまう
　　勝利し支配せよ、そうしないと敗北し服従することになる
　　勝利せよ、そうしないと堪え忍ばなければならない
　　ハンマーとなれ、そうしないと金床にされてしまう。(ゲーテ 「ゆきて従え」)
　　ロシアの格言、逐語訳：誰が、誰を？ 意味：誰が、誰に命令を与えるのか？
　　(訳者注：本文の原文はゲーテのものはドイツ語、ロシア格言はロシア語、で示され、注は英語の訳ないし解説となっている。)

(2) この論文の要約は、"Dependency Theory in Comparative Education: the New Simplicitude" の題で、*Prospect* 15 (1985) No.2 に発表されている。

(3) Ingermar Fagerlind & Lawrence J. Saha, *Education and National Development: A Comparative Perspective* (Oxford: Pergamon, 1983) p.23.

(4) A.G. Frank, *Capitalism and Underdevelopment in Latin America* (New York: Monthly Review Press, 1967); Samir Amin, *Unequal Development* (New York: Monthly Review Press, 1974); and Charles K. Wilber (ed.), *The Political Economy of Development and Underdevelopment*, 3rd. ed. (New York: Randam House, 1984).

(5) Immanuel Wallerstein, *The Modern World-System: Capitalist Agriculture and the Origins of the European World-Economy in the Sixteenth Century* (New York: Academic Press, 1974).

(6) Samuel Bowles & Herbert Gintis, *Schooling in Capitalist America: Educational Reform and the Contradictions of Economic Life* (New York: Basic Books, 1976).

（7） Robert F. Arnove (ed.), *Philanthropy and Cultural Imperialism : The Foundations at Home and Abroad* (Boston : G.K. Hall, 1980); Martin Carnoy, *Education as Cultural Imperialism* (New York : David McKay, 1974); and Phillp G. Altbach & Gail P. Kelly (eds.). *Education and Colonialism* (New York : Longman Inc., 1978).
（8） この言葉は、*Teachers College Record* 79 (December, 1977) p.189-204 の Phllip G. Altbach, "Servitude of the Mind? Education, Dependency, and Neocolonialism" に使われている。
（9） Michael W. Apple, *Education and Power* (London : Routledge & Kegan Paul, 1982); Michael W. Apple, *Ideology and Curriculum* (London : Rouledge & Kegan Paul, 1979); Michael F.D. Young, *Knowledge and Control : New Direction for the Sociology of Education* (Lndon : Collier-Macmillan, 1971); Pierre Bourdieu & Jean-Claude Passeron, *Reproduction in Education. Society and Culture* (London : Sage Pubulishers, 1977).
(10) Carnoy. op.,cit.
(11) Paulo Freire, *Pedagogy of the Oppressed* (New Youk : Herder & Herder, 1972). Chapter 1.
(12) Bowles & Gintis, op.cit., pp.11-3. 36-44, et passim.
(13) Bourdieu & Passeron, op.cit.
(14) *EDC Occasional Papers*, No.6, "Contributions to the Workshop on 'Reproduction and Dependency in Education'", University of London Institute of Education, Department of Education in Developing Countries, May 1984.
特に、このテーマに関する一連の貴重な助言と分析については、Brian Holmes, John Lauglo, Paul Hurst の論文を見よ。
(15) Philip G. Altbach, "The University as Center and Periphery", in : *Teachers College Record* 82 (Summer, 1981), pp.601-22.
(16) Ali A. Mazrui, "The African University as a Multinational Corporation : Problems of Penetration and Dependency", in : *Harvard Educational Review* 45 (May, 1975), pp.191-210.
(17) Gail P. Kelly, Teachers and the Transmission of State Knowledge: A Case Study of Colonial Vietnam. in: Phllip G. Altbach, Gail P. Kelly & Robert F. Arnove (eds.), *Comparative Education* (New York: Macmillan, 1982), pp.176-94.
(18) John M. Barrington, "Cultural Adaptation and Maori Educational Policy : The African Connection", in : *Comparative Education Review* 20 (February,

1976), pp.1-10.
(19) Brian M. Bullivant, "Cultural Reproduction in Fiji: Who Controls Knowledge／Power?", in: *Comparative Education Review* 27 (June, 1983), pp.227-45.
(20) Edward H. Berman, "The Foundations' Role in American Foreign Policy: The Case of Africa, post 1945", in: Robert F. Arnove (ed.), op.cit.
(21) Rafael L. Irizarry, "Overeducation and Unemployment in the Third World: The Paradoxes of Dependent Industrialization", in: *Comparative Education Review* 24 (October, 1980), pp.338-52.
(22) Alan Sica & Harland Prechel, "National Political—Economic Dependency in the Global Economy and Educatlonal Development", in: *Comparative Education Review* 25 (October, 1981), pp.384-402.
(23) Remi Clignet, "Damned If You Do, Damned If You Don't: The Dilemmas of Colonizer-Colonized Relations", in: *Comparative Education Review* 15 (October, 1971), pp.296-312.
(24) Philip J. Foster, "Presidential Address: The Revolt Against the Schools", in: *Comparative Education Review* 15 (October, 1971), p.271.
(25) Martin McLean, "Educational Dependency: a Critique", in: *Compare* 13 (1983), pp.25-42.
(26) Anthony Giddens, *Central Problems in Social Theory: Action, Structure, and Contradiction in Social Analysis* (Berkeley & Los Angeles: University of California Press, 1979), p.7.
(27) Bourdieu & Passeron, op.cit., pp.11-3.
(28) P. T. Bauer, *Equality, the Third World, and Economic Delusion* (Cambridge, Mass.: Harvard University Press, 1981). 特に第4章参照。
(29) Erwin H. Epstein, "Presidential Address. Currents Left and Right: Ideology in Comparative Education", in: *Comparative Education Review* 27 (February, 1983), pp.3-29.

第3部　比較教育学理論の学問的位置

第7章　比較教育学における「知」

カルロス・オリベラ

　改めて言うまでもなく、現在、比較教育学の世界においては研究のあり方に危機感が抱かれはじめている。例えば、各国の専門家が集う学会においては「理論の危機」が一大問題として取り上げられている。また、世界各国の業績一覧を見てもわかるように、その研究の多くは、主題といい、問題の取り上げ方といい、実に多種多様であって一貫性がない。何よりこの危機は「比較教育理論の可能性と実際の研究結果、言い換えれば期待と現実とが一致していない」[1]との指摘に明確に表されている。

　これは単に方法論的な問題に還元されるものではない。1960年ごろから実証主義者がこの領域の研究に乗り出したり、あるいは数量的方法が持ち込まれるようになるにつれ、キャンデル以来、基本的には合意が得られ、主流となっていた研究の方法に混乱が生じたことは紛れもない事実である。最近ホームズはこのことについて以下のように述べている。「実証主義、実用主義、相対主義、そして新マルクス主義はそれぞれに異なるアプローチをもち、それは時に相反することさえある。したがって彼らはそれぞれに自分たちの立場こそが最高のものであるとの論争を継続してゆくであろう。さらに、社会歴史的アプローチとシステムアプローチがそれぞれに理論を強化して論争に加わる」[2]。

　方法論に関しては、当然のことながらいずれの見解にも、得意とする独自の方法がある。しかし問題の根は方法論のレベルにではなく、さらに深いところにある。いかに厳格といえども実証主義的な方法を用いた研究には限界があるという意見が出されてきているように、まさに比較教育学の「科学」としての可能性こそが危機に瀕していると考えられるからである。

このような問題に対してこれを克服しようとする試みがいくつかなされているが、その中でもっとも革新的な試みと思われるものが、ニクラス・ルーマンによる優れた分析の中に見られる。彼の分析は基本的にはシステム理論を社会学的研究に応用したものである。

彼はその卓見に基づき、十分に吟味を重ねた上で、現代社会における科学というサブシステムに独自のものである「科学的」思考という内的な構造と、教育システムも含めて科学以外のサブシステムにおいて形成される「反省理論」(reflection)のレベルとの違いを尖鋭に描き出している。その上でこの反省理論は、すでに今世紀の初めにデュルケームが定義した[3]「実践的理論」(théorie pratique)の水準を超えることはできない、と言うのである。

ユルゲン・シュリーバーは、このルーマンの提起したシェーマを、説得的に比較教育学の領域で発展させたが[4]、もしルーマンの命題をそのまま受け入れることになれば、少なくとも実際の教育世界の内部から「科学」としての比較教育学が生まれてくる可能性は一切消失してしまうことになるだろう。このルーマンのシェーマに見られるジレンマから脱出するにはどのようにすればよいか、筆者なりの見解については後に述べることにする。

とはいえ、筆者もシステム理論を社会科学に導入すること[5]については同様の考えをもっている。したがって、この理論を比較教育学の領域に応用してみた場合にどのようなことが言えるのか議論するためには、まずいくつかの基本的な概念にまで立ち戻らなければならないと考えている。しかし通例この基本的概念そのものが問題にされることはない。比較教育学を一つの学問として、つまり科学としての地位定立を志向するものとして論じる時、あろうことかたいていの場合には以下の重要な問題が自明視されてしまっているからである。すなわち、議論の対象となっている「教育」とは一体何であり、教育の「システム」とは何であるのか、そして何よりこの教育を対象とする「科学」とは何であるのか、といったことは周知のことであって、疑問を投げかける余地などないとされているのである。その結果、どのような方法を用いれば比較という手法が科学的なものとなり得るか、という方法論上の問題にのみ議論が集中してしまうことになる。

しかしこうした重要な問題を自明であると考えるのは間違っている。ことはその反対で、それは実に曖昧なのである。他の学問領域と知見の交換を行うのであっても、何より先に教育科学という概念が明確にされることがなければ、共通認識が曖昧なままに知的交流が行われることになる。それはさながら耳の不自由な人同士の対話のようなものである。この基本概念が明らかにされてはじめて、教育科学という科学システムの中で比較教育学が占めるべき位置、果たすべき役割がより明確に定義されることになる。

この基本概念を明らかにしてゆくことが本章の目的である。

1 教育と「教育」学(educology)

まずは数ある教育の概念の中で、この場に相応しいのはどのような概念なのか、ということについてできるだけ簡単に述べることにしよう。

第一に、「教育」は現代社会において機能しているサブシステムの一つとして理解される。これは18世紀あたりから血族関係や宗教に基づいていたそれまでのサブシステムから徐々に派生してきたものであるが、その変化は主に政治システムを確立しようとする動きに触発されて起こってきている。ブラジルの社会学者ミュラーの人間組織論によれば、現代社会には14のサブシステムを数えることができるが、教育はその一つである、とされる。なお、この人間組織論については別稿において説明をしたことがある[6]。

この視点に基づけば、教育は「実在する」「具体的な」システムというカテゴリーに属するものであり、抽象的・概念的なシステム[7]とは区別されることになる。システムの構成要素を考えれば、物理的な側面からも区別は可能となる。すなわち、独立した建物をもち、特定の利用者がおり、専門家が従事し、学習課程が明確に規定され、独自の法律や法規が制定されている、というように。何よりこういった教育システムの特徴こそが社会の他のサブシステムとの「差異」、つまり教育システムを他のシステムと明確に分かつ「境界」を示している。

第二に、教育とは、このシステムに見られる過程(というよりは諸過程の複合

体)を表す概念でもある。この過程はもちろん、主にこのサブシステムにおいて見られるものではあるが、そこに限定されるものではない。教育システムはこの過程を通じて他のサブシステムおよび社会全般から期待を寄せられている様々な役割を遂行するのである。教育学という特殊な学問は、「教育に関わる諸科学」として漠然と捉えられているが、実際にその知識の対象となっているものは、教育というサブシステムに独特の外的な特徴ではなく、まさにこの過程である場合の方が多い。システム理論に従えばシステムの関係構造は一般に三つに類型化されるが、その関係は教育の過程を対象として得られる知識によってこそ明らかにされる。ここに言う三つの関係とは、教育が、全体社会の中でどのような「機能」を果たしているか、他のサブシステムとの間にどのような「インプットとアウトプット」の交換関係を展開しているのか、さらに教育システムの中でどのような「内省」がなされているか、ということである[8]。

このように教育に関する知識、つまり様々な概念や理論、そしておそらくは「科学」そのものも、教育システムそのものを表すのではないということを理解しておかなければならない。しかし遺憾ながら、ここで用語表現というやっかいな問題に直面せざるを得なくなる。すなわち、教育に関する研究(教育学)というとき、その学問は研究対象である教育と同じ言葉を用いて表される(つまり研究対象と学問とが同じ名前で表される)のが習わしとなっている。これではまるで「生物」のことを「生物学」、「社会」のことを「社会学」と呼ぶようなものである。当然のことながら、比較「教育学」についても同じことが言える。ごく少数ではあるが、卓越した研究者[9]の中にも比較教育学を次のように定義している人がいる。

「比較教育とは、○○○についての比較的研究のことである」。

しかしここで「比較」という言葉を取り除いてみると、以下のような表現になる。

「教育とは、○○○についての研究のことである」。

これは明らかに意味のない表現である。教育とは活動であり、職業であり、組織であり、過程であり、あるいはその過程の結果である、というように多くの事柄を表すものであって、決して研究のみを表すものではないからである。

もちろん、誰も意識の上ではそのような混乱があるとは思っていない。しかし実際にこの言葉の使い方を見てみると、そこには混乱が生じていることがわかる。さらに悪いことに言葉というものは周知のように、無意識のうちに人々に影響を与えるという側面をもっている。このため、様々な研究領域の社会科学者がそれぞれに教育の世界に関心を向けているとはいえ、実際には「教育の研究」という意味で「教育」と表現することが多い。さらに社会科学はそれぞれが研究の対象とする世界の神秘を解く究極の鍵を握っていると自負する傾向があるために、この「教育の研究」は社会科学の中においては部分的な位置を占めるにすぎない。例えば、社会学においては一つの挿話として取り上げられる程度であり、心理学においてはそれは一つの過程として捉えられるにすぎない。同様に経済学においては一つのインプット要因として、政治学においては一つの手段として、社会心理学においては一つの現象として、歴史学において一つの断面として、また哲学の世界においては一つの主題として捉えられるにすぎない。

したがって社会学、経済学、政治学などの抽象的なモデルに基づいて教育研究を進めてゆくならば、それはまず第一に、教育研究が教育の改善のために腐心することを最初から放棄しているということを明言するものでしかない、ということになってしまう。と言うのは、このようなモデルにおいては、急激な変化によって社会、おそらくはその全体が変革されてこそ、その一部分である教育も改革されると考えられるからである。少なくともラテンアメリカにおいては、いわゆる「従属理論」がその典型的な事例となっている[10]。

用語の混乱によってもたらされる弊害はこのことにとどまらない。教育研

究の科学性そのものまでもが失われてしまうのである。というのは、そこでは教育は現実のままにトータルに捉えられるのではなく、どの研究領域においてもせいぜい一つの研究対象としてしか捉えられないからである。言い換えれば、どのモデルに従っても必ずそれぞれに何某かの科学的なモデルと整合するように、あらかじめ都合のよい解釈がなされてしまうのである。そのように教育が捉えられるのであれば、そこで研究の対象となっているのは、もはや教育の現実ではなく、理念でしかない。しかもそのような理念は、実際に誰にも教育をしたことのない人でなければ思いつくこともないようなものであるのが常である。反対にもう少し「学際的な」見解に立って、教育を（一つの学問領域ではなく）様々な学問領域に共通する現象であると捉える、つまりあらゆる社会科学を総動員して教育を研究の対象とすると、一過程として、あるいは社会のサブシステムの一つとして教育を明らかにしようとしても、せいぜい認識論的な方法が多数あるということになってしまうにすぎない。これは数年前にドゥボヴェが指摘したことである[11]。

このような弊害を容認するわけにはいかない。筆者自身の見解についてはすでに述べたが、それは常識の域を越えるものではない。つまり教育とはそれだけで一つの現実である。それは検証の可能な社会過程であり、社会において様々に分化したサブシステムの内部に見られるものである。しかしたとえ様々な学問から教育について知識を得ることが可能になるとしても、そこには他の学問では研究し尽くすことのできない「核心」となる部分が残されている。この「核心」部分はかなり明確なものである。例えば公的な教育システムの構造とか、カリキュラムの制定、あるいは教授方法というように教育に固有のものはいくつもある。これは、社会科学の他の分野では取り組まれていないし、今後も取り組まれることがないテーマである。また「他の領域の」学問が教育過程の解明のために援用されることがあっても、その学問本来のままに援用されるのではなく、修正されることが多いし、さらに「独自性」をもたなければならなくなる。例えば学習心理学といったとき、それは発達心理学とは同じものではないし、学校内部における社会的交換関係といったときも、それは学校外部に見られる一般的な社会関係とは異なる。何

より教育が全体として確実に社会に様々な影響を与えているという時でも、その要因が社会学的、経済学的、心理学的、あるいは政治学的なものであるというように分けて捉えることはできない。教育の過程は一つの特定のシステムの内部で展開されるものであり、この独自性こそが社会に様々な影響を与える原因となっている。

このように教育現象はそれだけで一つの「全体をなす」独特の性質をもったものであるから、これを研究対象とするためには当然のことながら特定の学問領域に依らなければならない。さらに混乱を避けるためには特別の呼称も必要となる。ここで再び用語法について例の幾度も繰り返されてきている議論をはじめるつもりはないので[12]、教育を研究する学問のことを「教育」学（Educology）と命名しようと提言するにとどめておく。言うまでもなく、Educologyとは教育に関する知識、概念、理論の総体であり、またそういった知識を生み出すことを目的とする学問のことでもある[13]。

2 教育に関する科学と知識

しかしながらこの包括的・統合的な用語の問題にとどまることなく、引き続いてさらに根源的な問題へと足を踏み入れてゆかなければならない。それは教育についての知識が社会科学および人間科学の諸学問領域の中に散在しているという問題である。たしかに「科学的」な教育研究は教育（あるいは「教育」学（educology））を除くあらゆる人間科学の見地から生み出されてきたものである。しかし教育に固有の事象はルーマンのカテゴリーを用いるならば自己言及的な「反省理論」レベルにおいてのみ——「教育学」（pedagogy）としての構造をもつものであるにせよ、それぞれに独立した様々な科学や諸学問から応用された実践レベルのものであるにせよ——捉えられるのである。なお、ここに言う諸科学には生物学、建築学や最新の技術工学も含まれている[14]。

となると「教育」学（educology）などというものは実際には存在せず、空想にすぎないということになるのであろうか。この表現をあえて用いようとし

ても、また新たに別の形の唯名論を繰り返すだけのことになってしまうのであろうか。あるいはまた実在しないもののためにいくら十分に検討して名前をあてがおうとしたところで、それは「教育の諸科学」という、意図的に曖昧な複数形を用いるような幾分折衷的な表現を用いている方が現実的であるということになってしまいはしないだろうか。

一瞥すればわかるように、現状から考えると、このような疑問に対しては首肯せざるを得ない。以下に典型的な例をいくつか出してみよう。教育に多大な成果を残したジャン・ピアジェは、晩年には「人間の諸科学」について総括的な論文をUNESCOに提出した[15]。しかしそこでは「教育の科学」という表現を一切避けている。またその20年前にはデュヴェルジェが社会科学の今後のあり方を示す論文を著したが[16]、そこでもピアジェと同様に教育について一切ふれてはいない。他方、ドベスとミアラレは8巻からなる記念論文集『教育科学概論』(*Traité des Sciences pédagogiques*) の中に、教育に関する様々な視点からの研究論文を多数盛り込んでいる。そこでは「教育学」は様々な社会学や経済学のアプローチを交互に用いながら展開されており、その基盤となる視点は認識論上の説明こそなされていないものの実に多岐にわたっている。しかしながら教育システムに固有の諸問題、例えば一連の教師―生徒関係といった問題は言うに及ばず、教育政策、構造、カリキュラム開発、視学・教育監査等のさらに突き進めた問題もそこではまったく扱われていない[17]。

スペイン語圏ではかねてから教育問題についての議論が盛んに行われてきているが、状況は同じである。ここでは二、三の例にとどめておくが、それは例えばホスが1960年に著した『体系的教育学の基本原理』(*Principios de pedagogía sistemática*)[18]に見ることができる。この書は広く世に影響を及ぼしたものであるが、その中で彼は「教育科学」(sciences of education)（といっても彼にとっては教育学（pedagogy）とまったくの同義語として扱われているのであるが）を「分析と綜合という二つの理論化の方法」に従って分類している。そのため教育現象をありのままに捉える諸学問と教育哲学・教育史学・教育社会学といった応用学問との差異は無視され、教育科学は「一般教育学」を寄

せ集めたものとして捉えられている。その25年後にはブラル[19]も教育科学の類型化を試みているが、それは一元的な視点に基づいたものである。彼によれば教育科学は一つの「連続体」(continuum)をなしており、そこには18の学問が数えられることになる。その最上部には「綜合的学問」（教育哲学）が、中間には様々な「分析的学問」（比較教育学はもちろんのこと、教育心理学・教育社会学など）が位置し、最下部には現場に応用される「実践学問（学校組織論・教育指導論）など」が位置するというのである。

　この問題は角度を変えて教員養成機関における教科課程という視点から見るとよくわかる。今日、ラテンアメリカにおいては教員養成機関と言えば大学を指すようになってきているが、その少し前、主に「師範学校」(Normal Schools)において教員養成が行われていた頃には、教員養成のためのカリキュラムは「教育学」(pedagogy)と「方法論」を中心に、科学的な学問レベルとしては主に二つの学問分野（哲学・心理学）が用意されており、その他に学校組織論や教育法規といった教育システムのフォーマルな諸側面についての科目がいくつか設けられていた。しかし最近になって教員養成が大学レベルに引き上げられるとともに、社会学・経済学・教育心理学におけるピアジェ学派・社会心理学あるいは「グループダイナミクス」・教育経営論などが加えられ、「科学的」な教科課程は増設されてきている。とはいってもそのような課程をほとんど履修しなくとも卒業できることもある[20]。たしかに昔ながらの「一般教育学」は「科学的」ではないという理由でほとんど姿を消したが、しかしそれに代わって教育現象そのものを対象とするような科目は今のところ何ひとつ見当たらない。

　教員養成機関における理論と実践に関するこの分析は部分的にすぎないものであるが、しかしここには現状がよく表されており、したがってここから二つの補完的な結論を導き出すことができる。まず社会科学者は教育をそれだけで一つの独立した学問を成り立たせるに足る固有のテーマであるとは考えていないということである。これには多くの理由が考えられるが、ここではその分析はしない[21]。他方「教育学者」(pedagogists)は、教育の独自性は人間および社会の過程にあり、これを明らかにするのが教育学であると捉え、

他の学問が明らかにしうる知識は教育にとって付加的あるいは周縁的なものであるから、それは教育の研究を離れては存在し得ないと考えているということである。したがってここに二つの方向が生じることになる。つまり一つは「教育学」を科学を超越した包括的な学問の一形態として捉え、そこには他のあらゆる学問（哲学さえも）が含まれると考える方向である。もう一つは教育を中心課題とした特定の学問領域を構築しようとする試みをまったく放棄し、教育学そのものさえも認めようとしない方向である。

このような立場は互いに大きく異なるものであるが、いずれにせよ二つの点で基本的な誤りをおかしている。「教育科学」（というよりはむしろ「教育」学、educology）が焦眉とすべきはその教育に独特の過程である。にもかかわらず「教育の現実全体こそを学問の出発点として捉えるのではなく、他の学問とは分析方法が異なることをその出発点としていること」、これが誤りの第一点である。第二点は「社会科学は個々に独立した学問であることを自明視していること」にある。そのため「学問間の相対化」（relativization）が認められなくなっている。しかし社会学を例にとってみるならば、事実はその反対であることがわかる。たしかに社会学はその独自の領域（社会全般）において「他の追随を許さぬ」ものであるが、しかし教育に固有の過程の研究にあたり、一つの方法論としてこれを応用することは可能であるし、また社会に関する教育効果の研究においても他の学問とは明らかに異なった独自性を発揮するものである。

したがってこの議論の出発点となっていた問題に対しては、「教育」学（educology）は決して空想的な学問ではないという回答を与えなければならない。教育の環境・インプット・内的要因・アウトプットといったものは実際には数多くの具体的な諸要因・諸関係によって構成されるが、教育の過程はこれらの構造を産み出す中心的なものとして捉えられる。したがって教育を一つの全体として見る時、この教育についての研究や知識をあまねく再構成しようとするならば、これに見合った「教育」学（educology）の概念が必要となる。この「教育」学によってのみ教育に関する多数の知識群を適所に配置することが可能となる。その場合、知識が厳密な意味で「科学」として分

類されるものであるか、自己言及的な「反省理論」レベルのものであるか、経験から導き出された一連の実践的な法則であるかは問われない。

　というのもここでホスによる教育学の定義(22)を想起するならば、教育に関する正当な知識は「教育に関して〔科学によって〕論証された一連の体系的な真実」よりも膨大なものだと言えるからである。ルーマンは科学的知識と「実践的理論」とを構造面において区別している。つまり科学的知識は社会の中に科学というサブシステムがあってはじめて産み出されるものであり、他方、実践的理論は科学以外のサブシステムにおける自己言及的な内省から産まれるものである。このような構造の図式は、高度に抽象的なレベルにおいてはたしかに正しいものであろう。しかしこの図式を「教育科学」へ応用する場合には修正が必要となる。修正なしには「教育科学」は存在し得ない。およそ科学の分化や学問としての地位の確立というものは（ルーマンの言う意味においての）内省レベルからはじまる。これは何より社会科学の場合にはより確実なことである。では一体この二種類の知識の間に存在する隔壁はいかにしたら克服できるのであろうか。この問題についてはデュボヴェの見解(23)が一つの指針を示してくれる。

　彼の見解は以下の通りである。つまりいかなる学問といえども、その「独自性」はその学問に固有のテーマや方法論にのみ負うのではなく、その学問研究を生業とする専門家集団に負うところが大きい。もちろん、この集団の中には自らの学問はどこまでを守備範囲とするのか、あるいはどのような認識論的アプローチが正しいのかといった根本的な問題に関して見解の相違が生じることもある。しかしそのような時でさえ、輝かしい学問の世界において地位を確立するために、また社会からの評価を得るために、そして言うまでもなく研究資金を獲得するために、一団となって邁進するのがこの研究者集団なのである。

　この点に関して以下のことを注記しておきたい。研究者集団を構成する個々の研究者の帰属集団がその研究者集団だけであるとは限らないし、科学というサブシステムだけであるとも限らない。例を挙げれば、経済学の研究者は、常時とは言わないまでも、実際の経済サブシステムの中で例えばビジ

ネスマンやコンサルタント、大蔵大臣のような実践家となり得るし、またそうなろうとするものである。あるいはまた実践心理学者は自らの経験を活かして、これを純粋に科学的な研究や理論化のための基盤とすることもできる。このように厳密な意味での科学的思考と自己言及的な「内省」との間に介在する障壁は、具体的な実生活の中で研究を行い実践する者によって実は絶えず乗り越えられている。教育の世界においてもことは同じである。遺憾ながら実例は限られてしまうが、一教師や校長が教育研究を行ったり、大学の研究者が教師職に就いたり、あるいは文部省の役人となることが妨げられる理由は何ひとつとしてない。実際にそのようなことがあれば専門家の実践は科学的な見解によって豊かなものになり、科学的理論の構築は経験を指針とすることができるようになるであろう。しかしその意義はこのことに尽きるものではない。何より重要なのは、実際の社会の中で「科学が教育というサブシステムの内部からこそ構築され得る」ということなのである。

3 教育に関する知識の構造

さて「教育」学（educology）という包括的な概念の意義を踏まえた上で次に検討しなければならないのは、教育に関する知識が十分な意味をもつようにこれを再構築するためには、この概念をどのように駆使すればよいかという問題である。すでに述べたように、知識の構造は、できる限りその知識の対象である「教育の過程を支える教育システム」の構造に見合ったものとなっていなくてはならない。

私の知る範囲で、ここで想起されるのはガリド[24]の試みだけである。彼はまさにその必要を痛感したからこそ、比較教育学とその他の教育に関する諸学問との関係を捉えようとした。そこでは単に数多くの学問領域が列挙されるだけというようなことはない。学問として認められているのは16の領域であり、これはさらにそれぞれの学問の研究課題とされる「教育の過程」を中心に五つのグループに分類される。この「過程」は彼の図式の中心を占めるものであるが、それは三つの要素からなる一種の集合体として捉えられる。

三つの要素とは環境・教育者・被教育者のことであり、これらの相互作用を通して教育過程が形成される、とするのである。

　しかしながら学問領域を五つのグループに分類する際に、残念なことに彼は学問をその「方法」によって分類するという、実は乗り越えなければならなかった元の状態に立ち戻ってしまっている。ある学問が分析的方法・総合的方法・分析=総合的方法のいずれを用いるかは、その学問にとって任意であるにもかかわらず、どの学問にも特定の「方法」が予想される、としている。ところで第一のグループはさらに三つのサブグループに細分されるが、まず最初の二つとして「人類学的科学」と「目的論的科学」という分類がなされていることが興味深い。前者には「教育を対象とする」生物学・心理学・社会学および人類学が該当し、後者には同じく哲学・神学が該当する。しかしここでの議論にもっともふさわしいのは第三番目のグループである。彼はこのグループに「方法論的科学」という幾分正確さを欠く名前を与えているが、ここにはスクールガイダンスや教授法、学校組織論のように、かねてから教育に関する知識には「なじまない」とされてきたいくつかの領域が分類される。しかし、まったく異なる範疇に属する学問（教育の政治学・経済学）もこの同じ名前のグループに分類されている。

　残る二つのグループは「総合的科学」として分類される一般教育学および特殊教育学と、「分析=総合的科学」として分類される教育史学と比較教育学である。言うまでもなく、このように教育に関する諸科学を多元的な方法で分類しようとするのは、ある意味でシステムアプローチと既成の学問系統に基づいた昔ながらの分類基準とを折衷しようとする試みである。この議論を出発点まで戻って考えるならば、そのような分類に見られる主な欠点は、教育に関する知識はことごとく「科学」として捉えるべきだとする姿勢にあることがわかる。しかしすでに見てきたように、現在求められているのは「教育」学（educology）といった総括的な概念なのであり、この総括的な概念の中でこそ、様々なレベルの思考・知識の統合が可能になるのである。

4 システムに基づいた分類に向けて

ここまで述べてきたことをすべて考慮に入れれば、教育に関する科学的な知識の分類をとどこおりなく行うためには、ある条件が満たされなくてはならないことがわかる。その中でも特に重要であると思われるものを以下に示す。

- 知識の分類は知識がその対象とするものを中心に体系化されなければならないのであって、諸科学にそれぞれ固有であるとおぼしき「方法」によるのであってはならない。言い換えるならば、教育の過程そのものが出発点として捉えられなければならないということである。
- この過程は具体的なものであり観察可能なものであるから、たとえその過程を観察や研究の対象にすると主張する科学であっても、それが抽象的（理念的）な科学であるならば、そこには明確に一線を画しておかなければならない。
- 教育の過程は社会全体や他のサブシステムに比べ自律性をもっていることは銘記しておかなければならない。たしかに教育の過程は環境およびインプットの源泉という点では社会や他のサブシステムに依存しているが、独自のアウトプットを産出するという点で固有のダイナミクスをもつものなのである。
- このように教育の過程の様々な「契機」（もちろんシステムにとっての契機）、つまりインプット・スループット (transaction)・アウトプットに関しては、他の人文科学や社会科学にはまた独自の役割があると考える必要がある。
- これらの学問が特に教育過程の内的な機能（つまり「変容」段階）を研究の対象とするときには、これらの学問ともっぱら教育のみを研究対象とする学問分野とのつながりを明らかにしておく必要がある。なぜならこの両者の学問はともに「教育」学 (educology)、つまり教育に関する包括的な学問を形成するものだからである。

第7章　比較教育学における「知」　211

- これら他の諸科学が社会に対する教育効果を研究の対象とする際には、その研究は直接に「教育」学（educology）に関わったものではなく、当該学問の独自性にのみ関わったものとなるけれども、これら他の諸科学への言及を省略してはならない。

　この諸条件が満たされれば、教育科学の分類図は、秩序よく分類された学問系統目録にはならない。むしろ動的な相互関係をもったネットワークのようになるであろう。このことについては後に詳しく説明する。
　さてこの関係を線によって図示したのが図1である。そこではこれらの諸条件は基本的にはこのモデルによって満たされるものと考えられる。このモデルの特徴は、科学的な洞察力を必要とする現実のレベルとこれを研究の課題とする学問のレベルとを明確に区別したことにある。前者の研究対象としての客観的事実、つまり教育の過程は、環境・インプット・スループット・アウトプット（環境への影響をともなう）といった一般的な「システム」モデルに従って描かれている。他方、これに対応する「諸科学」は、それぞれ何を分析の対象とするかという側面から分類されている。
　この分類はポパーの三つの「世界」の理論を参照すれば理解できる。（しかしこの「世界」という用語には、例えば「第三世界」を想起させるような曖昧な部分があるので、筆者としては「領域」（spheres）という表現を用いたい。）図1の上部・下部二つのレベルはポパーの言う「第一の世界」と「第三の世界」、つまり外面的な現実の領域と、この現実を対象とする「客観的な知識」の領域とに該当するものである。しかしこの二つの領域は第二の領域、人間の精神活動という内面的な領域を介さずして相互に交流できるものではない。この場合、第二の領域とは科学者や専門家の集団のことである。彼らは第一の領域において観察される教育の事実を研究し、この事実に基づいた理念や理論を第三の領域において客観的な知識として蓄積していくからである。
　この相互に結びついた三つの世界のモデルに従えば、ルーマンのジレンマを克服することができると思われる。つまりルーマンの概念によれば、個々のシステムに見られる自己言及的な「反省理論」は、あたかもそのシステム

自体の中で独自に生起するもののように考えられている。ここでは言わばその内省という行為自体がそれだけで実体をもったものとされるのである。ところがそれは実際にはそのシステムの構成員の思考の中で展開されるものであり、その思考のあり方に左右される過程にほかならない。この思考は具体的な個々人の所産であるが、「科学」システムにおいても、この精神活動が同様に展開されるということを看過してはならないのである。これこそがポパーのいう第三の領域の言わば本質である。

　図1を見るときにはこの点に留意してもらいたい。もっともこの第三の領域は図示されてはいない。というのも諸学問とその研究対象との関連を図示することがここでの目的だからである。しかしこのようにモデル化しておけば、その特徴は、図示されていないものでも容易に説明できるようになる。また特徴は大概はきわめて単純なものなのである。

　図の上の部分では従来の視点に基づき、教育システムをオープンなものとして捉え、その中心に教育の過程を位置づけている。まずはじめに社会の教育システム以外の部分と他のサブシステムから教育システムに対し、「諸要求」が呈示され、「インプット」が投入され、また諸々の条件が「制約」される。次に教育過程を通して独自の「変容」が起こる。これは様々な「手段」を用いて「目標」の達成を目指す「行為者」を介しての作用である。ここに影響を及ぼすものは外部的・社会的な諸要因だけではない。この過程に関与する種々の構成要因間の相互作用もまた影響を与えるのである。こういった複雑なダイナミクスを通じて、意図的なものであれ、無意図的なものであれ、何らかの結果が生じる。この結果が今度は社会全体や個々のサブシステムに影響を与えることになる。

　このように教育の過程ならびにサブシステムを構成するすべての要素が、これに先行する諸条件およびその後にもたらされる諸々の結果とともに、科学的あるいは準科学的な知識の対象となり得る。ピアジェの表現を借りるならば、もちろん、ここではそれが法則定立的なものであろうと、「実用的」科学であろうと、それは問われない。それゆえこの過程の主たる三つの「契機」に対応して分類された三つの箇所に、それぞれ人間科学がおかれている

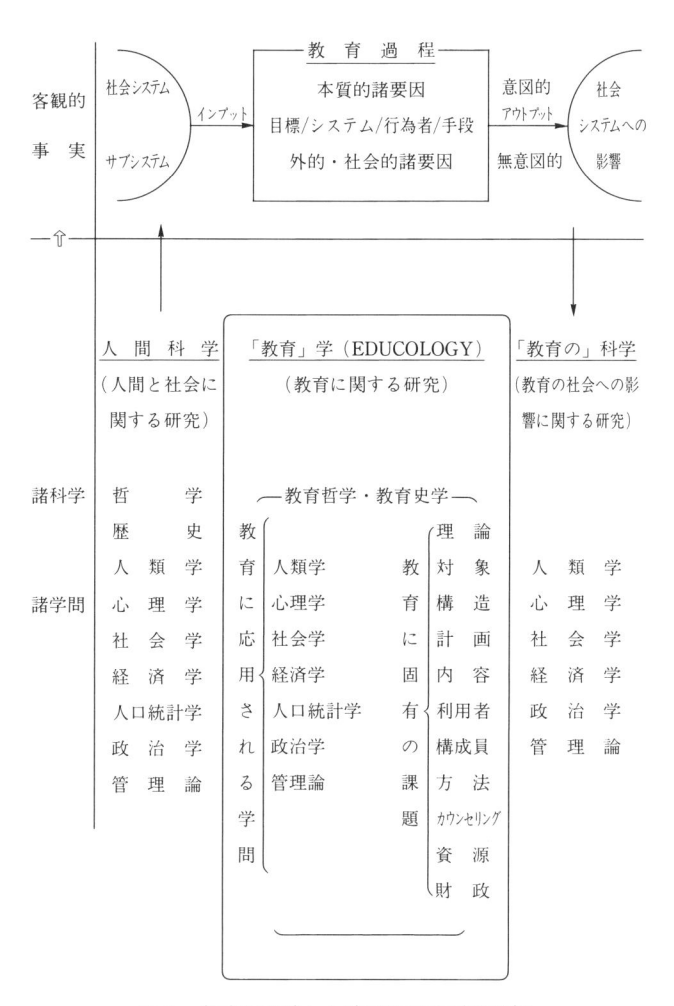

```
                                ┌─ 教 育 過 程 ─┐
         客観的   ╱社会システム╲   │  本質的諸要因  │  意図的   ╱  社 会  ╲
                 │           │インプット│目標/システム/行為者/手段│アウトプット│システムへの│
         事 実   ╲サブシステム╱   │  外的・社会的諸要因  │  無意図的 ╲  影 響  ╱
                                └──────────┘
    ─↑──────────────────────────────────────────
                                                                        ↓
              人 間 科 学      「教育」学（EDUCOLOGY）   「教育の」科学
             （人間と社会に     （教育に関する研究）      （教育の社会への影
              関する研究）                              響に関する研究）

    諸科学   哲    学      ┌─教育哲学・教育史学─┐
             歴    史    教  ┌理   論
             人  類  学  育  │人類学  教  対  象   人  類  学
    諸学問   心  理  学  に  │心理学  育  構  造   心  理  学
             社  会  学  応  │社会学  に  計  画   社  会  学
             経  済  学  用  │経済学  固  内  容   経  済  学
             人口統計学  さ  │人口統計学 有  利用者   政  治  学
             政  治  学  れ  │政治学  の  構成員   管  理  論
             管  理  論  る  │管理論  課  方  法
                         学  │      題  カウンセリング
                         問  │         資   源
                             └         財   政
```

図1　教育に関連した諸学問の体系的分類

のである。このようにこれらの諸科学が社会全体を研究の対象としながら形成してゆく知見（図の左下の部分）はすべて教育の分析に援用することができる。このようにして、これら諸学問は教育科学に「応用」される。つまり「教育」学（educology）の道具として用いることが可能となる（図下の中央左）。

　この中で「教育」学は「根幹」をなす学問であるが、これらの応用科学は少なくとも次の二点において有効である。その第一は実践的な目的に役立つ

ということである。例えば、哲学と論理学は目標の選定と対象の定式化に、心理学はカウンセリングに、人口統計学は量的整備計画に、援用される。しかしながら、ここで特筆すべきことは「教育」学がこの諸学問を科学的および理論的研究にも援用できるということである。例えば、社会学は教育の対象となる集団の研究に、人類学は教授方法に対する文化的背景の違いの研究に、歴史学は一見不合理に思われる状況の本質を理解するために、それぞれ援用される。このようにして得られた知識こそが、哲学的「教育」学、歴史学的「教育」学、社会学的「教育」学など、「教育」学の一連の特定部門を形成するものとなる。

第二に、この諸科学を教育の過程とその社会への影響の研究に援用すれば、人間科学はその学問自体の内容が豊かになるだけではなく、「教育の」科学とでも言うべき専門的な学問領域を派生させることにもなる（図の下右）。とはいえ、その専門分野はもはや「教育」学の範疇に分類されるものではなく、個々の親学問の中で重要な部分を構成するものとして捉えられるものとなる。

教育に固有の諸要因についての科学的研究（図下の中央右）は今までのところ適切な名称を与えられていない。ただ一つ言えるのは、それが決して従来の「教育学」(pedagogy) の枠内で捉えられるものではないということだけである。このアプローチはきわめて新しいものであり、教育システム内部に端を発するこれらの諸問題についての理論的研究もこれまで見る限りではほとんど行われてきていない。この教育システムに独自の諸問題のうち、どれが科学研究の対象となり得るもので、どれが単に「実践的」研究の課題にしかすぎないものであるのか、といったことはまったく定かではない。しかし今ここでいわば「教育」学の「規範論」について言及されているように、「教育」学 (educology) の「目的論」「構造論」「組織論」とでも言うべき特定の知識体系がやがて構築されることに間違いはない。

もちろん、このような分類はまだ試行の段階で、完全なものとはなっていない。例えばまさに教育に関する問題でありながら、図示されていないものが数多くある。「家庭教育」しかり、「スポーツを通しての教育」しかり、その名を挙げることはたやすい。しかしこういった問題をどこに位置づけるの

が適切であるかはなかなか難しい。さらに重要な問題は、それぞれの学問領域が教育過程のどの契機、どの段階を対象とするのに適切であるのかが明確にされていないことである。というのも、この教育過程そのものに対する研究が十分になされてきていないからである。

このように不十分な点があるとはいえ、ここで試みた分類は、特にその裾野が幅広いという点で（幅広く、様々な問題を網羅しているという点で）、これまでの分類に比べて貴重な一歩を踏み出したものであると言える。またこの分類はその枠組みが柔軟であるがゆえに、研究や反省を通じて理論が進展した時に、それが次々に受け入れられてゆくという点でも一歩先んじている。さらにこれは教育に関する既存の知識の脆弱な点や「盲点」を明らかにしていくものであるから、今後研究を進めてゆく上でも、また理論的思考を行ってゆく上でも、指針となり刺激となるものである。

しかしながら「比較教育学」は、この図の中に位置づけられていない。以下にその理由を述べてゆきたい。

5　比較教育学の特殊性

この問いに対する答えを残された紙幅の中で検討してゆくことになるが、基本的には以下のように答えることができる。すなわち、比較教育学は「教育」学の単なる一部門なのではない。つまり上に述べた「教育」学のいくつかの特定領域の同じ一つの範疇に位置づけられるものではない。「比較」の視点は新たな次元を与えるものであり、それは高度に抽象化されたものである。ここには相互に関係をもちながらも区別されるべき二つの問題が内包されている。一つは一学問としての比較教育学の科学的レベル、あるいは範疇に関する問題であり、他の一つは教育に関する諸科学、つまり「教育」学 (educology) の学問体系におけるその役割と位置に関する問題である。

この第一点については、比較教育学も「科学」としての確固たる地位を目指しているという点で、基本的には他の「教育」学と同様の可能性と限界を共有していると言える。しかし比較教育学の場合には、これに加えて真理を

探究する方法として特に比較という手法を駆使する点が学問としての特色となっている。

　そればかりか、比較教育学における比較手法は、日常生活レベルの思考に登場する比較に比べてはるかに高度なものであり、また他の科学において用いられる比較の方法に比べても高度なものである[25]。日常的、あるいは「通俗的」なレベルにおいても、共通点・相違点を見つけるために絶えず比較の手法が用いられ、さらにこの比較によって諸概念やカテゴリーの形式化や修正が行われるが、それはあくまで記述的なものにとどまる。これに対し、科学的なレベルにおける知識というものは、同じ比較の手法によりながらも、記述の段階よりさらに進んだ結論の段階を表すものである。ここでの比較は主に「第三中間点」(tertium comparationis)、すなわち、抽象的（理論的）な準拠基準を構築し、依拠すべき形式的「モデル」（ウェーバー流に言えば「理念型」）、および多岐にわたる複雑な理論を体系化することによってなされる。このような科学的思考における「複合概念」は諸事実の比較というよりは諸関係およびその関係類型の比較に基づいている。しかし一般的な科学にとっては、比較の手法は数多くの方法の一つにすぎず、したがってこの手法を用いても必ずしもその科学が「比較」科学であるということにはならない。

　比較科学の名にふさわしいものになるためには、さらに進んで一段高い抽象的なレベルへと踏み出すことが必要である。物理学の場合、またことに生物学の場合、研究の対象となっている諸現象は、世界中至るところで同じであるということが基本となっている。したがって遺伝法則の発見や電子回路に関する理論の定式化にあたって、国による違いを研究する必要はない。それゆえ「比較物理学」というような科学は存在しない。これに対し、いわゆる社会・文化的なメカニズムは、その物的な環境や歴史、その他個々の国に固有の数多くの制約要因と緊密な関係をもっている。したがって、このメカニズムの中で、本質的に「人間」が作用している側面が何であるかを抽出しようとする際には、一つの国家、一つの文化の事例から一般的法則を定式化することはできない。つまり比較が必要となるのである。

　教育の領域においては、この比較の必要性は、なお一層大きい。教育は「社

会・文化的」なシステムであると同時に、「複合的」なシステムでもあるからである。たしかに比較の視点をもたなくとも、個々の事例についての知見を豊富に収集することはできる。しかしそこには科学は存在しない。科学の意味は一般的法則を追求するということにこそ求められるものだからである。「教育」学 (educology) の本質は「比較」にある、と幾分まことしやかに語られてきたことの理由はここにある[26]。

　しかし認識論的な立場から比較「教育」学 (comparative educology) を明確に定義することは可能である。これまで見てきたように、「教育」学とは教育研究に応用される諸科学と教育に固有の問題を研究する諸学問とを結びつけたものである。したがって、そこでは教育に関する諸事実(状況・過程・問題点) は「個々の社会集団」[27]のレベルにおいても、あるいは社会的機能としての教育という抽象的・理念的「モデル」のレベルにおいても研究（つまり記述・分析・理論的説明）の対象となる。「教育」学はこのような研究を通して様々な状況下における諸要因間の関係を明らかにするものであり、またこの諸関係の「類型化」を行うものなのである。

　比較「教育」学の出発点はここにある。つまりあらかじめ複数の社会集団に関する研究の中で発見され、（個々の国において）類型化された諸関係が（複数の国家間において）どのように関係づけられるかということこそが比較教育学に固有の研究対象となる[28]。比較教育学は基本的には「同じ」と見なされる現象が（国によって）どのように「異なる」かを研究分析するという、一段高いレベルの役割を担うものなのである。ここに言う「差異」とは、一つの社会における様々なサブシステム間の、あるいは教育システム内部の諸構成要因間の複雑な諸関係に見られる「差異」のことではない。それは教育システムを中心に個々の社会集団を見た時に発見される諸パターンを複数の国家について研究していく時に明らかにされるものであり、そこにおいてのみ、「法則」を発見することが目指される。

　もちろん、このより高度な科学的抽象化の段階にすぐに到達することはできない。というのもこの段階で対象となる題材はすでにかなり精緻な諸方法によって得られた研究結果であり、抽象的な諸関係はこの大量の一次的な情

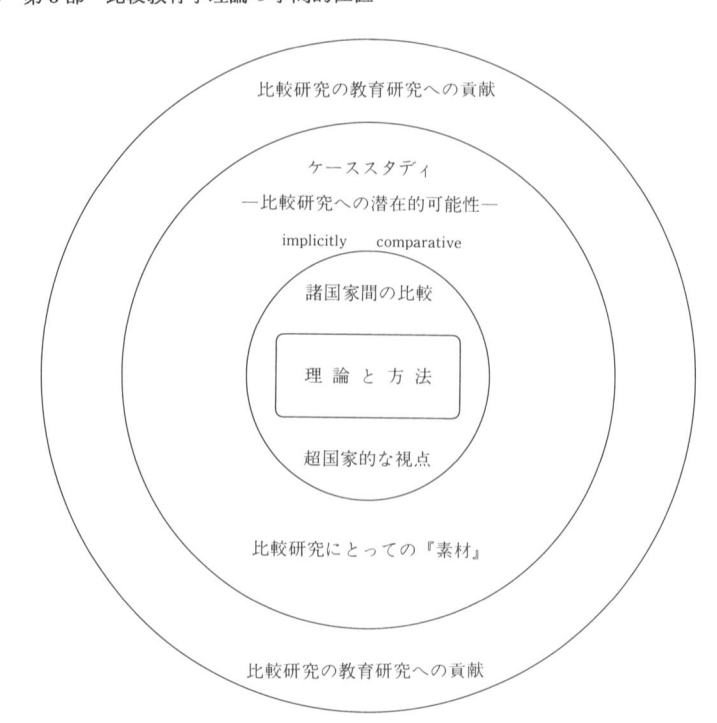

218 第3部 比較教育学理論の学問的位置

```
比較研究の教育研究への貢献
  ケーススタディ
  ―比較研究への潜在的可能性―
    implicitly   comparative
     諸国家間の比較
       理 論 と 方 法
      超国家的な視点
    比較研究にとっての『素材』
  比較研究の教育研究への貢献
```

図2　比較教育学研究の範囲

報から導き出されなければならないからである。この点が、かつてロセロが表明した不満[29]、すなわち、比較教育学の名の下になされた研究も実際には何も比較していないものが多いという指摘が依然として正しいとされる所以なのである。筆者は別の論文[30]で比較教育学が対象とする、あるいは比較教育学が関与し得る研究課題の諸相を複数の円によって図示した（図2参照）。まず、核となる中心部分に理論と方法論を据え、そのすぐ外側の円には厳格な意味での比較研究を位置づけた。これはさらにその外側にある「ケーススタディ」の円を通して、他の研究に役立つという関係になっている。今日行われている研究のほとんどはこの「ケーススタディ」の部分に相当するものである。しかしこのような分類をあまり厳格に定義しようとしても意味はない。というのも比較教育学を徐々に構築してゆく際に真に必要なものは正しい知識の積み重ねであって、それが、厳格な意味においての「科学的」な比較方法

によって得られたものであるか、それ以外の方法によるものであるかは、この知識の価値ほどには問題とならないからである(31)。

ともあれ、比較教育学を図1の中に示さなかった理由はここにある。比較教育学は教育の諸側面や諸問題を対象とする諸学問の中に位置づけることはできない。その理由は、厳密に言えば、比較教育学がそのような具体的な諸要因を研究の対象とはしていないことにある。この学問の真の課題は、複数の具体的な教育形態の中にすでに見いだされた諸関係を抽象的なレベルにおいて類型化することである。また科学としての地位の定立を指向する一学問として比較教育学が真に目的とするのは、このような類型間に新たにより高度に抽象的な関係を見いだし、これを説明することである。先に「ケーススタディ」は比較教育学一般に含まれるとしたが、正しくはその研究意図だけが比較教育学の名にふさわしい。何となれば、ケーススタディというものは「教育」学の範疇に分類される様々な学問を利用した「教育」学的な研究にすぎないのであって、それ以上でもそれ以下でもないからである。

「比較教育学」こそが、それぞれに完結した自律的な諸パターンを相互に比較し得るということは注目に値する。これらの諸パターンはそれぞれの社会に固有のものであって、どちらか一方が他方に従属するというものではないからである(32)。反対に他の諸科学が教育の研究にあたって比較の手法を用いる場合には、そこに比較される諸パターンは自律的なものでもなく、完結したものでもない。というのも他の科学においては、このパターンは他の社会的パターンに依存したものとして捉えられるからである。

6 比較「教育」学の位置

このように考えれば、先に指摘した第二の点、すなわち、「教育」学（educology）の学問体系における比較教育学の位置と役割を明らかにすることは困難なことではない（図3参照）。図では諸学問（群）間の相互の動的関係のモデルを太線（⇨）で表した。これはポパーの言う第三領域、つまり「客観的知

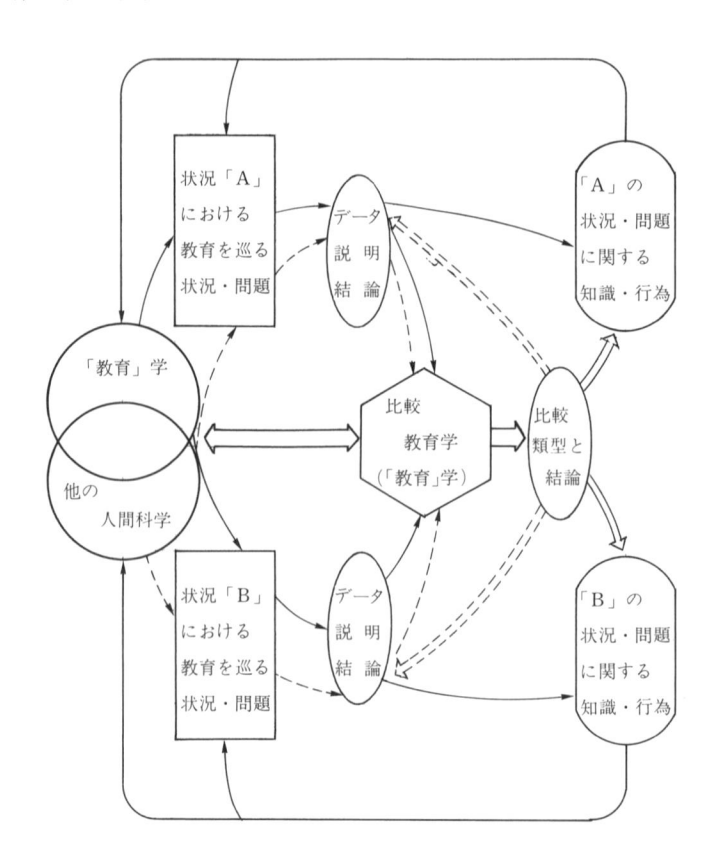

220　第3部　比較教育学理論の学問的位置

図3　教育の科学的研究過程における比較教育学の位置と役割

識」の世界に属する。したがって、ここに関与してくるのは研究者の思考過程（第二領域）はなく、様々なタイプの知識が論理的にどのような関係になっているかということだけである。またこれは発生論的なモデルでもない。つまりこのモデルは、これら諸学問がどのように形成され発展してきているかを示すものではなく、論証を行うべきどの段階にもすでに多くの知見が蓄積されている現状態において、その相互関係がどのようになっているかということを示すものにすぎない。

　したがってここで出発点となっているのは、「教育」学もその他の人間科学もともに、既存の諸事実（この場合、異なる教育状況や問題点）を研究の対象

とするということである。しかしここで言う「差異」は、すでに見てきたように個々の社会集団間に見られる差異のことである（図には状況「A」「B」として示してある）。これはつまり構造やその構成因、諸要因といったものは、個々の教育状況（A、B等々）によって異なるということが前提とされているからである。

このように個々の状況を複数取り上げて研究の対象とすることにより、正確なデータが得られ、（望むらくは）科学的解釈およびある程度信頼できるいくつかの「結論」——事実の確定、今後の研究のための新しい仮説、意思決定のための基準等——も、この研究から導き出される。少なくともこの結論の中には元々の状況を変革するにあたって有効なものが見いだされるであろうし、あるいはそれが状況の変革にとって有効であるなしにかかわらず、個々の科学にとって知見が蓄積されることになるであろう。図ではこの関係は逆方向の矢印によって示されている。

この点こそ比較教育学の占めるべき位置を表すものである。全体を対象とした視点からであれ、特定の問題意識に基づいて部分を対象とした視点からであれ、個々の状況（「A」「B」等々）についての研究の成果はすべて、より高度な段階にある「比較研究」への「インプット」（情報源・原情報）となる。比較研究は（このインプットに対し）独自の理論的・方法論的手法を駆使しながら、また独自の成果を産み出す。それは例えば「二次的な」データであり、諸関係についての抽象的・理論的モデルであり、新しい「結論」である。つまりそれは既存の理論を確証し、あるいは反証するものであり、今後の研究に向けて新しい作業仮説を提供するものであり、仮説理論——と言うよりは「法則」もしくは準法則と言ってしまってもよいと思われる——となるものである。

さらにこの真の意味での比較の見地から得られた成果は、どの個別システムにおいても意思決定に際し、そのインプット（情報源）となり得る。しかし比較研究の成果として中心を占めるのは、やはり種々の特定部門の研究成果をまとめあげたり、修正を加えることであり、比較教育学の研究を進める上で援用される諸学問に対して確実に影響を与えるということなのである。

このモデルは決して単純なものではないが、かといっていたずらに複雑なものでもない。システム理論に依拠したこのモデルは、教育に関する諸学問との動的な関係の中で、比較教育学が果たすべき役割のみならず、その占めるべき位置をも十分正確に規定したものである。とはいえ、いかなるモデルでも図示した場合にはおのずと限界がある。この図の場合もその例にもれずいくつかの点でその制約を免れ得ないものであるから、正確に理解するためにはさらに説明を加えなくてはならない。

まず第一に、図3に表される「他の人間科学」とは、図1に列挙した諸学問のことを指している。しかしこのような分類は「幾分差し引いて」(cum grano salis) 考えなければならない。というのは、そこでは必要以上に学問間の厳格な区別にこだわっているので、その分を差し引いて考えなければならないからである。クラックホーンも述べているように[33]、様々な学問領域というものは、塀で仕切られた中でそれぞれに十分手入れが行き届き、整然とした庭園のようなものとして捉えられるべきものではない。この塀の中には、実際には建てられていないものもあるし、さほど高くないために研究者が容易に飛び越えられるものもあるし、最近になって取り払われてしまったものもある。ここで言わんとしていることは、つまり比較教育学においても他の諸科学の場合と同様に、他の学問領域の概念なり方法なり技法なりを援用することが可能であり、また援用すべきであるということなのである。それは必ずしも諸学問の神髄を折衷したり融和することを意味するものではない。ザーディの有名な表現[34]を借りるならば、未開拓の研究分野は皆「ファジー」なものだからである。

その結果、比較教育学という抽象的学問そのものが一次的データを提供するものではない（というのも一次的データは他の学問領域から他の方法によって提供されるからである）にもかかわらず、研究者の立場からすれば比較研究をする際には、そのような他の学問の知見を駆使することにより一次的なデータを提供するのが常である、ということになる。いや実際研究者は一次的データを提供すべきなのである。というのはそのようなデータが、まさにこれから比較を必要とする際に、必ずしも比較が可能な形で存在しているとは限ら

ないし、比較が可能な次元にまで精緻化されているとも限らないからである。その意味では逆に比較教育学以外の学問領域の研究者が真の比較研究をすることが可能であり、しかも実際にそのようなことが多い。

さらに説明を要する重要な点は、諸要因間の相互作用が実際には図に矢印で表されたものよりもかなり複雑なものである、ということである。特に比較教育学の果たすべき役割はもっと積極的なものとして捉えられるべきである、ということが重要な点である。つまりその役割は、他の学問研究によって提供された資料を利用して何ができるのか、という点に限って考えられるべきものではない。比較研究というものは、まずそこに固有の問題なり仮説なりから出発するものであり、そうしてこそ他の諸学問に対して有効な知見を提供することができる。

最後に説明を加えておかなければならないのは、「教育」学（educology）における学問系統図（図１）の中で教育哲学と教育史学に特別の位置が与えられていることである。すでに1964年にヒルカーは比較教育学とは「教育に関する理論・哲学、および歴史をあわせもった」特別の学問として理解しなければならない、と述べている[35]。もちろんここで言う「理論」とは、ルーマンの言を借りれば、教育システム内部でなされる反省のことである。教育に固有の研究課題というものは多少なりとも、この理論的反省に依拠しているか、関連をもっているものだからである。しかし（図１下の左部分に掲げた）哲学および歴史学が「非法則定立的」学問であることは明白である。ピアジェによれば教育哲学は「実証科学の上位に位置するものであり、しかもそれは実践レベルの学問から形而上学に至るまで（の全領域）を網羅した上で、それらを評価し、あるいはそこに意味を付与し、さらにその一連の評価や意味づけに従って、実証科学の位置づけを行うもの」なのである。これに対し、教育史学が「たどり着くところ」は、「複雑な、しかも複雑であることをそのもっとも根源的な特色とする個々の具体的な過程」なのである[36]。比較「教育」学（comparative educology）はこの双方の特色をもったものである。前節で比較教育学が「差異化の法則」をその研究課題とするばかりではなく、「綜合的理解」をその目的とすると強調した理由は、ここにあったのである。

このように比較教育学、というよりもむしろ「教育」学と、教育哲学・史学との間にはきわめて深いつながりがある。この学問は三つが三つとも一つの同じ位相に属するものであり、それは個別の諸社会科学の位相より上に位置するものである。またこの三つの学問は共通した問題関心をもっている。それは法則定立的なデータによって描かれる事実よりもさらに深層にまで踏み込み、したがって得るところのより多い事実に対する問題関心なのである。もちろん、これらの学問においても法則定立的なデータに依拠することはあるが、その場合においても、この事実の方に注目するのである。比較教育学の場合を考えてみると、これはつまりキャンデル、ウーリヒ、シュナイダー、ラワリーズ等の哲学的・歴史的・文化的アプローチが（絶対不変であるとは言わないまでも）妥当であるとしてこれを支持することにほかならない。最近になってヴェクシリアールもこの見解を支持する立場を再び示し、「国家的特色」といった昔ながらの概念が比較科学において果たす役割は取るに足らぬものであるどころか、その反対であるという意見を自信をもって展開している[37]。

　これまで強調してきた多くの点は、いやおそらくはその全部が、さらに詳しく検討を重ね、さらに深く吟味すれば確実にその内容が豊かになっていくものである。しかしここで試みに包括的な視点と相互関係の視点の双方から強調してきた数々の点は、冒頭に掲げた根源的な問題、すなわち比較教育学の占めるべき位置と果たすべき役割という問題はもちろんのこと、教育に関する体系的な知識・学問の本質は何であり、現状はどうなっているのかという問題に対する回答を考える際に、おそらくその基盤となるものであろう。比較教育学がこれまでの議論を整理し、さらに発展していくという新たな局面に足を踏み入れるためには、そしてそれが教育そのものの改善に資するという至高の目的を達成するための信頼すべき指針となるためにも、是非ともこの問題に対する回答が必要となる。

（三浦真琴　訳）

註

(1) Jürgen Schriewer "Theories and Methods in Comparative Education",「第6回世界比較教育学会」第5部会（リオ・デ・ジャネイロ、1987）、巻頭言、'World Council of Comparative Education Societies Newsletter, special issue (Spring, 1987)' 所収、pp.24-8 を参照のこと。

(2) Brian Holmes "L'Education Comparée et son èvolution", in : *Perspectives* 15 (1985) no.3, p.368.

(3) Jürgen Schriewer, "The Logic of Comparison and the Logic of Externalisation"（第5回世界比較教育学会（パリ、1984）での発表論文）。

(4) 同上。

(5) Carlos E. Olivera, *El Enfoque Sistémico en la Planificación* (San José de Costa Rica : ICSAP 1984) ; *La Construcción de Modelos Descriptivos para Planificación Social*（同）, *Introductión a la Educatión Comparada* (San José UNED, 1986), 第三章を参照

(6) Antonio Rubbo Muller, *Teoria de la Organización Humana* (Sao Paulo 'Sociologia y Politica' 編, 1957) ; Carlos E. Olivera, *Educatión Comparada* pp.276-94.

(7) この分類はすでに Ludwig von Bertalanffy によってなされている。"The History and Status of General Systems Theory", in : G.Klir (ed.), *Trends in General Systems Theory* (New York, Wiley, 1972). また筆者は別の論文でこの分類をさらに展開したことがある。"El Enfoque Sistémico", pp.19-25.

(8) この語法は Niklas Luhmann の 'function', 'performance', 'self-reflection' に基づくものである。詳しくは Niklas Luhmann, *The Differentiation of Society* (New York : Columbia University Press, 1982) 第10章を参照のこと。また Antoni Colom も *Sociología de la Educación y Teoría de Sistemas* (Barcelona : Oikos-Tautau, 1979) の中で同様の分類をしている(p.144)。

(9) José Luis García Garrido, "Educióon Comparada. Fundamentos y Problemas, 2 vols." (Madrid : Dykinson編, 1982), vol.1, p.89 および Edmund J. King "The Purpose of Comparative Education", in : *Comparative Education* 1 (June, 1965) no.3, を参照のこと。

(10) Carlos E.Olivera, *"L'Education en Amérique Latine est-elle dépendante?"*, in : *Perspectives* 15 (1985) no.2 を参照。

(11) Michel Debeauvais, "Remarque sur la démarche clinique et la démarche expérimentale", in : *Les Sciences de l'Education* 4 (1982), p.46.

(12) この用語法の問題については *Educatión Comparada* において検討したこと

がある (pp.195-6, 210-3)。また以下の学会発表論文も見事な論議がなされている。Théophile Prince, "Pédagogie ou Sciences de l'Education?"（第5回比較教育学会世界大会、パリ、1984）．

(13) この 'educology' という用語は1964年に Elizabeth Steiner によって提唱されたものである。James E. Christensen (ed.), *Perspectives on Education as Educology* (Washington DC : University Press of America, 1981) を参照のこと。また彼の学会発表論文も参照されたい。"Comparative Educology : A Bridging Concept for Comparative Educational Inquiry"（第5回世界比較教育学会、パリ、1984）．

(14) Gilbert De Landsheere, *La recherche expérimentale en éducation* (UNESCO/BIE/Delachaux & Niestlé, 1982) を参照。これは小冊子ながらも優れた著書である。そこでは最近の膨大な量の教育研究を視野にいれつつ、教育研究における認識論的立場には「法則定立的」アプローチと「応用」アプローチの二つのアプローチが見られることが示されている。

(15) Jean Piaget, "La situation des sciences de L'homme dans le système des sciences", in : *Tendances principales de la recherche dans les sciences sociales et humaines'* (Paris : UNESCO, 1970)．

(16) Maurice Duverger, *Méthods des sciences sociales* (Paris : P.U.F., 1961).

(17) Maurice Debesse & Gaston Mialaret (eds.), *Traité des Sciences Pédagogiques*, 8 vols. (Paris : P.U.F., 1969–1978).

(18) Victor García Hoz, *Principios de Pedadogía Sistemàtica* (Madrid : Rialp, 1960).

(19) José L. Castillejo Brull, *Nueva Perspectivas en las Ciencias de la Educación* (Pedagogāa General), (Madrid : Anaya, 1983), chap.4.

(20) Angel Oliveros, *La Formacion de Profesores en América Latina* (Barcelona : Promacion Cultural, 1975) によれば、ラテンアメリカの教員養成課程において教育学・教育史・比較教育学・職業倫理・（国家の）教育問題を含む「教育一般」に割り当てられる授業時間は平均して全体の6％にしかすぎない、とされる。

(21) この理由の詳しい分析については *Educatión Comparada* (pp.191-8) を参照のこと。

(22) García Hoz, op.cit. (p.29).

(23) Debeauvais, op.cit. (pp.38-9).

(24) García Garrido, op.cit. (p.189).

(25) この点に関しては Shriewer の先鋭なる見解を参照のこと。前掲論文（註3）pp.9-10。また拙論（*Educatión Comparada* pp.24-30, 265-7）においても同様の議論を展開している。

(26) Christensen, op.cit. (pp.8-9).
(27) この表現は Erwin Epstein 論文からの引用である。"Paradigmatic Interdependence in Comparative Education: Does it Exist?"(第5回世界比較教育学会、パリ、1984 発表論文)、p.3.
(28) この厳格な意味で「科学的」な見解については Charles A. Anderson が精力的に議論を展開している。"Methodology of Comparative Education", in: *International Review of Education* 7 (1961), no.1.
(29) Pedro Rosselló, "Concerning the Structure of Comparative Education", in: *Comparative Education Review* 7 (1963) no.2. 他に拙論 (*Educatión Comparada*, pp.36-9) も参照されたい。
(30) Olivera, *Educatión Comparada*, p.38.
(31) とは言え、比較教育学の本質・構造をより精緻に見てゆけば、少なくともいわゆる「ケーススタディ」によって混乱がもたらされている側面を明らかにすることは可能である。その場合のケーススタディは曖昧な描写であったり、実証されていない独断にすぎないものであり、いかなる比較の方法としてもまったく不適当なものである。
(32) 公的な教育システムが宗主国から移植された植民地国の場合でも、教育システム内部の諸関係も教育システムと社会との関係もともに、その「パターン」は宗主国のものとはまったく異なったものとなっている。
(33) García Garrido による引用。op.cit., p.185
(34) L.A. Zahdeh, "Fuzzy Sets", in: *Information and Control* (June, 1965). これはもともとは数学において用いられる表現であったが、今ではシステム理論においてもよく用いられるようになっている。
(35) Franz Hilker, "What Can the Comparative Method Contribute to Education?", in: *Comparative Education Review* 7 (1964), no.3, p.223. なお、この論文についてはスペイン語から新たに翻訳中である。Angel D. Márquez, *Educatión Comparada* (Buenos Aires: El Ateneo, 1972), p.199 を参照のこと。
(36) Piaget, op.cit. (註15)、p.51 および p.49 を参照のこと。これもまたスペイン語版 (Madrid: Alianza-UNESCO, 1975) からの翻訳である。
(37) Alexandre Vexliard "Education comparée et psychologie collective" (第5回世界比較教育学会、パリ、1984における発表論文)。

第8章　文化と社会化
──比較教育学における忘れられた伝統と新しい側面──

ルードウィヒ・リーグル

　すべての現代国家において学校はもっとも重要な公共部門の一つとなっている。すなわち学校は、多くの場合、近代化と市民教育を目的とし、国家によって統制された機関としての役割を果たしている。そして、世代から世代へと存続するあらゆる機関がそうであるように、学校は一定の自律性と内在的なダイナミクスを発展させてきた。したがって、クロス・ナショナルな観点からの国民国家教育システムの研究は、比較教育学における中心的な問題であったし、これからもそうであろう。われわれの学問領域におけるこの問題の中心性は疑いのないところである。しかし他方で、学校は少なくとも人間的・国民的文化の一つの側面にすぎず、年長の世代が若者に文化を伝達する機関の一つにすぎない。そして学校は若者たちに教育を与えるのであるが、彼らは学校の中だけで成長するのではなく、複雑な環境の中で育っており、その環境が学校にも影響を与えている。このような、学校システムの内外における文化と社会化という幅広い文脈で考えることこそ、筆者が比較教育学の課題の中に復活させたいと願っているものなのである。

1　教育システムの形成と比較教育学

　教育におけるシステム形成には共通した起源がある。すなわち、普遍的文化理念、国家的・経済的・市民的近代化への努力、教育理念としての近代性などである。他方で、教育システムの拡大と構造的な分化は、そうした共通の起源と、それぞれに個別的な歴史的国家的伝統やその展開との相互作用の結果として生じた。普遍的文化の理念は、諸文化領域の中で様々な形で実体

化されたのであり、それゆえに各国家教育システムの間に、相違と同時に共通の性格がもたらされたのである。

　しばしば19世紀は国家建設とナショナリズムの世紀と呼ばれるが、同時にそれは国際化のプロセスのはじまりの時代としても特徴づけられる。カネとモノとの、あるいはヒトと思想との交換はますます増大し、国際的なコミュニケーション、協同、ないしは競争の多様なシステムが作り出されていった。

　比較教育学が形づくられ発展してきたのは、先に述べたような教育におけるシステム建設のプロセスや、学問領域としての教育の発展などとともに、こうした国際的コミュニケーションの形成を背景としている。

　比較教育学の発展は、大まかに言えば、二つの異なった、しかし必ずしも分離されない道筋をたどってきた。すなわち、実践的なルートとシステム的なルートとの二つである。

　実践的な観点は、他の国の教育システムについての知識を得ることに関心をおいており、そこから何ものかを学び、あるいは外国の経験を自国の教育改革を進めるために用いようとする。この観点は、必ずしも限定されるわけではないにしろ、主として教師やその他の教育実践家たちによって代表されている。この観点は、19世紀の「教育旅行」における比較論に典型的に見られたし、今世紀初頭のヨーロッパ、アメリカ、ソビエトにおける「新しい」かつ「進歩的な」教育をめぐる国際的運動においても特徴的であり、さらに外国の事例を自国で必要な改革のための「論拠」として用いることによって、最近の教育改革をめぐる論争においてもその役割を果たし続けている[1]。この観点からの比較教育学の初期の成果に対する、ニコラス・ハンスによる批判的な評価は、いまなお真実を含んでいる。

　「しかしながら重要であったのは、これらの出版物に含まれていた海外の制度についての情報であり、主たる目的であったのは自国の改革に役立たせるためにそうした情報を功利主義的に利用することであった。したがって、国家教育システムの発展の底流にあった諸法則は、それらの研究の視野に含まれることはなく、ごく偶然的にいくつかの書物の中で言及されていたにす

ぎない」[2]。

　比較教育学におけるシステム的な観点においては、教育のシステム形成の背後にある、隠れた諸因子を明らかにし、文化と教育の間の相互作用における共通点と相違点を説明し、海外のシステムを理論的仮説を検証するための「まったくの実験材料」として用い、そして「すべての変数の基礎にあるいくつかの一般的原則を定式化する」ための試みがなされる[3]。

　この観点は、主として、アカデミックな学問領域としての比較教育学の代表的研究者たちや、彼らに先立つ教育、哲学、歴史学、社会学の各分野における研究者たちによって発展させられてきた。この観点からのパイオニア的な業績が登場したのは、19世紀の末にまで遡る（例えば、イギリスのマイケル・サドラー卿）。

　サドラーが比較教育学の古典的開拓者であるのは、以上のような実践的観点とシステム的観点との両者を結合させようとした点においてである。彼は拡大しつつあった国際的コミュニケーションのネットワークを用いて、「行為や性格に対して教育が与える影響」といった問題を研究し、他方で、「自分達とは異なった教育的経験を研究し、そこから学ぶことへの……各国において増大しつつある要求」を満足させたのである[4]。彼は、「外国の教育システムの研究からどれだけ実践的な価値を得ることができるか」という実際的問題への解答を求めていた。しかし、この問題の適切な解答を見いだすための前提が、「"教育のシステム"という表現によって何が意味されるか」を明確にすることであることに彼は気づいていた[5]。

　しかし、いずれの観点においても、教育システムを学校のシステムとして定義し、かつ教育を教授やティーチング、訓練として定義するという明らかな傾向がある。教育システムの比較を行う際に、「教育システムとは学校システムにほかならないという考えを暗黙のうちに含んだ表現へと無意識的に陥ってしまうことの危険」が、多くの場合避けられなかった[6]。結果として、比較教育学は次のような一面的な発展を遂げてきたのである。

　―比較教育学の研究対象が、基本的には、学校システム、学校・カリキュ

ラムに関連した政策決定、そして、当然ながら、学校システムと他の社会的サブシステム（主として経済と行政）との関連などへと狭められてきた。
―比較教育学の理論が、社会システム論、社会変動論、近代化論、機能分化論などによって占められ、こうした理論が学校システム（その構造、機能など）の研究に最も有用な枠組みと見なされてきた。

こうした状況は最近になって顕著に現れてきた。しかし本質的には、そのはじまりは、学問領域としての比較教育学の登場の時点にまで遡る。サドラーの言葉が示しているように、そうした現状への不満は新しいものではない。

たしかに国民の教育に関わってもっとも目につくのは学校である。学校は、「制度」、あるいはより正確に言えば、社会のサブシステムとしての性格をもっている。すなわち学校は一定の構造をもち、明確な機能を果たし、社会の他のサブシステムとのはっきりとした関係をもち、合理的な計画、行政、統制の対象であり、自己規制の一定のルールに従い、その構成員が絶えず変化するにもかかわらず連続性を示している。さらにもっと重要なことは、（学校制度という意味での）教育の制度の形成は、人間や社会を近代化し、子供や若者を、それ自体の権利と義務をもった社会的地位集団として、形成していく事実上の決定要因であったということである。

しかしながら、こうした事実は、先述のような研究志向の狭隘傾向を正当化するものではない。再び、サドラーの言葉を引用しておこう。

「教育は生活の一つの側面にほかならない。……もしわれわれが外国の教育制度について研究しようとするならば、レンガ造りやモルタル建物とか、教師や生徒ばかりに注意を払うのではなく、街の通りや人々の家庭にも関心を向けなければならないし、うまく機能している教育の制度の場合なら、その学校制度を実際に支え、その日常活動の能率性の原因となっている目に見えない微妙な精神的な要因が何であるかを見いださねばならない。……学校の外側の事柄は学校の内側の事柄よりももっと重要であるし、それが内側の

事柄を左右し、説明するのである」(7)。

この言葉に鑑みて言えば、比較教育学研究の志向と視野を拡張する一つの可能性は、「文化」（2節）と「社会化」（3節）の概念を取り入れていくことであると思われる。

2 比較教育学における理論と方法(I)：文化の重要性

「第一の段階はそれぞれの国の教育制度について、その歴史的背景を調べ、その国民的性格や文化の発展との密接な関係について研究することである。……教育の国家制度は、国民的性格の外面的表現であり、したがって他の国民からその国民を際立たせるものである」(8)。

文化の意味を定義しようとするいかなる試みも恣意的であることを免れない。文化について164もの定義があるという(9)。したがって、ここではむしろ文化を、教育制度と同様に、「すでに忘れられた苦闘と困難と、遠い過去の戦いとの結果」(10)として、あるいは価値と規範についてのすでに忘れられた決定の結果として、さらには歴史のプロセスの中で、母語と同じ程度に自明のこととなった判断や行為の無意識のルールのあらわれとして理解するという全体論的なアプローチをとろうと思う。まったくのところ、文化に含まれるいくつかの次元を操作的に取り出すことは恣意的なことなのである。例えば、シュプランガーは、経済・社会・政治・芸術・科学・宗教という六つの次元を挙げている(11)。シュナイダーは比較研究のためにシュプランガーの類型を用い、芸術と政治を除き、代わりに「国民的性格」、「地理的空間」、「歴史」の三つを加えた(12)。ハンスも同じように人種的および言語的要因を付け加えた(13)。しかし、そうした次元を数え上げることよりも重要に思えるのは、各次元を精密化していくこと、すなわちその構造や機能、価値や葛藤、関係や相互作用を分析していくことである。例えば経済は、国民経済の投入・

産出データの単なる寄せ集めであっては、文化の一次元として捉えることはできない。もっと大切なのは、その背後に働いている諸因子であり、例えば、経済成長なり、生産・消費なり、労働の社会的・性的分業なり、「資本」と「労働」なり、労働と家庭生活なり、学校と産業の関係なりに関する規範的な諸水準といった事柄である。しかしもし、類似した近代化の戦略を採用している国家間の比較や、アメリカとソビエト、西欧と東欧といった政治構造と価値観が大きく異なった国家間の比較を行う場合には、文化の概念はその重要性を失うと考えられるかもしれない。そうした場合には、たしかに、「文化」の代わりに「政治制度」を関心の主眼として選び、その「制度間」比較(14)を行ったほうが適切である。しかし他方で、ハンスによる次の見解も真実を含んでいる。

「国家的教育制度は、たとえそれが革命的政府によって伝統的な国民的性格を改革する目的で意図的に創設された場合であっても、そうした因子の影響は避けがたいし、過去からの影響は非常に根深い」(15)。

この点に関して特に興味ぶかい事例はソビエトであるが、そこでは歴史的伝統が今日の制度に与えている影響を容易に示すことができる(16)。さらに、文化的因子についての徹底した研究のみが、ソビエト社会の多民族的・多文化的構成によって強く規定された教育の現状や問題点を的確に把握することを可能にする(17)。

さらに二番目の例を挙げてみれば、国際的な新教育運動の一環としての(イスラエル建国前の)パレスチナのユダヤ人コミュニティでの教育制度建設に関して研究しようとするときも、やはり同様のことが言える。ユダヤ人の歴史と文化についての、あるいは宗教的伝統と世俗的伝統の妥協の探求についての、さらには社会の周辺におかれた長い歴史的経験の後での建国についての徹底した理解を行うことのみが、例えば、国際的な広まりを見せていた新教育運動の価値観が、パレスチナのユダヤ人コミュニティにおいて、何ゆえに、どのようにして実体化していったのかについての適切な理解を可能にす

るのである(18)。

　以上のように、(学校を含んだ)国家的教育制度の発展と機能の背後にある隠された諸因子を明らかにし、理解するためには、文化の概念は比較教育学において非常な重要性をもっている。ヘッセン、ハンス、シュナイダーらの比較教育学者の古い世代が「国民的性格」と呼んだ事項は、まさしく各国におけるそうした隠された文化的諸因子の影響の複合的表現なのである。ただ、今日の国際化が進行しつつある世界の中では、ソビエトの場合のように、「国民的性格」や文化は旧式な概念であると言えるかもしれない。しかし、国際的なコミュニケーションは、一定の「アイデンティティ」をもった「主体」の間でのみ可能となるのであり、国際的な協力は、それらの「個々の」国民的アイデンティティについての、相互の理解と敬意を基礎にしてはじめて適切になされるのである。ドイツ教育理論における文化主義学派のある卓越した代表的人物は、新教育運動の国際的な関係についての論文の中で、次のように述べている。

　「新しい文明的環境への教育の適応は、それぞれの国家において自律的になされている。そして一つの国家から他の国家に刺激が与えられたことについても容易に理解される。しかし、それぞれの国家において教育を再生するという次なる課題は、各国の国家的伝統によって異なってくる。しかし、まさにこの精神的・道徳的・社会的な個別性という要素が普遍的な意味をもつことこそ根本的なのである。……よって、この教育の再生に未来があるとすれば、普遍的意味をもったパターンの多元性が不可欠なのである。つまり、国家の個別性の知的・道徳的受容の結果として多元性がもたらされねばならないということなのである」(19)。

　しかしながら、文化(および国民的性格)が比較教育学研究にとって重要な概念であるといっても、ハンスが言うように、そのことは文化が単に決定要因であることのみを意味するわけではない。ハンスは次のように述べていた。「したがって、教育は、国民的性格の関数の位置から、それを形成する新しい

因子になったのである」[20]。

　教育制度は、文化によって生産されたものであるだけではなく、文化を生産するものと見なされねばならない。なぜならそれは、まず第一に、教育制度が一定の自律性と内的なダイナミクスをもつからであり、第二に、教育を行う世代が、すなわち親と教員たちが文化的伝統を選択し解釈するからである。そして第三に、教育を受けた世代は、伝達された文化的諸価値を再解釈し、文化的な創造性を発揮する機会をもつからである。

　概して、文化を形成するアクティブな因子としての教育という考え方は、啓蒙主義の哲学に起源をもっている。イマヌエル・カントによれば[21]、「教育の背後には人間的本性の完成という深遠な奥義が存在する」。すなわち教育によって「訓練」し、「陶冶」し、「文明化」し、「道徳化」しなければならない。ここで「文化」とは「多種多様な目的のために」用いられる「能力」の複合と捉えられており、他方で道徳性は、「良き目的のみを具体化しよう」とする傾向をもった「態度」であり、「すべての者に必然的に共有されると同時に、すべての者の目的となるところの」目的である。カントは別の論文の中で[22]、「道徳性の思想は文化に属する」と述べることによって文化と道徳性を結合させている。したがって、要するに啓蒙主義思想の中では、文化は道徳性を規定し包括するのであり、文化へ至る王道は教育に存すると見なされている。

　こうした文化についての考え方の中では、比較教育学の一つの課題は、人類の文明化のための具体的な歴史的努力として国家教育制度を研究するということである。さらには、比較教育学は、国家教育制度が国境を超えた文化的道徳的理想へ近づいているかどうか、あるいはどの程度近づいているかを分析し評価するための規範的な枠組みとして、カント的な文化・道徳性・教育についての考え方を利用することができる。こうした啓蒙主義の遺産の現代的適用例は、「複雑化した社会は合理的アイデンティティを育成することが可能であるか」を問うたユルゲン・ハバーマスによる、ピアジェとコールバーグの道徳発達説の社会哲学的な再解釈の中に見いだすことができる[23]。

　議論しておくべき最後の問題点は、文化（国民的性格）と教育との相互関係

を比較教育学において適切に研究していくための研究方法についてである。

もっとも重要で、広く認められてきた方法は歴史的な解釈と分析であり、そこには社会史のみならず思想史も含まれる。この方法は、例えば、価値システム・制度システム（学校など）・象徴的相互作用システム（言語）・知識システム（教育科学など）の構造といった、文化のすべての重要な人工物の構造（およびその構造の発展）を明らかにすることを目的としている。比較教育学におけるこの歴史＝システム的方法は、主として地域研究や個別研究において用いられている。ドイツにおける研究を見ても、ロシア〔旧ロシア帝国〕とソビエト連邦における学校と教育の歴史に関するアンヴァイラーの「古典的」研究[24]や、最近のものでは、東ドイツの教育制度に関するヴァーターカンプの研究[25]などを挙げるべきだろう。この歴史＝システム的アプローチは、より厳密な意味での比較研究でも用いられている。ドイツでは、こうしたタイプの研究の第一世代はヘッセン[26]やクリーク[27]に代表されている。1970年代において、第二世代の研究者たちは、（例えば中等教育の「分化」や「資格」のはたらきなどの）特定の「問題」を扱ったが、しばしば歴史的次元を無視する傾向があった[28]。そして1980年代の第三世代の研究者たちは、その「問題」中心の方法と歴史＝システム的分析とを結合させようとしている[29]。

第二の方法論は制度分析と統計的記述である。この方法は例えばOECDやUNESCOの報告書や国際教育年報などの国際的出版物に典型的に見られる。それらの明らかな長所は、具体的で多様な情報が得られることである。しかし、その短所は、歴史的で体系的な観点をしばしば欠いていることである。すでにハンスが述べているように、

「学校数・学生数、各教科の時間数、備品数などの統計的な比較は、それぞれの背景が明らかになっていなければ無意味である。……ある国の社会生活の中でのそれらの歴史的発展や機能的役割に関する研究のみが、それらの価値についての真の洞察をもたらしてくれるし、それによって意味のある比較が可能になるのである」[30]。

歴史的(=システム的)方法が、国家教育制度の構造と機能の発展のマクロレベルの要因を強調する傾向をもち、制度分析や統計的記述が教育の中間レベルを扱うのに対し、ここでフィールド・リサーチと呼んでおきたい第三の方法がある。フィールド・リサーチは単一の方法として表現することはできない。それはいくつかの量的・質的方法を複合したものである。この方法の特徴は、教育制度を、文化や「国民的性格」を形成するアクティブな因子であり、それ自体サブカルチャーであり、社会生活や社会的相互作用の生態系の一部をなすものであり、生きた組織体であると捉えることである。このタイプの研究方法が比較研究でまれにしか適用されないのは、外国では得ることが困難な日常生活に対する深い洞察（および適切なデータ）を必要とするためであり、驚くにあたらない。教育（学校を含む）に関する比較フィールド・リサーチのよい例はブロンフェンブレナーの研究である[31]。ドイツ語文献では、この方法は主として学校教育以外の教育、主に家庭における教育[32]や幼児期の集団保育[33]について行われてきた。ようやく最近になって学校も比較フィールド・リサーチの対象とされるようになっている。比較フィールド・リサーチの将来の発展のためには、次の二つの観点が有用であろう。すなわち、一つは社会化に関する理論と研究を取り入れることであり[34]、もう一つは文化人類学や民族学的研究との協力を行うことである[35]。

3 比較教育学における理論と方法(Ⅱ)：社会化の重要性

「社会化の概念を採用することによって教育が得ることの出来る主要な利益は、謙虚になれることである。すなわち、第一に、教授が教育の全体を意味するわけではないということを、第二に意図的な教育が若者の成長に影響を与える唯一の手段ではないということを、そして第三に、ドイツの教育的伝統の中に広く見られるコミュニティを自我に関わらせて解釈する考え方が、人間発達の社会的文脈の適切な分析にとって不十分であることを思い起こさせてくれるのである」[36]。

比較教育学において、教育制度が学校制度であると考えられがちであるのと同様に、教育は若い世代に対して教授し意図的な影響を与えることであると考えられる傾向がある。教育制度に対する広義の理解が、「文化」の概念とその比較教育学にとっての重要性を明らかにしてくれたのと同じように、教育の意味についての広義の理解は「社会化」の概念にわれわれを導いてくれる。

こうした広いと同時に控えめな教育に対する理解は[37]、教育思想の伝統のなかでこれまでにも見られなかったわけではない。マイケル・サドラー卿の「生活のひとつの局面」としての教育という定義や、彼が、「街の通りや人々の家庭」に研究者が入り込んでいくことを求めたことも[38]、まさしく社会化の考え方に含まれることである。

幾分忘れられてはいるがドイツ教育思想の代表的人物であるジークフリート・ベルンフェルトは、教育を定義して「人間発達の現象に対する社会の反応の総計」と述べている[39]。その反応は、特に社会のマクロなレベルでは、故意の、計画的で、意図的なものであり、歴史的には、「子どものための専用の手段」としての性格をもち、また教授と学習による知識の伝達を行う特別な機関としての性格ももつ。人間発達の現象に対する社会の対応の変化は、ベルンフェルトによれば、「社会を建設し、さらに再建設する諸因子、究極的には経済生産過程の形式と諸傾向と、機能的関連」をもっている[40]。そして教育の社会的機能は「社会的発展の達成水準を維持することができる心理的構造を作り出すこと」であり、さらには「教育を受けた世代の中に成人社会そのものを保存することにより、その人間精神の望ましい文化的要素を生みだし、維持すること」と定義されるのである[41]。しかし、教師たちの意図的な活動によって教育がなされるだけでなく、「学校は――制度としても――教育を行う」[42]。さらに、教育は発達現象に対する意識的・意図的な反応の形態をとるだけではない。とりわけ、一対一の関係のレベルにおいては、無意識的で自然発生的な反応は、(母親や教師といった)大人たちが、子どもと交流するときに、「目の前の」子どもだけでなく「自分自身の内部にいる」子どもの

発達と、すなわち大人たち自身の子ども期、大人たち自身の受けた教育と向かい合うことと関連をもった反応の形態もとるのである[43]。ベルンフェルトの考えを比較教育学研究に取り入れることは、異なった社会においての、人間発達現象に対する普遍的で多様な反応が研究の中心的なテーマになるべきだということを意味する。この、主として中間構造的なレベルの現象についての分析は、一対一の関係における相互作用や個人的発達についてのミクロ構造的な事実についてとともに、社会と文化におけるマクロ構造的な現象や発達とそれらの諸反応とがもつ機能的結び付きについても説明するものでなければならない。

こうした教育理論を見てみると、基本的ディシプリンとしての教育というこの種の議論が、比較教育学の中で広く普及しているとは思えない。他方また、還元主義への傾向も存在していない。それは、教育科学とその歴史が比較教育学研究の対象となったのが、いくつかの地域研究の例外を除けば[44]、つい最近にすぎないという現状がもたらした副産物なのである[45]。

「人間発達現象に対する社会の反応の総計」としての教育（ベルンフェルト）、あるいは、「生活の一側面」としての教育（サドラー）は、比較教育学研究が取り入れることのでき、また取り入れるべき教育についての幅広い考え方を与えてくれるものであるが、この考え方は、私見では、「社会化」についての精密な概念を発展させることにより、もっともよく統合されるであろう。

「社会化」は、「文化」と同様、たしかに様々に定義することができる。したがって、ここでは、かなり公式的な定義を示しておく。すなわち、社会化とは、人がある文化（社会）のメンバーとなり、自らもそうであると規定し、社会的および個人的「アイデンティティ」を発展させ、社会的行為や道徳的判断の領域で一般的な能力を獲得してゆく、社会的相互作用と生涯にわたる過程の全体である。

したがって、社会化の概念は、複雑な社会的条件や過程に対するかなり困難なアプローチを要求する。社会化の過程においては、意図的で組織的な教育や教育制度は一つの要因にすぎず、社会や文化へと若者世代の成長に影響を与える複雑な条件が関わっているのであるから。概してこのプローチは教

育研究[46]を、学校理論[47]や学校に関連した実証研究[48]へと促し、教育と他の社会科学や行動科学との連携を盛んにしてきた。しかし、教育研究と異なり比較教育学においては、このことは、いくつかの例外を除いて[49]、当てはまらない。

　文化と社会化の概念には多くの共通点がある。教育が若者世代に伝達せねばならない文化の伝統・思想・価値に関して、また教育がその特定の一部をなすところの社会的条件や過程に関して、両者ともに教育を意味のある相互関連の文脈の中におく。両者ともに中心的なトピックとして、教育が対処せねばならぬものとしての進化的現象、文化と思想についての社会史、そして個人のライフ・ヒストリーを含んでいる。そして両者とも、教育を一方向的な過程であるとする考え方を克服しようとしている。すなわち、文化は教育における前提であり、規定要因であるが、しかし同時に教育は文化を形成する積極的な因子でもある。そして、社会化は教育によって個人を「社会的存在にする」過程であると同時に、個人が成長し、それによって個人を社会集団や一定の文化の一員であると認識させるのである。

　他方で、文化と社会化の概念は、教育についての二つの異なった観点ないしは次元を表している。まず第一には、教育制度と他の社会のサブシステムとの相互関連や、思想や制度などのマクロなレベルであり、それらはみな各個人とは独立して存在している。そして第二には、（特に教育によって）社会的になる過程や、文化に「適応」する過程であり、さらに世代間の相互作用、人とその環境との相互作用などであり、それらはみな個々人のライフサイクルと関連し、その中で生起する事柄である。

　文化と社会化の両方の次元を包括すること、両者の間の相互交渉の普遍的かつ可変的な形態を研究すること、そして教育（および教育制度）が文化と社会化されたパーソナリティとの間を媒介する際に果たす特定の役割を明らかにすること、これらの課題が比較教育学が教育理論に対して意味のある問いかけをし、貢献することを可能にする。

　さらには、若干の歴史的・技術的な理由が、「社会化」を比較教育学研究にとって重要な概念にしている。教育についての文化的思想や教育制度の形成

は、個人を解放するエージェントとして、また社会と国家を近代化するエージェントとして、啓蒙運動の史的文脈の中で生じてきた。しかしながら、教育制度の拡大の史的過程と同時併行して、近代化は「生活」の社会的条件と社会的影響に根本的な変化をもたらし、この変化は教育の文化的理念とは相反する傾向をもったのである。家庭と職場の（あるいは世代間の）分離や、都市化やマスメディアなどの「見えない代理教育者たち」（あるいは現代的な用語で言えば「社会化」のエージェント）のネットワークの拡大は、教育目的と社会化の現実との間にますます大きな矛盾を生じさせてきた。近代社会は教育という「子どものための特別な手段」をもつが、それらが教育の文化的理念に即した方法で「教育的」であるような生活環境を維持できていない。結局のところ、教育あるいは教育制度はもはや、人間発達に対する社会の働きかけの総体である[50]と表現するのは適切でなくなっている。いまやそれらは、社会化に対する社会の働きかけの総体であると表現しなければならない。事実、教育の目的と社会化の現実とのますます激しくなりつつある矛盾は、学校の内外における教育的な対処の幅を広げる試み（例えば、ソーシャルワーク、ユースワーク、消費者教育、カウンセリングなど）を促進しているのである。

　意図的で組織化された教育のフォーマルな制度と、社会化のエージェントが構成する複雑な社会的ネットワークとは、私見では、近代化途上ないしは近代化された社会の比較研究にとって中心的な史的・概念的重要性をもっている。社会化をめぐる環境に、普遍的かつ科学技術的な世界「文化」が浸透しつつある一方で、そうした展開に対する教育的対応は個々の国家の文化的伝統と目的によって非常に異なっている。

　とはいえ、社会化の概念をより体系的に用いていると主張するからといって、それが、伝統的な（旧式の）言葉を現代的な（流行の）言葉で言い替えたり、比較教育学を「クロス・カルチュラルな社会化研究」という表現で言い替えたりすることを意味するわけではない。そうではなく、むしろ、組織的で意図的な教育を、「成長しつつある」世代に影響を与えている社会的要素の全体の中で、「控え目な」位置におくことを意図している[51]。事実、組織的、意図的教育は「成長しつつある」世代に影響を与えている要素全体の中

で控え目な位置におかれている。その要素全体（および主体の発展によるそうした要素の「獲得」）によって研究の全体的な範囲が明らかにされるべきであるし、それによって比較教育学の理論的および実践的有用性が高められるべきなのである。

比較教育学研究にとっての社会化概念の重要性は次の三点で示されうる。すなわち、(A)「問題」とテーマの幅を広げること、(B) 理論的アプローチを豊かにすること、(C) 研究方法をさらに発展させること、である。これら三点はいずれも、他の社会科学や行動科学との連携が進むことによってさらに促進されるであろう。社会化「概念」の重要性を簡単に示すために、以下では主としてドイツ語文献からのいくつかの研究例が言及される。非ドイツ語圏に属する読者は、東ドイツに関する研究や、両ドイツの比較研究への言及の多さに驚くだろう。経済や教育、社会生活、家族や女性に関する政策、そして生活条件についての非常に異なった政策的発展など、それらは第二次大戦終了までの共通した歴史的背景にもかかわらず生じてきたのであるが、二つのドイツ国家の存在を、比較研究によって追求されるべききわめて挑戦的な「一種の実験」としているのである。

(A) 第一に、社会化概念を取り入れることによって比較教育学の問題やテーマの幅が広がる例は、次のようなテーマの研究に示されている。

a）学校制度内部の「新しい」次元、例えば「学校の現実」、生態学、「雰囲気」[52]、学校内のないしは学校による政治的社会化[53]、あるいは障害児や移民労働者、その他のマイノリティ集団の子どもたちといった特別なメンバー集団の問題など[54]の研究。

b）教育の「制度」の中ではあるが、学校の制度の外側にあるエージェントや過程の問題の研究。具体的な対象として例えば、児童保護や就学前教育[55]、若者の組織や活動[56]、ソーシャルワークやカウンセリング[57]などであり、それらは教育の非学校的な「システム」の中でそれ自体がサブシステムをなし、明らかに若者世代の成長に影響を与えている。

c）単に「システム」と見なされるだけでなく、それにもかかわらず、

あるいはそれゆえに、子どもや若者たちにとってのもっとも影響力のある環境となるであろう家庭[58]や仲間集団[59]などの、教育(社会化)のインフォーマルなエージェントについての研究。比較教育学にとって特に興味深いことは、それらインフォーマルなエージェントと教育のフォーマルなシステム(すなわち学校)との間の相互関係のパターンと影響についての問題であり[60]、さらにかつ家庭内部での教育の「専門化」に関する問題である[61]。

d) 子どもとの直接的関係は部分的にすぎないが、強大な教育的副作用をもった広範な社会的ネットワークについての研究。例えば、マスメディア(テレビ)[62]やスポーツ(クラブ)[63]などの研究。ここでも、それらのネットワークと教育(学校)のシステムとの、ないしそれらと家庭との相互作用が比較教育学研究にとって特別な重要性をもっている。

e) 最後に、比較教育学研究において社会化概念を使用することは、「システム」の観点から、それらのシステムのなかに参加している主体へ観点を移動させることを、また、発達の(普遍的)事実と、文化と教育の社会的に(多様な)事実との両者から影響を受けている、子ども期や若者の生物学的・社会的地位へ観点を移動させることを意味する。特にその発達的側面に関しての子ども[64]や若者[65]についての比較研究は、通常、「文化とパーソナリテイ」研究の伝統に連なる傾向がある[66]。他方、若者世代の社会的地位に焦点を当てた子どもと若者についての比較研究[67]は、子ども史の伝統に連なる傾向がある[68]。両方の場合において、比較教育学研究に特有の観点は、成長の過程における教育の役割を分析すること、および、子どもや若者の社会的地位が形成される際の子ども期と若者期の「教育化」(pedagogization)の効果について分析することによって明確にされてくる。

(B) 第二に、社会化概念の採用は、比較教育学研究の理論的アプローチをより豊かにすることができる。比較教育学は、伝統的に、しばしば学校の制度に限定された意味での教育の「システム」を、またしばしば授業という方法に限定された意味での教育の手段を、若者の成長を規定する

因子と見なし、それらを出発点にしてきた。他方で、社会化理論は、人間発達の普遍的「法則」がいかに文化的パターンや社会条件や教育手段によって形成されるかという中心問題から出発している。すなわち、媒介的で文化拘束的な影響をもった教育の下で、社会化され成長する主体の観点に基づいているのである。比較社会化研究のある「古典」の中で述べられているように、「人間のパーソナリティは、社会発展を絶え間なく促進させる要因であるとともに、そこから絶え間なく生み出された結果でもある」[69]。

したがって、比較教育学に対する社会化概念の主たる貢献は、教育構造の分析や文化的条件・価値の分析と、人間発達の理論とを結合するための統合的な理論的枠組みをもたらすことにあるのだろう。それに関するいくつかの事例を挙げることが有益であろう。

a）認知的道徳的発展の結果としての社会化。この観点はピアジェとその後継者たち（例えばローレンス・コールバーグ）の認知発達理論に由来する。この理論によれば、発達とは、ある一定の環境に対する生物有機体の同化と適応の過程であり、逆転できない一連の段階における、認知的操作・構造の精密化をもたらす過程である。この過程の中で、発達を促進する（または妨害する）要因としての教育が果たす重要な役割が、子どもの道徳的判断に関するピアジェの研究の中で、彼自身によって強調されている[70]。

ピアジェ以来のクロス・カルチュラルな研究は、特にアメリカ心理学においては長い伝統があり[71]、ドイツにおいても最近になって行われるようになってきた[72]。クロス・カルチュラルな観点から研究されるべき重要な問題点のいくつかを挙げてみると、以下のようなものがある。（ピアジェ的な意味での）発展段階は普遍的なものだろうか、それともそれぞれの文化において違いを見せるのだろうか。子ども（若者）の理性的・道徳的判断（行動）における特定の文化に拘束された価値とは何だろうか。教育（例えば初期の比較研究において分析されたような学校における道徳的な教授や訓練など）[73]は、理性的・道徳的判断

（行動）の一定のレベルやタイプあるいは内容にどんな貢献をしているだろうか、あるいはどんな貢献が可能なのだろうか。

b）動機の統制の結果としての社会化。この観点は精神分析理論に由来している。この理論によれば、発達は、一方向的な心理的・性的段階の中での、エゴの形成と考えられる。それによって、人は第一次的動機（すなわちイドの影響としての性的要求と攻撃性）を、社会的・文化的ルール（スーパーエゴ）に応じて、満足させ、統制できるようになる。このエゴ形成の過程は、（意識的・意図的な）教育とともに、子供の養育者との（多くの場合無意識的な）感情的結び付きや葛藤の影響も受けている。クロス・カルチュラルな研究においては、精神分析は重要な理論的枠組みを提供しており[74]、特にアメリカの文化人類学においてはその影響は顕著に見られる[75]。しかし、比較教育学研究では、精神分析的な志向はほとんど存在していない[76]。クロス・カルチュラルで精神分析的観点から研究すべき重要な問題のいくつかは、以下のようなものであろう。心理－性的段階や葛藤の普遍的なあるいは文化によって異なる発現とはどのようなものだろうか。異なる文化に適応するために個人が「支払」わねばならない心理的「代価」とはいかなるものだろうか。発達をめぐる精神衛生上の条件を維持するために教育はいかなる貢献をなし、またいかなる貢献が可能なのだろうか。

c）（象徴的）相互作用の結果としての社会化。この観点は、構造機能主義[77]や象徴的相互作用主義[78]などの行為理論と、社会的学習論[79]とを結び合わせたものである。これらの議論の共通の特徴として、エゴの形成を相互作用過程による社会的環境への積極的な「適応」と見なしている点を指摘できよう、しかし、この共通した核のまわりに異なった方向性を明らかにすることができる。行為体系という概念は、行為者を出発点にし、社会的ニーズと期待、統制を媒介する特定の状況における諸行為によって、行為者内部でのニーズの形成をもたらす[80]。相互に交流する人々のグループにおける経験の過程としての象徴的相互作用の概念は、「一般化された他者」あるいは「me」や

「Ｉ」を定義し、社会的・個人的アイデンティティの形成を促す[81]。社会的学習の概念は、個人が環境の中で重要な人物とともに成長することによるアイデンティティ獲得の過程をその内容としている[82]。相互作用論的概念の採用とそのさらなる精密化は、教育を含む社会化理論や社会化研究で中心的な役割を果たしているけれども[83]、（比較教育学を含んだ）クロス・カルチュラルな研究においては、相互作用的概念が準拠枠として用いられることはまれにしかない[84]。クロス・カルチュラルな相互作用的観点において研究されるべきいくつかの重要な問題は次のようなものであろう。例えば、愛着や役割取得のための時間・空間・機会に関わって、行為や相互作用の構造の類似点や相違点は何だろうか、個人は（例えば性的役割などの）行為や相互作用の特定の文化的社会的パターンに対してどのように反応するのだろうか。教育システムの中でいかなるタイプの相互作用や社会的学習が支持されるのだろうか。

(C) 第三に、社会化の概念は、問題やテーマの範囲を広げ、理論的アプローチを豊かにすることにより、比較教育学にとってのさらなる挑戦となる。すなわち、多様な方法を発展させる。比較教育学の方法論に関する中心的な問題点は、システム（文化）や（サブシステムまたは相互作用のフィールドとしての）教育やパーソナリテイ（態度、行為、発達、アイデンティティ）のレベルの間で、因果関係が明らかにされ得るか、またいかにしてそれが明らかにされうるのかという問題であるが、それは社会化の概念だけを用いたのでは間違いなく解決されない。むしろ、方法論的反省はさらに複雑化している。すでに示したように、ほとんどの社会化概念はアクティブな主体（個人または子ども）と相互作用の過程との両者を強調している。したがって、比較教育学における社会化概念の採用は、「説明」よりは「理解」を目的とし[85]、因果関係よりは各要素の「相対的配置」を明らかにしようとする[86]科学的方法論の一つのタイプの再生をもたらす。この観点においては、社会科学や行動科学において評価を得てきた、あるいは多くの場合、再評価されている多くの研究方法があ

り、それらの方法は、教育の構造や相互作用や過程のより良き理解(そして可能ならば測定)のために比較教育学に適用可能なのである。議論はこれくらいにして、いくつかの事例を以下に挙げておこう。

a)「フィールド・リサーチ」に関する多くの(量的・質的)方法[87]。それらの方法は「生態学的」アプローチ[88]によってさらに洗練されており、学校内外の教育的相互作用の条件や形式を主として取り扱っている。

b) 伝記や自伝的材料を分析する(主として質的な)方法[89]が、コミュニケーション技術の助けを得た、「口承史」[90]によってさらに発展している。それは、行為や教育経験の社会的(文化的)文脈に対する個人的解釈をともなった個人のライフ・ヒストリーを再構成する試みである。

c) 絵や物語のような、子どもや若者の創造的表現や作品を評価する(主として質的な)方法[91]。これは、「成長しつつある」個人による、教育的相互作用を含んだ、環境への積極的な「適応」の過程と関連している。

d) 個人発達と「社会的時間」との二つの観点において、生涯にわたる発達とそこにおける出来事を再構成する(量的および質的)方法[92]。生涯における発達は個人のライフ・ヒストリーにおける「重要な出来事」と関わっている。例えば、子どもが家庭から学校へ、成長する若者が学校から職業へ、あるいは、若いカップルから子どもをもった親へ、といったそれぞれの移行の道筋を扱う[93]。あるいは、ある年齢集団に対する(戦争や経済的危機、ないしは学生運動などの)歴史的事件の影響を扱う[94]。

e) 若者世代の態度や価値志向に関するインタビューや質問紙調査、そこでは、両親や家族についての、あるいは教師や学校についての、また仲間集団や若者文化についてのイメージが取り扱われる[95]。

当然ながら、これまで述べてきた方法を比較教育学研究においてうまく利用していくには限界がある。特に、調査対象とする領域あるいは人物への接近が、外国人研究者にとって容易でない場合には限界が大きい。そうした場

合には（結局のところそういう場合が多いが）、当該諸国において公刊されている研究から必要なデータを収集し、再分析する以外に方法はない[96]。

4 「子どもと家族の世界」：
比較教育学研究における新しい次元の一事例

　以下の節は、比較教育学にとって文化と社会化の概念がもつ重要性を検証しようとする現在進行している研究プロジェクトの紹介として読んでもらいたい。このプロジェクトはこれまで議論してきた問題についての二つの異なった観点から出発している。その問題とは、すなわち、教育の目的や方法と社会化の現実との相互関連である。「二つのはっきりと分離された社会的環境、すなわち大人の世界と子どもの世界」をもたらす文化という考え方を受け入れることができるだろうか[97]。あるいはすでにわれわれはこの道筋をあまりにも来すぎてしまったのだろうか。子ども期がすでに「それ自体の世界」になりすぎてしまったために[98]、将来の課題は世代間の「非対称性」を克服することなのだろうか[99]。

　教育の目的・方法から見てもまた社会化の現実から見ても、「子どもの世界」が家族によって——それは母子関係を中心に形成された近代核家族[100]であり、機能分化の一般的な過程によって[101]、子どもの養育と教育にとりわけ責任を負うようになってきたものであるが——そうした家族によって典型的に代表されるのだろうかという問題に、もはや明確に肯定的な解答を与えることはできない。

　教育の目的や方法についての第一の観点は、近代化に対する支配的な教育学的反応の伝統を引き継いでいる。すなわち、子ども期の「教育化」（pedagogization）である。教育的に配慮された「子どもの世界」は、文化を保持・伝達し、子どもが社会という「大陸」へ渡るための準備を与える義務を負った、社会の中の島のシステムのようなものである。そして、それらの子ども期の島は専門化した大人によって植民地化されている。現代社会では子どもは大人の日常生活（仕事や政治など）からほぼ完全に分離されているために、

「設備の良く、組織化され、『丈夫』な学校に彼らを連れていき、そこでは、さらなる教育的要求をもった家族関係の妨害を受けることもなく、給料の高く、教育程度も高い人々が、彼らに『生活』のため、職業のため、あるいは政治における責任のための準備を与えることは、道理にかなっているだけでなく、愛情ある行為である」[102]。

近代化は、大人の世界から子どもを分離させる過程としてはたらいたために、

「特別な『教育的領域』が登場し、そこでは経験がいかに提示されるかという問題が解決されなければならない。この提示の問題は理論的にも実践的にも解決されなければならないが、それゆえに、二つの側面をもつ。すなわち、生活の正しいパターンの問題と、教授学的教義の集積の中でこの生活を正しく提示することの問題とである……文化はもはや生活パターンの全体として子どもに示されることはなく、しかし、生活の正しいパターンの選択とその表現によって示される。このことが意味するのは、第一に何よりも、文化は、教育訓練の方法に変形され、よそよそしいものになるということである」[103]。

生活パターンとその提示との間の分離の点から見ると、第二番目の観点は、子どもと大人の世界の間の現代社会における乖離を克服するという考えに関わってくる。1970年の子どもに関するホワイトハウス会議において述べられていたように、「必要とされているのは、われわれの生活のパターンの変化であり、子どもの生活の中に人々を連れ戻し、また人々の生活の中に子どもを連れ戻すことである」[104]。同様に、コールマンは「非対称社会」の分析を行い、社会の生産活動への子どもの再統合が可能になるような新しい社会構造を主張している[105]。

以上の二つの観点は、現代文化が進む方向性については同じ見解であるが、近代化の過程やその子ども期や家族への影響、およびその帰結についての評

価では意見が分かれる。将来の行動へのアプローチや、先述のような過程に対する評価の違いは、社会史と、子ども期や家族に関するクロス・カルチュラルな比較についての異なった見方に基づいている場合が多い。

　教育の中心問題に関するこれらの観点、すなわち分析的な観点と規範的な観点から出発して、「子ども期の世界と家族」についてのプロジェクトは、まず第一に、「子ども自身の世界」としての家庭と子ども期の発達における内的な矛盾を描こうとする。子ども期は、生活の社会的条件と子どもの想像力の内的発達との間の緊張関係において分析される。「教育化」の可能性と危険性については、国際的な運動として、教育過程における客体としてのみならず主体としての子どもの理解に大きく貢献した進歩主義教育の例で示される。幼児保育や就学前教育に関連して、「家族的子ども期」と「国家的子ども期」の二つの極の間で、子どもの生活の組織化を試みた「子どものための政策」戦略とその失敗が描かれる。同様に、家族も、その内的なダイナミクスと政治的計画との間の緊張関係の文脈で分析される。より正確には、家族は、具体的な社会的条件によって規定されおり、現代社会にとっての「対抗的構造」と見なされると同時に、家族の有効性はまた社会的環境に依存し、家族は子どもと教育と発達における不変の要因として見なされている。

　第二に、「子ども期の世界と家族」の「と」が意味するところは、子ども期と家族との間の分離と同時にその関わりを分析することである。ブロンフェンブレナーによる「誰がアメリカの子どもに関心をもっているのか」[106]という問いは、一般に想定されている子どもに対する家族のフォーマルな責任を、両親たちがごく部分的にしか果たしていないという（すべての現代的社会において当てはまる）事実を指摘している。もし、家族が子どもにとっての基本的環境としての役割を果たすと考えられているとすれば、教育研究は、上記の観点のうちの最初のものによって、家族の外で行われる子どもの教育におけるシステム建設の条件、過程、パターンそしてその影響に関する輪郭を描かねばならない。この支配的な輪郭を（キブツのような）社会主義的共同体における生活様式や新しい家族の生活様式などと対比させることによって、上記の第二番目の観点と調和した、子ども期と家族の間の分離を克服するための

若干の実験が検討される。

　最後に、また根本的に「子ども期の世界と家族」が意味するのは、クロス・カルチュラルな比較によって、子ども期と社会、家族と社会、そして子ども期と家族の間の関係の類似点と相違点を分析することである。このプロジェクトの中心的問題は、二つのドイツ国家の家族の内外における幼児期教育の比較分析である。質的・量的な調査データの再分析とともに、公的資料や統計に基づいて、以下の仮設が検証される。

　－幼児期教育の公的制度の拡大ないしは非拡大の戦略は、長期的な歴史的過程と政治的計画の結果である。つまり、それは、経済と社会の近代化のパターンを形成する各国家のイデオロギー的志向の違いを現わしている。

　－それら両者の戦略は、例えば子どもの発達への適切な援助を与えるといった類似した目標を掲げることで公的に正当化され、それらの目標は異なった手段によって達成される、しかし、より特定化された多様な目標、例えば幼児期教育の公的制度が拡張される場合の女性労働力の動員とか、それが拡張されない場合の伝統的な家族イデオロギーの保持といった目標は、概して公にされることなく、それゆえに、それぞれの社会内の政治文化や経済的現実についての検討によってのみ明らかにされる。

　－幼児期教育の公的制度の拡大ないしは非拡大は、母親・子ども・家族の生活に影響を与える非常に重要な因子の一つである。両方の戦略とも、現在の組織構造との関連で、性役割行動や子どもの発達要求などの、家族生活の相対的自律性と内的ダイナミクスとに関係した、予期せぬ副作用を生み出す。

　－幼児期教育の政策の変化が生じるのは、特に、与えられた状況に対する市民の不満、例えば両国のシステムにおいて、幼児をもった多くの母親が家庭と職業との機会に対してもつ不満などが、社会全体にとって危険と思われる行動の形で（例えば出生数が急激に減少したりするような）表現されるような場合である。

　言うまでもなく、二つのドイツは、この節の最初で概説したような子ども期の二つの異なった観点を、それ自体として代表しているわけではない。むしろ、最近の両社会における幼児期教育の既定の戦略の変更は、家族と子ど

もの扶養問題に対して類似した解決法を見いだそうとしていることを示している。

　一見すれば、子ども期に関する比較研究は、学校に関する研究と同様に、教育システムに影響を与える、子どものための一定の手段についてのマクロなレベルの事実に関心を集中させてきた。マクロレベルの事実に対する分析は、国際的（クロス・カルチュラルな）研究と同様、個人や集団ばかりでなく社会に関するいかなる比較にとっても不可欠である。したがって、それぞれの幼児期教育のシステムの拡張（または非拡張）の歴史やその構造と社会的機能の分析は、ここで示したプロジェクトの重要な側面をなしている。そうした歴史やそれらの機能とは、幼児の養育への普遍的に見られる社会的需要、あるいは女子労働に対する多様な社会的需要、または教育における家族の役割に関する様々なイデオロギー、さらにその他のマクロレベルな要因などと関連しているのである。

　しかし、最近の幼児期教育に対する政策の変化の歴史は、マクロレベルの要因の分析のみでは十分に理解され得ない。それらの変化は、——例えば、両ドイツにおける家族内での子どもの養育に対する１年間の「有給休暇」制の導入は——、そのシステムを利用している（あるいは利用できない）人々を、すなわち、子どもとその主たる養育者である母親を、観察することによってのみ理解され得る。そのことは生物人類学的事実であるが、同時に、幼い子どもの養育は女性の仕事であるという文化的に形成されてきた事実でもある。そのことは、家族による「私的」教育や、男性の保育者が例外的な幼児保育の公的サービスについても当てはまる。両ドイツにおいて、この伝統的な仕事観の受容は、女性に基礎をおいた家族生活の文化を生み出してきたのであるが、女性の解放と彼女らの専門職化の進行によって、ますます葛藤が生じている。この葛藤と家事への夫・父親の概しての不参加は両ドイツにおいて類似しているが、政治文化、経済構造、子どもへの公的援助システムなどのマクロレベルの要素は非常に異なっている。ドイツ連邦共和国〔旧西ドイツ〕の場合、幼児への公的援助システムを欠いているために、上述のような葛藤が増加しており、もし適切なパートタイムの保育措置がなされたならば、多

くの母親が家庭外で少なくともパートタイムの仕事をもちたいとしている。家庭内で子どもを教育するための1年間の「有給休暇」制の導入は、この葛藤を「解決」するための手段であり、結果として、基本的には自明とされていた育児という仕事の公的地位を向上させたのであった。ドイツ民主共和国〔旧東ドイツ〕では、女性、母親はフルタイムで働いており、公的な幼児保育のいきわたったシステムを利用している。しかし、彼女らは自分の子どもとの接触の機会が少なくなる傾向がある。多くの女性が子どもともっと多くの時間を過ごしたがっており、労働時間を少なくしようとしている。1年間の「有給休暇」制の導入は、それによって彼女らが家庭の中で子どもを教育できるようにしたので、女性のライフサイクルの中の短い期間のニーズを満足させるものとなった。以上のように、幼児期教育の比較研究では、マクロレベルの政治的、文化的、経済的発展の相互の複雑な相互作用や、(家族生活のパターンや、性的役割分業や、態度やライフプランの変化などに見いだされる)日々の人々の文化のダイナミクスを研究するための多面的な観点を含むのである。

　同様に、教育システムの構造と機能を比較する際に、この幼児期教育の例が示すように、教育のシステムがそのために作られているところの、子どもたちの固有のニーズを考慮にいれた幅広いアプローチを選ぶことが有用である。人間発達の現象に反応して、幼児保育機関は幼児たちの依存性に対処しなければならない。このことは、若い世代の物理的・心理的健康を保障するような、質の高いサービスへの十分な投資を必要とする。さらには、人間のライフサイクルにおいてこの最初の段階は非常な重要性をもち、家族は幼児保育における基本的で不可欠な因子である。興味深いことにも、東ドイツの調査データによれば、包括的な保育所制度においてさえ、家族が子どもの全体的発達にとってもっとも重要な要素であり、家庭が個々の子どもの個性に最も影響を与えるという[107]。そのような調査結果は、東ドイツで行われている勤務日の全体にわたって集団保育を拡張するようなタイプを少なくさせている。したがって、幼児期教育のシステムは、基本的には二極的な領域をもつ社会化の、一つの極を代表するにすぎない。つまり、幼児教育システムの構造と機能についての比較研究は、その歴史についての研究の場合と同様に、

社会化をおこなう環境全体に対する、また幼児発達の個々の状況や家族や公的サービスの両者によるそれらへの対応に対する、複数の観点をもったアプローチをもつことになる。

要するに、幼児期教育の複雑な現実は、以下のようなデータを収集し評価することによってのみ理解することができる。
- 政治文化とイデオロギーの伝統
- 社会的、経済的ニーズ、および保育を求めるニーズ、あるいはそれらが国家や他の当局者・アクターによって解釈されるしかた
- 公的な保育サービスの質と量、若い家族に対するその他の援助システム
- 公的な保育所と家族による育児との間の連携の程度
- 幼児をもち、かつ働いている母親の人口に占める割合とその動機
- 母親の労働力への参入に対する女性や男性の態度（および態度の変化）
- 母親としての役割獲得、家事育児への夫／父親の参加、育児と勤務との両方を行う母親にとっての葛藤、などの家族生活の諸相
- 保育環境に対する個々の子どもの反応、たとえば母親と毎日引き離されることや社会化の二極的領域におけるかれらの生活など

明らかに、いくつかの研究方法の組合せのみが、幼児期教育の問題の、質的のみならず量的な、また主観的のみならず客観的な局面について理解するために必要な様々なデータの種類を収集することを可能にする。同様に、様々のデータを作り出し、解釈する際に、教育システムのダイナミクスを理解するためには、また家族生活、性役割に対する態度や行為、親子関係や子どもの発達を理解するためには、いくつかの理論的な枠組みが必要になる。

要約すれば、ここで述べたプロジェクトは問題接近的なタイプの研究の一つの事例である。つまり、それは比較教育学研究の問題とテーマの幅を広げ、その理論を豊かにし、その方法論的手段をさらに発展させるための挑戦なのである。

5 結論：比較教育学の理論的・実践的重要性

　ここまで、文化と社会化の概念を比較教育学研究において準拠枠となるものとして議論してきた。これらの概念を採用すること（およびそれらに対応した理論や調査方法を採用すること）は、他の重要な問題を提起し、望むらくは、それに答えるための助けになるであろう。文化と社会化の概念は、コミュニケーションの共通世界の中へ成長していく過程のもつ普遍的・偶然的特徴に関する幅広い理解を可能にする。それらの概念は、比較教育学の中において、教育の「システム」を学校のシステムへと矮小化し、また「教育」を教授と訓練とに矮小化してしまう傾向を克服する試みを意味する。それらは、比較教育学と他の社会科学、行動科学や教育との対話を密接にする。これらの点はすべて新しいことではなく、ヘッセン、シュナイダー、サドラー、ハンスといった比較教育学の開拓者たちによって主張されたが、部分的には忘れられてしまった伝統に属する事柄なのである。おそらく新しいことは、文化と社会化の概念に関連した観点を、比較教育学の理論と研究における主流の位置に（再び）戻そうとする、本章でなされた提案であろう。

　比較教育学は常に二つの目的を追い求めてきた。すなわち、知識の体系的な収集と、教育改革や国際理解の促進である。将来の発展の観点に立てば、両方の観点の統合は、われわれの学問への、社会化と文化の概念の幅広い採用によって可能になるだろう。比較教育学が実践的な有用性をもつようになるのは、それが、現代のいかなる社会の教育改革をも対応すべき、学校環境に見られる社会化の増大しつつある影響の、体系的な理解に貢献できた時のみである。同様に、国際理解に比較教育学が持つ実践的有用性は、文化の様々のパターンの起源や「個性」やその影響についての、体糸的な理解に貢献した場合のみに認められる。共通世界への唯一の途は、人間の文明化の様々な形式に対する理解と敬意をもつことである。したがって、社会化と文化の観点をもった比較教育学研究は、控え目なものであるとしても、他者だけでなくわれわれ自身についても何かを学ぶ方法として寄与することができる。

（伊藤彰浩 訳）

註

(1) Bernd Zymek, *Das Ausland als Argument in der pädagogischen Reformdiskussion* (Ratingen : Aloys Henn, 1975) 参照。
(2) Niklas Hans, *Comparative Education. A Study of Educational Factors and Traditions* (London, Henley : Routledge & Kegan Paul,1980), p.10.
(3) Ibid., p.2.
(4) Michael E. Sadler, "Introduction", in : M. E. Sadler (ed.), *More Instruction and Training in Schools. Report of an International Inquiry*, 2 vols. (London etc. : Longmans, Green & Co., 1908), vol.1, p.viii.
(5) Michael E. Sadler, "How Far Can We Learn Anything of Practical Value from the Study of Foreign Systems of Education", in : *Comparative Education Review* 7(1964), p.308.
(6) Ibid., p.309.
(7) Ibid., pp.308-9.
(8) Hans, op.cit., pp.7-9.
(9) Alfred L. Kroeber & Clyde Kluckhohn, *Culture. A Critical Review of Concepts and Definitions* (Cambridge, Mass. : Harvard University Press, 1952).
(10) Sadler, How Far Can We Learn, p.310.
(11) Eduard Spranger, "Probleme der Kulturmorphologie", in : *Sitzungsberichte der Preusischen Akademie der Wissenschaften, Philosophisch-Historische Klasse* (Berlin, 1936); (transl. L. L.).
(12) Friedrich Schneider, *Triebkräfte der Pädagogik der Völker. Eine Einführung in die Vergleichende Erzxiehungswissenschaft* (Salzxburg : Otto Müller, 1947).
(13) Hans, op.cit., p.16.
(14) e. g., Oskar Anweiler & Friedrich Kuebart, "'Internacionaloe vospitanie' und 'multicultural education'. Aspekte eines Vergleichs zweier politisch-pädagogischer Konzepte (UdSSR, Kanada)", in : Wolfgang Mitter & James Swift (eds.), *Erziehung und die Vielfalt der Kulturen* (Köln : Böhlau, 1985), pp.219-44 ; Wolfgang Hörner & Wolfgang Schlott, *Technische Bildung und Berufsorientierung in der Sowjetunion und in Frankreich. Ein intersystemarer Vergleich* (Berlin, Wiesbaden : Otto Harrassowitz, 1983) 参照。
(15) Hans, op.cit., p.10.
(16) Oskar Anweiler, *Geschichte der Schule und Pädagogik in Ruland vom*

Ende des Zarenreichs bis zum Beginn der Stalin-Ära (Berlin, Heidelberg: Quelle & Meyer, 1964); Ludwig Liegle, "Kindheit und Familie in der Sowjetunion", in: Caspar Fereczi & Brigitte Lohr (eds.), *Aufbruch mit Gorbatschow? Entwicklungsprobleme der Sowjetgesellschaft heute* (Frankfurt: Fischer, 1987) 参照。

(17) Bernhard Dilger, "Sowjetkultur und nationale Einzelkulturen", in: Oskar Anweiler & Karl-Heinz Ruffmann (eds.), *Kulturpolitik der Sowjetunion* (Stuttgart: Kröner, 1973), pp.300-44; Wolfgang Mitter, "Bilingal and Intercultural Education in Soviet Schools", in: Janus J. Tomiak (ed.), *Western Perspectives on Soviet Education in the 80s* (Houndsmills, London: Macmillan, 1986), pp.97-122; Oskar Anweiler & Friedrich Kuebert, op.cit.. 参照。

(18) Ludwig Liegle, "Tagtraume, Wirklichkeit und Erinnerungsspuren einer neuen Erziehung im judischen Gemeinwesen Palastinas (1918-1948)", in: *Neue Sammlung* 25 (1985), pp.60-77.

(19) Wilhelm Flitner, "Die Reformpädagogik und ihre internationalen Beziehungen", in: *internationale Zeitschrift für Erziehungswissenschaft* 1 (1931), pp.52-3; (transl. L.L.).

(20) Hans. op.cit., p.10.

(21) Immanuel Kant, *Über Pädagogik*, ed. O. Willmann, Pädagogische Bibliothek Band X (Leipzig: Siegismund & Volkening, n.d.), pp.64-71.

(22) Immanuel Kant, "Idee einer allgemeinen Geschichte in weitbürgerlicher Absicht", in: Kant, op.cit., p.117.

(23) Jürgen Habermas, *Zur Rekonstruktion des Historischen Materialismus* (Frankfurt: Suhrkamp, 1976), pp.92-128.

(24) Anweiler, *Geschichte*, op.cit..

(25) Dietmar Waterkamp, *Das Einheitsprinzip im Bildungswesen der DDR. Eine historisch-systemtheoretische Untersuchung* (Köln, Wien: Böhlau, 1985).

(26) Sergius Hessen, "Kritische Vergleichung des Schulwesens der anderen Kulturstaaten", in: *Handbuch der Pädagogik*, vol.4, ed. H. Nohl & L. Pallat (Langensalza: Belz, 1928), pp.421-514.

(27) Ernst Krieck, *Bildungssysgteme der Kulturvölker* (Leipzig: Quelle & Meyer, 1927).

(28) 例えば、Saul B. Robinsohn et al. (eds.), *Schulreform im geselschaftlichen Prozeß. Ein interkultureller Vergleich*, vol.1. 2. (Stutgart: Klett, 1970-1975); Leonhard Froese et al., *Qualifizierung und wissenschaftlich-techni-*

scher Fortschritt am Beispiel ausgewählter Industriestaaten, vol.1-3 (Ravensburg : Otto Maier, 1975).
(29) Horner & Schlott, op.cit.; Jürgen Schriewer, "Alternativen in Europa: Frankreich. Lehrlingsausbildung unter dem Anspruch von Theorie und Systematik",in :Enzyklopädie Erziehungswissenschaft, vol.9.1, ed. D. Lenzen (Stuttgart : Klett, 1982), pp.250-85.
(30) Hans, op.cit., p.8.
(31) Urie Bronfenbrenner, Two Worlds of Childhood : U.S. and U.S.S.R. (New York etc.: Russell Sage Founddation,1970).
(32) e.g. Friedrich W.Busch, Familienerziehung in der sozialistischen Pädagogik der DDR (Dusseldorf : Schwann, 1972); Barbara Hille, Familie und Sozialisation in der DDR (Opladen : Leske, 1985); Ludwig Liegle, The Family's Role in Soviet Education, transl. Susan Hecker (New York: Springer, 1975); Ludwig Liegle, "Education in the Family and Family Policy in the Soviet Union", in : Tomiak (ed.), op.cit., pp.57-74 ; Ludwig Liegle, Familie und Kollektiv im Kibbutz, 5th ed. (Weinheim : Belz, 1979).
(33) 例えば、Maria Fölling-Albers, Kollektive Kleinkind- und Vorshulerziehung im Kibbutz (Paderborn : Schoningh, Munchen: Martin Lurz, 1977); Ludwig Liegle, "Private oder öffentliche Kleinkinderziehung? Politische Steuerung und gesellschaftliche Entwicklung im Systemvergleich (BRD, Sowjetunion, DDR)", in : Oskar Anweiler (ed.), Staatliche Steuerung und Eigendynamik im Bildungs- und Erziehungswesen ostoeropäischer Staaten und der DDR (Berlin : Arno Spitz, 1986), pp.197-232.
(34) 本章第3節参照。
(35) 例えば、Douglas E.Foley, "Anthropological Studies of Schooling in Developing Countries : Some Recent Findings and Trends", in : Comparative Education Review 21 (1977), pp.311-28; John Singleton, "Education and Ethnicity", in : Comparative Education Review 21 (1977), pp.329-44 ; Frank Musgrove, Education and Anthropology. Other Cultures and the Teacher (Chichester etc.: John Wiley & sons, 1982). この観点は、近年、「エスノ教育学」のタイトルでドイツ語文献上議論された。Friedrich K.Rothe, Kultur und Erziehung, Umrisse einer Ethnopädagogik (Köln etc.: Weltforum, 1984) 参照。
(36) Theodor Wilhelm, "Sozialisation und soziale Erziehung", in: Gerhard Wurzbacher (ed.), Der Mensche als soziales und personales Wesen. Beiträge zu Begriff und Theorie der Sozialisation (Stuttgart : Enke, 1963), p.126 ; (英語訳はリグレによる)。

(37) Wilhelm, loc. cit. 参照。
(38) Sadler, How Far Can We Learn, pp.308-9.
(39) Siegfried Bernfeld, *Sisyphos oder die Grenzen der Erziehung* (Frankfurt: Suhrkamp 1967), p.51. 本書の初版は最初国際精神分析出版社 (Internationaler Psychoanalytischer Verlag) から1925年にライプツィヒなどで出版された。
(40) Ibid., p.54.
(41) Ibid., p.85.
(42) Ibid., p.28.
(43) Ibid., pp.132-43.
(44) 例えば、Anweiler, Geschichte, op.cit., and Christel Langewellpott, *Erziehungswissenschaft und pädagogische Praxis in der DDR* (Düsseldorf: Schwann, 1973).
(45) 例えば、Jürgen Schriewer, "Pädagogik-ein deutsches Syndrom? Universitäre Erziehungswissenschaft im deutsch-französischen Vergleich", in: *Zeitschrift für Pädagogik* 29 (1983), pp.359-89 参照。
(46) 教育を含む学際的な概観については、*Handbuch der Sozialisationsforschung*, eds. Klaus Hurrelmann & Dieter Ulich (Weinheim: Belz, 1980) 参照。
(47) 例えば Helmut Fend, *Theorie der Schule* (München, Wien: Urban & Schwarzenberg, 1980.
(48) 例えば、Franz Wellendorf, *Schulische Sozialisation und Identität. Zur Sozialpsychologie der Schule als Institution* (Weinheim: Belz, 1973); Heinz Oswald & Lothar Krappmann, "Konstanz und Veränderung in den sozialen Beziehungen von Schulkindern", in: *Zeitschrift für Sozialisationsforschung und Erziehungsoziologie* 4 (1984), pp.271-86 参照。
(49) 例えば、Oskar Anweiler (ed.), *Bildungsforschung und Bildungspolitik in Osteuropa und der DDR* (Hannover etc.: Schroedel, 1975); Anweiler (ed.), *Erziehungs- und Sozialisationsprobleme in der Sowjetunion, der DDR und Polen* (Hannover etc.: Schroedel, 1978); Anweiler (ed.), *Bildung und Erziehung in Osteuropa im 20. Jahrhundert* (Berlin: Arno Spitz, 1982).
(50) Bernfeld, op.cit., p.52, が述べているように。
(51) Wilhelm, op.cit. (註 36) 参照。
(52) 例えば、Reinhard Fatke, Schulumwelt und Schülerverhalten (München: Piper, 1977); Hildegard Kasper, *Freiheit und Planung im englischen Schulwesen der Gegenwart* (Braunschweig: Westermann, 1968); Hildegard Kasper & A. Piecherowski (eds.), *Offener Unterricht an Grundschulen. Berichte englischer Lehrer* (Ulm: Vaas,1978) 参照。
(53) 早い時期の例として、Friedrich Kuebart, "Politische Sozialisation und

politische Erziehung in der Sowjetunion", in: *Bildung und Erziehung* 25 (1972), pp.44-57 がある。
(54) 多文化教育についての研究事例は、註17に示されている。こうした「問題群」を扱う場合は、研究範囲は明らかに、教授学習の形式的過程を超える。
(55) 幼児期の保育に関するいくつかの比較研究は、註33に示されている。就学前教育の領域における比較研究は、主に、1960～70年代の急速な拡大期になされている。例えば、Bernhard Troullet, *Die Vorschulerziehung in neun europäischen Ländern* (Weinheim etc.: Belz, 1967); Bernhard Troullet, *Vorschulerziehung in den USA* (Weinheim etc.: Beltz, 1970); Gerd Iben, *Kompensatorische Erziehung. Analysen amerikanischer Programme* (München: Juventa, 1971); Dieter Holtershinken (ed.), *Vorschulerziehung 2: Ausländische Erfahrungen und Tendenzen* (Freiburg: Herder, 1973).
(56) 例えば、Arnold Freiberg und Christa Mahrad, *FDJ. Der sozialistische Jugendverband der DDR* (Opladen: Westdeutscher Verlag, 1982)参照。
(57) 拡充されつつある、ソーシャル・ワークとソーシャル・ワーク教育に関する国際協力・交流の長い伝統は現在も継続している。例えばサロモンの伝記(Alice Salmon, *Charakter ist Schicksal* (Weinheim: Belz, 1985) を見よ。同じことが、ドイツのソーシャル・ワークにおける外国の手法とりわけアメリカの手法の広範な適用にも当てはまる。しかし、この分野の比較研究はきわめて稀である。例えば、Brigitte Balzer & Susanne Roll, *Sozialpädagogik und Krisenintervention* (Neuwied, Darmstadt: Luchterhand, 1981); Konrad Leube, *Professionalisierung und Ausbildung in der amerikanischen Sozialarbeit* (München: Deutsches Jugendinstitut, 1981); Walter Specht, *Jugendkriminalität und mobile Jugendarbeit. Ein stadtteilbezogenes Konzept von Street Work* (Neuwied, Darmstadt: Luchterhand, 1979)参照。
(58) 註32参照。また、Friedrich Heckmann, Gerhard Wurzbacher (ed.), *Die Familie als Sozialisationsfaktor* (Stuttgart: Enke, 1977), pp.33-47; Gisela Trommsdorff, "Familiale Sozialisation im Kulturvergleich", in: *Zeitschrift für Sozialisationsforschung und Erziehungssoziologie* 4 (1984), pp.79-98 参照。
(59) ドイツ語による比較研究は欠けているが、Brigitte Naudascher, *Die Gleichaltrigen als Erzieher* (Bad Heilbrunn: Klinkhardt, 1977) はいくらか比較の観点を含んでいる。イスラエルのキブツを扱った研究もある。Edward C. Devereux et al., "Socialization Practices of Parents, Teachers, and Peers: The Kibbutz versus the Sity", in: *Child Development* 45 (1974), pp.269-81; Amy Avgar et al., "Socialization Practices of Parents, Teachers and Peers in Israel: Kibbutz, Moshav, and City", in: *Child Development* 48 (1977),

pp.1219-27.
(60) Klaus Schleicher(ed.), *Elternhaus und Schule, Kooperation ohne Erfolg?* (Dusseldorf : Schwann, 1972)など参照。この本は、ドイツ、イギリス、フランス、オランダ、日本、ソビエト、アメリカを扱っている。
(61) Busch, Familienerziehung, op.cit., pp.255-64; and Liegle, *The Family's role*, op.cit., pp.91-116 など参照。
(62) Klaus Schleicher, *Sesame Street für Deutschland? Die Notwendigkeit einer 'vergleichenden Mediendidaktik'* (Düsseldorf : Schwann, 1972); Hans-Dieter Kubler et al., *Kinderfernsehsendungen in der Bundesrepublik und der DDR. Eine vergleichende Analyse* (Tübingen : Niemeyer, 1981) 参照。
(63) Dieter Martin, *Schulsport in Deutschland. Ein Vergleich der Sporterziehung in den allgemeinbildenden Schulen der BRD und der DDR* (Schorndorf : Hofmann, 1972); Barbara Hille, "Zum Stellenwert des Sports bei Jugendlichen in der Bundesrepublik Deutschland und in der DDR", in *Deutschland-Archiv* 9 (1976), pp.592-601 参照。
(64) D. A. Wagner & H. W. Stevenson (eds.), *Cultural Perspectives on Child Development* (San Francisco, 1982); P. H. Leidermann et al. (eds.), *Culture and Infancy. Variations in the Human Experience* (New York etc. : Academic Press, 1977); Klaus Schneewind, "Ungleichheiten von Familien und Kindern im kulturellen Kontext", in : *Behindertenpädagogik* 22 (1983), pp.194-226 など参照。
(65) Hans-Peter Schäfer, *Jugendforschung in der DDR. Entwicklung, Ergebnisse, Kritik* (München : Juventa, 1974); Hans-Peter Schäfer, "Zukunftsorientierung und Lebensplanung der Jugend in der Bundesrepublik Deutschland und der DDR", in : Siegfried Baske & H. Rögner-Francke (eds.), *Jugendprobleme im geteilten Deutschland* (Berlin : Duncker & Humblot, 1986); Wolf Oschlies, *Jugendkriminalität in Osteuropa* (Köln : Böhlau, 1979); Walter Jaide & Barbara Hille (eds.), *Jugend im doppelten Deutschland* (Opladen : Wesdeutscher Verlag, 1977) など参照。
(66) Robert A. LeVine, *Culture, Behaviour and Personality* (Chicago : Aldine, 1973). など参照。
(67) H. Hengst (ed.), *Kindheit in Europa. Zwischen Spielplatz und Computer* (Frankfurt : Suhrkamp, 1985); Ludwig Liegle, "Kindheit und Familie im interkulturellen Vergleich", in : *Neue Sammlung* 19 (1979), pp.471-88; Peter Rosbach, "Sozialisationsindikatoren-Zur Erfassung von sozialisationsbedingungen in der fruhen Kindheit", in : *Zeitschrift für Sozialisationsforschung und Erziehungssoziologie* 4 (1984), pp.331-44 ; Ludwig von Friedeburg

(ed.), *Jugend in der modernen Gesellschaft* (Köln, Berlin : Kiepenhauer & Witsch, 1965); Jaide & Hille, op.cit. など参照。

(68) Phillipe Aries, *Geschichte der Kindheit* (München : Hauser, 1965) など参照。

(69) William I. Thomas & Florian Znaniecki, *The Polish Peasant in Europe and America* (Chicago : Chicago University Press, 1927), vol.II, p.1831.

(70) Jean Piaget, *Das moralische Urteil beim Kinde* (Frankfurt : Suhrkamp, 1973).

(71) Patricia T. Ashton, "Cross-Cultural Piagetian Research : An Experimental Perspective", in : *Harvard Educational Review* 45 (November, 1975); James Garbarino & Urie Bronfenbrenner, "The Socialization of Moral Judgment and Behavior in Cross-Cultural Perspective", in : T. Lickona (ed.), *Moral Development and Behavior* (New York : Holt, Rinehart & Winston, 1976) 等参照。

(72) Traugott Schofthaler & Dietrich Goldschmidt (eds.), *Soziale Struktur und Vernunft. Jean Piagets Modell entwickelten Denkens in der Diskussion kulturvergleichender Forschung* (Frankfurt : Suhrkamp, 1984).

(73) Sadler, *Moral Instruction*, op.cit., (註4)参照。

(74) 例えば、Erik H. Erikson, Childhood and Society (New York : W. W. Norton & Comp., Inc., 1950) 参照。

(75) 例えば、Barbara B. Whiting & John M. M. Whiting, *Children of Six Cultures. A Psycho-cultural Analysis* (Cambridge, Mass. : Harvard University Press, 1975) 参照。もっとも興味深いのは、イスラエルのキブツにおける子どもの社会化と発達に関する研究である。Melford E. Spiro, *Children of the Kibbutz* (Cambridge, Mass. : Harvard University Press, 1958); Bruno Bettelheim, *The Children of the Dream* (London : Macmillan, 1969); Albert I. Rabin & Benjamin Beit-Hallahmi, *Twenty Years Later : Kibbutz Children Grown up* (New york : Springer, 1982).

(76) Liegle, *Familie und Kollektiv im Kibbutz* (註32参照) は、部分的に精神分析的志向を取り入れている。

(77) Talcott Parsons & Edward A. Shils, *Toward a General Theory of Action* (Cambridge, Mass. : Harvard University Press, 1951).

(78) George H. Mead, *Mind, Self, and Society* (Chicago : University of Chicago Press, 1934).

(79) Albert Bandura & Robert H. Walters, *Social Learning and Personality Development* (New York : Holt, Rinehart & Winston, 1963).

(80) Parsons & Schils, op.cit.

(81) Mead, op.cit.
(82) Bandura & Walters, op.cit.
(83) Manfred Anwarter et al. (eds.), *Seminar : Kommunikation, Interaktion, Identität* (Frankfurt : Suhrkamp, 1976); Jürgen Habermas, *Theorie des kommunikativen Handelns* (Frankfurt : Suhrkamp, 1981); Hans Joas, "Rollen- und Interaktionstheorien in der Sozialisationsforschung", in : *Handbuch der Sozialisationsforschung*, eds. Klaus Hurrelmann & Dieter Ulrich (Weinheim : Belz, 1980), pp.147-60 ; Lothar Krappmann, *Soziologische Dimensionen der Identität* (Stuttgart : Klett, 1969); Klaus Mollenhauer et al., Familienerziehung (München : Juventa, 1975) 参照。
(84) ドイツ語圏の比較教育には、相互行為アプローチを取る研究は、(キブツの研究など) 少ししかない。Irmgard Breitbach, *Identitätsentwicklung im Kindergartenalter unter den Bedingungen kollektiver Erziehung* (München : Minerva, 1979), Liegle, *Familie und Kollektiv* (註32参照).
(85) Wilhelm Dilthey, *Schriften zur Pädagogik*, eds. Hans-Hermann Groothoff & Ulrich Herrmann (Paderborn : Schoningh, 1971) 参照。
(86) Norbert Elias, *Über den Prozeß der Zivilisation*, 2 vols. (Frankfurt : Suhrkamp, 1978)参照。
(87) Kurt Lewin, *Feldtheorie in den Sozialwissenschaften* (Bern : Huber, 1963).
(88) Urie Bronfenbrenner, *Ökologische Sozialisationsforschung* (Stuttgart : Klett, 1976). このブロンフェンブレンナーの論文集の中には、比較研究もいくらか含まれている。生態学的社会化研究は (この用語を用いることに確信があるわけではないが)、ドイツには長い伝統がある。例えば、Marthe Muchow & Hans Muchow, *Der Lebensraum des Grosstadtkindes* (Hamburg : Martin Riegel, 1935) 参照。典型的な出来事として、この研究は近年、復刻された (Bensheim : pad. extra Buchverlag,1980)。
(89) トマスとズナニエツキ (Thomas & Znaniecki, op.cit.) の古典的研究を参照。ドイツ文献の中での早い事例は、クララ、ウィリアム・スターン、シャルロッテ・ビューラーらの子どもの日記の評価研究である。
(90) 「口述史」を含むこのアプローチをさらに発展させたものとしては、L. Niethammer (ed.), *Lebenserfahrung und kollektives Gedächtnis. Die Praxis der 'Oral History'* (Frankfurt : Syndicat,1980). このアプローチを教育に最近採用したものとして、Dieter Baacke & Theodor Schultze (eds.), *Pädagogische Biographieforschung : Orientierungen, Probleme, Beispiele* (Weinheim : Belz,1985) がある。
(91) 早い時期の例として Kerschensteiner, *Die Entwicklung der zeichnerischen*

Begabung (München : Oldenburg, 1905); Siegfried Bernfeld, *Vom dichterischen Schaffen der Jugend. Neue Beiträge zur Jugendforschung* (Leipzig etc.: Internationaler Psychoanalytischer Verlag, 1924) がある。ベルンフェルトは、「青年心理学、青年社会学研究所」(*Annalen der Natur- und Kulturphilosophie* 13 (1920), pp.217-51)) をスタートさせた。この研究所は国際的な (ユダヤ人的) 観点から資料を集め評価することを目的としていた。「子ども研究」のこうした伝統は最近、ファトケとフリットナーによって再興されている。例えば、Reinhard Fatke, "Die Phantasie und das Selbst des Kindes", in : Günther Bittner (ed.), *Selbstwerden des Kindes* (Fellbach : Adolf Benz, 1981), pp.181-90 参照。

(92) 例えば P.B. Baltes & K.W. Schaide (eds.), *Life-span Development Psychology. Personality and Socialization* (New York, London : Academic Press, 1973); *Entwicklungspsychologie der Lebensspanne*, eds. P.B. Baltes & L.H. Eckensberger (Stuttgart : Klett-Cotta, 1979); Martin Kohll, "Lebenslauftheoretische Ansätze in der Sozialisationsforschung", in : *Handbuch der Sozialisationsforschung*, eds. Klaus Hurrelmann & Dieter Ulich (Weinheim : Belz, 1980), pp.299-320 参照。

(93) 例えば Sigrun-Heide Filipp, *Kritische Lebensereignisse* (München : Urban & Schwarzenberg, 1981); Klaus Schneewind, "Konsequenzen der Erstelternschaft", in : *Psychologie in Erziehung und Unterricht* 30 (1983), pp.161-72 参照。

(94) 例えば、Georg H. Eider, *Children of the Great Depression* (Chicago : University of Chicago Press, 1974); Martin Kohli (ed.), *Soziologie des Lebenslaufes* (Darmstadt, Neuwied : Luchterhand, 1980) 参照。

(95) 例えば、Jaide & Hille, op.cit. (註65参照) 参照。この種の早い時期の比較青年研究の事例は、Max Horkheimer (ed.), *Studien über Autorität und Famiilie* (Paris : Alcan, 1936), pp.353-456 に見られる。

(96) この文脈では、二つのドイツの比較青年研究が有効な例である。Jaide & Hille, op.cit., and Schafer, Zukunftorientierung, op.cit. 参照。この問題に関するいくらか経験科学的例証を交えた方法論的反省は、Ludwig Liegle "Ansätze der Sozialisationsforschung in der Sowjetunion und in Untersuchungen uber die Sowjetunion", in : Bernhard Dilger et al. (eds.), *Vergleichende Bildungsforschung : DDR, Osteuropa und interkulturelle Perspektiven* (Berlin : Arno Spitz, 1986), pp.101-18 に見られる。

(97) Maria Montessori, *Kinder sind anders* (Stuttgart : Klett, 1952), p.11.

(98) Ferdinand W. Menne, "Eine Welt für sich? Zur soziologischen Anthropologie der Kindheit", in : *Kindler's Enzyklopädie Der Mensch*, vol.9, eds.

H. Wendt & N. Loecker, (Zürich : Kindler, 1984), p.264.
(99) James S. Coleman, *The Asymmetric Society* (Syracuse : Syracuse University Press, 1982) 参照。
(100) 例えば、Edward Shorter, *The Making of the Modern Family* (New York : Basic Books, 1975) 参照。
(101) この社会学的アプローチとして、Hartmut Tyrell, "Familie und gesellschaftliche Differenzierung", in : Helge Pross (ed.), *Familie-wohin?* (Reinbek : Rowohlt, 1979), pp.13-77 がある。
(102) Hartmut von Hentig, "Das Leben als Schule? Kinder sammeln Erfahrungen", in : *Kindler's Enzyklopädie*, op.cit., p.413.
(103) Klaus Mollenhauer, *Vergessene Zusammenhänge. Über Kultur und Erziehung* (München : Juventa, 1983), pp.68-9, 50.
(104) Urie Bronfenbrenner, "Developmental Research and Public Policy", in : J. Nürnberger (ed.), *Biological and Environmental Determinants of Early Development* (Baltimore : Williams & Wilkins, 1973), p.365.
(105) Coleman, op.cit.（註99参照）.
(106) Urie Bronfenbrenner, "Who Cares for America's Children?, in : *Young Children* 26 (1971), pp.157-63.
(107) Eva Schmidt-Kolmer (ed.), *Zum Einfluß von Familie und Krippe auf die Entwicklung von Kindern in der frühen Kindheit* (Berlin : Volk und Gesundheit, 1977) 参照。

監訳者解題

今井　重孝

　比較教育学は外国教育学とは異なっている。比較教育学の歴史自体が、単なる外国の教育紹介からいかにしたら脱却できるかを課題として発展してきた軌跡を示していると言ってよい。そもそも比較は、社会科学において、自然科学における実験に代わる重要な方法として高く評価されている。社会科学の場合には、実験ができない代わりに様々な国を比較することにより一般的な法則を見いだそうとするわけである。ところが、日本の比較教育学の場合、必ずしも、方法論的自覚が高いとは言えず、外国の事例紹介が比較教育学であるかのような趣がある。

　とはいえ、日本にもいくつかの優れた比較教育学の業績がないわけではない。かつて、広島大学比較教育研究室は、学校掃除をテーマとして、多数の国々に対してアンケート調査を行いその結果を類型化するという新しい研究地平を開拓した。あるいはまた、石附実を中心とするグループは、「比較教育風俗」という新分野を開拓し、儀式、学校行事、学校建築、教材・教具、制服、校旗などの比較の可能性を示した。

　ほかにも、個別には、優れた方法意識に裏打ちされた比較教育研究もないわけではないが、大勢として見れば、日本の比較教育学は、外国の教育を紹介するという外国教育学の役割に甘んじる傾向があったことは否めない。その理由としては、一つの国の教育に通じるためには、それだけでも語学に通じることからはじまって大変な努力を要するわけで、ましてや二つの国に通じるなどということは、通常の能力の持ち主には不可能に近い、と考えられていることが挙げられる。

　また、実証主義を基本とする現代の学問の営為からすれば、原資料による

分析が高く評価され、二次資料に基づく分析は低く見られる傾向がある。したがって、翻訳文献に頼りながら多くの国の比較を行うことは、学問的と見なされにくいこともある。

しかしながら、日本と比較するのであれば、語学に関しても日本語プラス一カ国語に通じていればよいわけだから、語学上の問題はないわけだし、原資料に基づくことも可能である。むしろ、日本との比較意識が弱いことが基本的な問題と思われる。

教育社会学の分野では、外国の理論の輸入ではなく、日本発の理論を構築することが目指されている。比較教育学においても、同様の問題意識をもつことが必要ではなかろうか。こうした理論的作業が可能になるためには、比較教育学における理論的、方法論的な検討が不可欠である。理論水準の高い本書の翻訳は、そうした検討に寄与するところが大きいと言えよう。

さて、比較教育学の歴史は、ジュリアンからはじまり、その後、20世紀前半期のキャンデル、ハンス、シュナイダーらの歴史学的比較教育学の時期、1960年代以降のシュルツ、エディング、アンダーソンらの社会学的比較教育学の時期を経て、1970年代以降、葛藤理論、ネオ・マルクス主義的アプローチ、ワールド・システム・アプローチ、民族誌的アプローチなどの新しい方法が現れ、現在に至っている。

歴史的比較教育学においては、国によって異なっている国民教育制度の違いを生み出した要因を分析することに研究関心を集中していた。社会学的比較教育学は、経済と教育の関係を主に数量的に分析し、経済発展と教育の普及率との相関関係を指摘したりした。葛藤理論やネオ・マルクス主義は、教育における階層や力関係の分析に関心を集中していた。ワールド・システム・アプローチは、ウォーラーステインの世界システム論や、新植民地主義の中心－周辺論を教育に応用したものである。民族誌的アプローチは参与観察の手法を教室の観察などに応用するものである。

以上の大雑把な叙述からも容易に見て取れるように、諸学の様々な方法論を教育比較に応用する形で比較教育学が成立していることがわかる。例えば、1986年に出版された、アルトバックとケリー編の『比較教育へのニュー・ア

プローチ』は、1977年以降1986年に至るまでに、雑誌『比較教育評論』(Comparative Education Review)に掲載された新しいアプローチを示す論文を集めたものであるが、この書物では、民族誌的アプローチ(メースマン)、ネオ・マルクス主義的アプローチ(アップル、カーノイ)、ワールド・システム・アプローチ(ボリ、ラミレス、マイヤー)などが取り上げられている。

さて、1988年に原書が出版された本書は、本書の前書きにあるように、1984年にパリで開催された第5回世界比較教育学会で「比較教育の理論と方法」部会においてなされた議論から発展したものである。しかも最初の草稿のほとんどは全面的に書き換えられ、この新たな原稿のほとんどがさらに1987年リオデジャネイロでの第6回世界比較教育学会で密度の濃い議論に付されたのであった。アルトバックとケリーの編著との比較で言えば、『比較教育へのニューアプローチ』が、雑誌『比較教育評論』の性格もありアメリカ中心の比較教育学の新しい動きを示しているのに対して、本書は、ドイツ、フランス、イギリス、アメリカ、ラテンアメリカが含まれ、どちらかと言えばヨーロッパ中心の新しい動きを示したものとなっている。

本書の際立った特長は、その方法論上の新しさに加えて、全体的に論争的なところにある。それゆえに、1988年に出版された本であるにもかかわらず、現在においてもまったく古さを感じさせない。

方法論上の新しさについて言えば、まず、ドイツの社会学者ニクラス・ルーマンのシステム理論を比較教育学に取り込む試みが挙げられる。シュリーバーは、システム論的手法を比較教育学において精緻に展開している。また、シュリーバーの比較教育システム論から出発して、オリベラはその難点を克服する方向として、「教育」学(educology)の構想を描いている。教育システムのいわば内発的発展段階を提起したマーガレット・アーチャーの形態生成アプローチについてもエプスタインが取り上げている。エプスタインはまた現象学的アプローチも取り上げている。問題アプローチで有名なホームズも、システム理論を意識してか、教育システムの相対的独自性を強調するに到っている。ル・タン・コイも立場は異なるがシステム的アプローチに言及している。さらに新しいアプローチとして、ターナーが教育経済学で著

名なボーマンの手法を批判しつつ、ゲームの理論を比較教育学に応用しようとしている。また、リーグレは、教育概念を社会化概念に拡張して比較教育学の領域の拡張を図っている。

次に論争的な点について言えば、まず、ノアとエクスタインが、従属理論を単純化のしすぎであるという観点から多角的に厳しく批判していることが挙げられる。また、ホームズの論文も歴史的な経緯を追いながら、キングやル・タン・コイをポパーの受容の仕方において批判し彼の問題アプローチの立場を鮮明にしようとしている。新しいアプローチの提唱自体従来のアプローチへの挑戦なのであるし、世界比較教育学会での議論を踏まえて書かれていることもあり、全体としてきわめて論争的な書物に仕上がっていると言える。これが本書の限りなき魅力になっている。

であるとすれば、解説自体も多少論争的に書くのが適当と言えるかもしれない。

さて、比較する場合、相違点と類似点を明らかにするのが課題であると見られる[1]。その場合、類似点を明らかにし一般化を志向する研究アプローチと相違点を明らかにし差異化を志向する研究アプローチが区別される。伝統的な歴史的比較教育学は国による違いに重点をおくという意味で差異化志向であり、社会学的比較教育学は一般法則の定立を求めるという点で一般化志向であった。ネオ・マルクス主義や従属理論は一般化志向であり、民族誌的アプローチや多文化主義は差異化志向である。両者の統合こそが比較教育学の課題と言えようが、さて、こうした観点から見たとき、本書のそれぞれの論文はどんな位置づけになるのであろうか。

さて、第1章のエプスタインの論考であるが、この論考は、「比較」という概念の解釈が認識論的な立場により二つの相容れない解釈に分かれるという視点で書かれている。彼は、実証主義的認識論を比較教育学の王道として把握した上で、実証主義批判の動向を相対主義的認識論として捉え、相対主義の流れとして「文化相対主義」と「現象学」を取り上げた上で、両者の総合を試みるアプローチとして、「ケーススタディ・アプローチ」、アーチャーの「形態生成アプローチ」、それにホームズの「問題アプローチ」を取り上げ、

いずれも統合が不十分であるとしている。この両者の統合が成功するまでは、「比較」についての相対立する解釈が対立し続けるであろう、というのがエプスタインの結論である。この論文は、「一般化」アプローチと「差異化」アプローチが異なった認識論的立場に基づいていることを指摘し両者の統合こそが比較教育学の新しい方向性である、という主張として読み替えることができる。

次のシュリーバーの第2章は、ニクラス・ルーマンのシステム理論の一部を比較教育学に応用しようとした注目すべきものである。ルーマンのシステム理論は、現在の最先端のグランド・セオリーであり、その領域は、法学、経済学、社会学、教育学、宗教学、家族論、エコロジー、認識論、学問論、芸術論に及び、その理論的起爆力には計り知れないものがある。ドイツの教育学では、エルカースによる教育思想史への応用[2]、テノルトによる教育史への応用[3]、マルコヴィッツによる授業論への応用[4]、シュリーバーによる比較教育学への応用などがなされており、システム論は、教育学における一つのアプローチとして定着している。最近は、日本でも、石戸教嗣[5]、山名淳[6]、木村浩則[7]、鳥光美緒子[8]、今井重孝[9]などによる教育学におけるシステム論の受容がはじまっている。

さて、この章における、シュリーバーの理論的課題は、ルーマンのシステム分化理論に依拠した上で、比較教育学の実践性と科学性の対立をそれぞれ前者を教育システムに、後者を学問システムに帰属させることによりその出自を明らかにした上で、教育システムの反省理論としての実践的な比較教育学の学問性・論理性を明確にしようとした点にある。もう少し敷衍しよう。

一般法則を求める科学的比較教育学と教育改革に役立てるための比較の区別は、社会のシステム分化にその根拠があると言うのである。1800年以降、社会が、経済システム、政治システム、法システム、教育システム、学問システムなどに分化していくと、各システムは自立性を強めシステム内部に反省理論(Reflexion)をもたらすことになる。いかにしたら経済がうまく動くか、いかにしたら教育がうまくいくかということに関する反省理論が、システム内部に蓄積されていく。この反省理論は科学的な客観性をもつわけではない

が、システムが作動を続ける上で不可欠なのである。しかし、他方で学問システムが分化していくにつれて、一般法則を追求する知の営みが影響力を増し、これが反省理論にも影響を与えるようになる。ここに比較教育学の科学化が自覚されることになるわけである。したがって、反省知としての比較教育学は必ずしも科学の原理に従うわけではなく独自の論理をもっている[10]。この独自の論理を明るみに出そうとしたのが、この論文なのである。独自の論理とは何なのか。その点は是非本文を読んで確認していただきたい。

一般化志向の科学的比較教育学に対して、差異化志向の反省理論を対置し、後者に独自の論理を見いだそうとしたところに、シュリーバーの新しさがあると言えるだろう。

第3章は、レ・タン・コイの論考である。彼の著作は、前平泰志・田崎徳友・吉田正晴・西之園晴夫訳で『比較教育学』(行路社、1991年)が出版されており、その解説のところで前平がレ・タン・コイの比較教育学の特徴を整理しているので、そちらを参照して欲しい。彼の基本的な学問的立場は、できるだけ多くの社会に当てはまる一般的な科学的理論を構築することにある。あくまで一般化志向なわけである。一般化志向の立場から、差異の問題をどう処理したらよいかという問題意識で本論文は書かれている。一般化志向の立場から差異化の契機を統合しようとする試みとして興味深く読むことができる。

第4章は、ホームズの論争的な論考である。ホームズの問題アプローチについては、岩橋文吉・権藤与志夫訳で『比較教育学方法論』(帝国地方行政学会、1970年)が出版されており、日本ではよく知られている。この論文におけるホームズの新しい論点は、教育の相対的自立性を主張し、教育制度は経済や政治と異なるのだから、政治や経済の研究結果を教育に適用することはできない、教育制度自身を観察すべきである、と述べているところであると見られる。一般化志向と差異化志向の枠組みで言えば、仮説の定立とその反証を目指す点で、一般化志向であるが、出発点に特定の問題をおくことにより差異化の契機を組み込み形になっている。通常、価値判断と社会学的法則の二元性の強調、個人の行動の自由度の強調が問題アプローチの特徴であると

考えられているが、一般化と差異化の統合、自立教育システムの考え方においても注目すべきことがわかる。

第5章は、ゲームの理論を応用したターナーの論文である。ターナーはボーマンらの説明は決定論的すぎるとして、もっと個人の決定の自由を組み込んだモデルを構築すべきと主張し、ゲームの理論を、イギリスにおける16歳での進路の選択（学校に残るか・就職するか）に応用したものである。一般化志向と差異化志向の枠組みからすると、特定の問題（進路の選択）に関するモデルを提示しているという点で、ホームズの問題アプローチにつながるものと位置付けられよう。

第6章は、ノアとエクスタインの従属理論批判である。ノアとエクスタインは、周知のように、『比較教育科学に向けて』(Toward a Science of Comparative Education, London, 1969) という著作を上梓し、実証主義に基づく比較教育学の科学化の道を提案していた。その彼らから見れば、「従属理論」は実証科学に照らしてみて問題がある、というのがこの論文の骨子である。とはいえ、本論文は、その批判の徹底性において目を見張るものがある。一般化志向と差異化志向との関連で言えば、一般化志向の雄と見なされる「従属理論」が実は一般理論として実に欠陥が多いことを示そうとしたものと言える。仮定が「単純」すぎる、現実はもっと複雑であるというのが基本的な批判の視角であるが、これは「差異化」の契機を十分に組み込めていないという批判としても読むことができる。

第7章のオリベラの論文は、実証主義による比較教育の科学化が限界に来たことを認めた上で、新しい理論的可能性としてルーマン／シュリーバーのシステム論を評価し、批判的に発展させようとしている。彼の議論によると、比較教育学はルーマンのジレンマに陥り、比較教育学内部から科学化する道が閉ざされてしまうことになると言う。このジレンマから脱出する方向性を、「教育」学 (educology) に求めようとしている。オリベラの言う、ルーマンのジレンマとは以下の事態を指している。システム理論によれば、現代社会は、学問システム、教育システム、経済システム、法システム、宗教システムなどが機能的に分化しており、それぞれのサブシステム内部に反省知が生まれ

てくるとされる。したがって、学問知と教育の反省知の二種類が区別されることになる。反省知は、シュリーバーが本書の論文で指摘しているように、科学知とは異なる独自の論理をもっている。したがって、反省知としての教育学や比較教育学は科学とはなり得ないということになるというわけである。オリベラが「教育」学と呼ぶのは、機能的に分化した教育システムを、政治的側面（政治学）、経済的側面（経済学）、心理学的側面（心理学）という形で断面的に取り扱うのではなく、教育システムを全体として対象とする「教育」学のことである。この「教育」学は、サブシステムとして分化した教育システムの教育過程（目標、システム、行為者、手段）についての知識であり学問である。ここにも、教育システムの相対的自立性を強調する新しい見方が現れてきている。この「教育」学（educology）がオリベラの言うルーマンのジレンマを克服する可能性は、ポパーの第一世界（外的現実世界）、第二世界（心の世界）、第三世界（客観的知識世界）の区別をすることによって与えられると言う。つまり、教育システムという客観世界の反省知は、客観世界にいる人間の心の中で行われ、この人間の心は同時に「学問」システムの中でも作動するからであると言う。

　ともあれ、教育システムの相対的自立性から教育学の独自性を根拠付け新しい「教育」学と比較「教育」学の構想を展開したところに、オリベラ論文の真骨頂がある。

　最後の第8章は、リーグレのものである。比較教育学が制度の比較に偏りがちであるのに対して、「社会化」概念を比較教育学に適用することにより、その守備範囲を拡大しようという提案である。たしかに、人間形成は、学校だけでなく、家庭や地域においてもまたメディアによってもなされているのであるから、こうした要求は正当なものと言えよう。一般化志向と差異化志向との関連で言えば、とりわけ、子供時代と社会の関係、子供時代と家族の関係、家族と社会の関係の分析に焦点を当て、この点における文化間の違いと類似性を明らかにしようとしているところから、一般化志向と差異化志向を統合しようとしていることがわかる。付言すれば、原著の初版が1988年だけに、統合以前の東西ドイツ比較にふれられていることも、今となっては貴

重な情報となっている。

註

(1) 今井重孝「比較教育学方法論に関する一考察—「一般化」志向と「差異化」志向を軸として—」『日本比較教育学会紀要』第16号、1990年。
(2) 例えば、Jürgen Oelkers, "Seele und Demiurg: Zur historischen Genesis pädagogischer Wirkungsannahmen," in: Niklas Luhmann und K.E. Schorr (Hg.), *Zwischen Absicht und Person* (Frankfurt a.M.: Suhrkamp, 1992).
(3) 例えば、Heinz-Elmar Tenorth, *Geschichte der Erziehung-Einführung in die Gründzüge ihrer neuzeitlichen Entwicklung* (Juventa Verlag: Weinheim und München 1988).
(4) 例えば、Jürgen Markowitz, *Verhalten im Systemkontext*—Zum Begriff des sozialen Epigramms diskutiert am Beispiel des Schulunterrichts (Suhrkamp: Frankfurt a.M., 1986).
(5) 例えば、石戸教嗣「N.ルーマンの教育システム論」『埼玉大学紀要教育学部（教育科学１)』第40巻第1号、1991年)。
(6) 例えば、山名淳「〈因果プラン〉論からみた教育目的の機能—N.ルーマンのシステム理論を中心として」『教育哲学研究』第69号、1994年。
(7) 木村浩則「ルーマン・システム理論における『教育関係』の検討」『教育学研究』第64巻第2号、1997年6月。
(8) 例えば、鳥光美緒子「ペスタロッチの教育思想」原聰介・宮寺晃夫・森田尚人・今井康雄編『近代教育思想を読み直す』（新曜社、1999年）所収論文。
(9) 例えば、今井重孝「新教育運動のシステム論的再評価を目指して」『近代教育フォーラム』第3号、1994年。
(10) 今井重孝「比較教育学のニューフロンティア」『比較教育学研究』第25号、1999年。

監訳者あとがき

本書(Jürgen Schriewer/Brian Holmes (eds.), *Theories and Methods in Comparative Education*, Peter Lang, 1988) をはじめて手にしたのは、たしか1989年春ハーバード大学を会場として開かれた比較国際教育学会(CIES)年次大会の時であった。大会実行委員長を務めていた旧知のカミングス(William B. Cummings)教授から、話題の書として紹介していただいた。当時、私は名古屋大学に職場を移し比較教育学講座の創設準備(概算要求)にとりかかっていた関係上、自分の発表が終った後は、エプスタイン教授(本書第1章)やシュリーバー教授(第2章)の分科会(「比較教育学方法論」部会)に出席して彼らと意見交換すると同時に、講座を創設するのに必要な最新の比較教育学研究の動向を集中的にフォローしたように記憶している。

帰国後、大学院の比較教育学ゼミで本書を取り上げてみたが、大学院生には歯が立たなかった。それまで CIES の機関誌(Comparative Education Review)でアメリカを中心に学会動向を追っていたわれわれ(大学院生を含む)には、本書のような理論重視のヨーロッパの動向はやや難解であった。しかし本書が、80年代の世界比較教育学会(WCCES)の成果として刊行されたことからも明らかなように、90年代の論議はこの延長線上で行われることが必至であると考え、翻訳を思い立ったのである。

幸い東信堂が翻訳出版を引き受けてくれることになり、1990年の春には翻訳チームを編成し作業にとりかかった。当初の予定では2年以内に出版できるはずであった。ところがその直後に監訳者(馬越)の身の回りに起こった変化(比較国際教育学講座、留学生センターおよび高等教育研究センターの創設業務、さらには学部改組等、いずれも比較教育学研究に関連したものではあったが)に

より、担当者の皆さんからは早い時期に訳稿をいただきながら監修作業ができない日々が続いた。このような私の窮状を見るにみかねた翻訳者の一人（今井重孝氏）から、監修作業応援のメッセージをいただいたのは1998年の秋であった。何とか出版にこぎつけることができたのは、今井氏の献身的な協力のお陰である。本来なら、監訳者を今井氏に代わっていただくべきであったが、最初のいきさつもあり、われわれ両名が監訳者に名を連ねることになった。

「十年一昔」という言葉があるように、90年代の10年間は比較教育学研究にも大きな変化をもたらした。その間、私自身は「十年一日」のごとき毎日を送ってきたことになるが、WCCESの動向は、その年次大会への参加（筆者が参加したのは1992年プラハ大会、1996年シドニー大会）を通じて確認してきたつもりである。それは、これまで比較教育学研究の基本的枠組みであった「国民国家」(nation states)の揺らぎであり、それとの関連で多文化社会やグローバリゼーションと比較教育学研究との関わりの再検討の必要性である。幸いこの90年代の変化を扱った書物が、ごく最近やはりシュリーバー教授をはじめとするメンバーによりWCCES活動の成果として刊行されたと聞いている。それにもかかわらず80年代を扱った本書を10年遅れで刊行する意義がいささかもなくなっていないことは、巻末の「解題」（今井）を参照いただければ明らかであろう。

最近、われわれ年配の国際的仲間が集まると、よく話題になるのが書物の編集につきものの遅れとトラブルである。「書物を一冊編集すると、大事な友人を必ず数名失う」という格言めいた苦労話が話題になることが多い。チームによる翻訳作業の場合も同様であろう。今回の場合、最初に翻訳チームに参加くださったすべての友人を失っても、私には一言もなかったにもかかわらず、10年を経て（職場は大きく変わっているが）全員がそのままの形でチームに残っていただくことができたのは稀有な例と言わなければならない。訳者の皆さんに、心からのお詫びと感謝を申しあげたい。

末筆ながら、上記のような不義理を重ねたにもかかわらず、比較教育学研

究の意義を深く理解され、本訳書の出版を再度して下さった東信堂社長・下田勝司氏には、衷心よりお礼申し上げる次第である。

 2000年6月

馬越　徹

〈付記〉
 本書の原著者（編者）は、シュリーバー教授とホームズ教授の両名となっているが、実質的編集作業は前者が行っており、ホームズ教授が昨年逝去されたこともあり、出版社の了解のもとに、本訳書では原著者（編者）をシュリーバー氏一人とした。
 なお、本書は1988年の初版以来、二度版を重ねているが、内容上の改訂はない。このたびの翻訳においては第2版（1990年）を使用した。巻末の人名索引は、都合により割愛した。

〔執筆者紹介および執筆分担〕

アーウィン・エプスタイン（Erwin H. Epstein）……………………………第1章
　　ミズーリ大学（ローラ校）教授
ユルゲン・シュリーバー（編著者紹介参照）…………………………………第2章
レ・タン・コイ（Le Thanh Khoi）……………………………………………第3章
　　パリ（ルネ・デカルト）大学教授
ブライアン・ホームズ（Braian Holmes）……………………………………第4章
　　ロンドン大学名誉教授（故人）
デビッド・ターナー（David D. Turner）……………………………………第5章
　　ロンドン大学研究員
ハロルド・ノア（Harold J. Noah）……………………………………………第6章
　　ニューヨーク州立大学（バッファロー校）教授
マックス・エクスタイン（Max A. Eckstein）………………………………　同
　　ニューヨーク市立大学（クゥーンズ・カレッジ）教授
カルロス・オリベラ（Carlos E. Olivera）……………………………………第7章
　　コスタリカ（ヘレディア本校）国立大学教授
ルードウィヒ・リーグル（Ludwig Liegle）…………………………………第8章
　　チュビンゲン大学教授

〔翻訳者紹介および翻訳分担〕

馬越　　徹　（監訳者紹介参照）………………………………はしがき、第1章
今井　重孝　（　　〃　　）………………………日本語版への序、第2章
前平　泰志　（京都大学教授）…………………………………………………第3章
望田　研吾　（九州大学教授）…………………………………………………第4章
佐藤　広志　（関西国際大学助教授）…………………………………………第5章
松久　玲子　（同志社大学助教授）……………………………………………第6章
三浦　真琴　（中部大学助教授）………………………………………………第7章
伊藤　彰浩　（名古屋大学助教授）……………………………………………第8章

〔原著者（編者）紹介〕

ユルゲン・シュリーバー（Jürgen Schriewer）
ベルリン大学教授（比較教育学）、哲学博士
主要著作： *Sozialer Raum und akademische Kulturen, Studien zur Europäischen Hochschul-und Wissenschaftsgeschichte im 19. und 20. Jahrhundert/A la recherche de l'space universitaire europeén. eudes sur l'enseignement supérieur aux XIXe et XXe siècles.* Hrsg. zus. mit/dir. en coopération avec Ch. Charle & E. Keiner (Frankfurt a.M. etc: Lang, 1993), *Welt-System und Interrelations-Gefüge. Die Internationalisierung der Pädagogik als Propblem vergleichender Erziehungswissenschaft.* Öffentliche Vorlesungen Bd.34 (Berlin: Humboldt-Universität zu Berlin, 1994, この本の英訳1998年、スペイン語訳1996年、ブラジルでのポルトガル語訳1996年、フランス語訳1997年。) *Discourse Formation in Comparative Education.* Edited by Jürgen Schriewer (Frankfurt a.M.: Lang, 2000)

〔監訳者紹介〕

馬越　徹（うまこし　とおる）
名古屋大学教授（比較教育学）、博士（教育学）
主要著作：『現代韓国教育研究』（高麗書林、1981年）、『現代アジアの教育』（編著、東信堂、1988年〔改訂版〕1993年）、『比較高等教育論』（監訳、玉川大学出版部、1994年）、『韓国近代大学の成立と展開』（名古屋大学出版会、1995年）ほか。

今井　重孝（いまい　しげたか）
青山学院大学教授（教育社会学、比較教育学）、博士（教育学）
主要著作：『中等教育改革研究』（風間書房、1993年）、『教育思想史』（共著、有斐閣、1993年）、『岩波講座12 現代の教育 世界の教育改革』（共著、岩波書店、1998年）、『近代教育思想を読みなおす』（共著、新曜社、1999年）ほか。

Theories and Methods in Comparative Education

比較教育学の理論と方法　　　　　　　※定価はカバーに表示してあります

2000年11月10日　初　版第1刷発行　　　　　　　　　　　　〔検印省略〕

監訳者Ⓒ 馬越徹・今井重孝／発行者　下田勝司　　　　印刷／製本 中央精版印刷

東京都文京区向丘1-5-1　　郵便振替 00110-6-37828　　　　　発 行 所
〒113-0023　TEL (03)3818-5521　FAX (03)3818-5514　　株式会社 東 信 堂
Published by TOSHINDO PUBLISHING CO., LTD.
1-5-1, Mukougaoka, Bunkyo-ku, Tokyo, 113-0023, Japan

ISBN4-88713-370-7 C3037　¥2800E

東信堂

比較・国際教育学【補正版】	石附 実 編	三五〇〇円
日本の対外教育——国際化と留学生教育	石附 実	二〇〇〇円
比較教育学の理論と方法	J・シュリーバー編著 馬越徹・今井重孝監訳	二八〇〇円
世界の教育改革——21世紀への架ケ橋	佐藤三郎編	三六〇〇円
教育は「国家」を救えるか〔現代アメリカ教育1巻〕	今村令子	三五〇〇円
永遠の「双子の目標」——多文化共生の社会と教育〔現代アメリカ教育2巻〕——質・均等・選択の自由	今村令子	二八〇〇円
ドイツの教育	天野正治 別府昭郎 結城忠 編	四六〇〇円
21世紀を展望するフランス教育改革——一九八九年教育基本法の論理と展開	小林順子編	八六四〇円
フランス保育制度史研究——初等教育としての保育の論理構造	藤井穂高	七六〇〇円
変革期ベトナムの大学	D・スローパー、レ・タク・カン編 大塚豊監訳	三八〇〇円
フィリピンの公教育と宗教——成立と展開過程	市川誠	五六〇〇円
国際化時代日本の教育と文化	沼田裕之	二四〇〇円
ホームスクールの時代——学校へ行かない選択・アメリカの実践	J・ウィルソン 吉田新一郎・山田達雄監訳	二〇〇〇円
子どもの虐待をなくすために——親になるための学校テキスト/オーストラリア	M・メイベリー/J・ウィルズ他 松村京子訳	一〇〇〇円
いじめ、ひとりで苦しまないで——学校のためのいじめ防止マニュアル・英教育省の試み	イギリス教育省 池弘子・香川知晶訳	一五三三円
学校文化への挑戦——批判的研究の最前線	池田寛編	二五〇〇円
学校文化——深層へのパースペクティブ	長尾彰夫・池田寛編	二七一八円
カリキュラム・ポリティックス——現代の教育改革とナショナル・カリキュラム	M・アップル J・ウィッテル 長尾彰夫	二〇〇〇円
現代の教育社会学——教育の危機のなかで	能谷一乗	二五〇〇円
子どもの言語とコミュニケーションの指導	D・バーンスタイン他編 池・内山・緒方訳	二八〇〇円
教育評価史研究——教育実践における評価論の系譜	天野正輝	四〇七八円
日本の女性と産業教育——近代産業社会における女性の役割	三好信浩	二八〇〇円

〒113-0023 東京都文京区向丘1-5-1　☎03(3818)5521　FAX 03(3818)5514　振替 00110-6-37828

※税別価格で表示してあります。

═══ 東信堂 ═══

大学の自己変革とオートノミー ──点検・創造へ──	寺﨑昌男	二五〇〇円
大学教育の創造 ──歴史・システム・カリキュラム──	寺﨑昌男	二五〇〇円
大学の授業	宇佐美寛	一九〇〇円
作文の論理 ──〈わかる文章〉の仕組み──	宇佐美寛編著	五六〇〇円
大学院教育の研究	バートン・R・クラーク編／潮木守一監訳	四四六六円
高等教育システム ──大学組織の比較社会学──	バートン・R・クラーク／有本章訳	五〇〇〇円
大学史をつくる ──沿革史編纂必携──	寺﨑・別府・中野編	三三〇〇円
大学の誕生と変貌 ──ヨーロッパ大学史断章──	横尾壮英	一九四二円
新版・大学評価とはなにか ──自己点検・評価と基準認定──	喜多村和之	三〇〇〇円
大学設置・評価の研究	飯島・戸田・西原編	二五〇〇円
大学評価の理論と実際 ──自己点検・評価ハンドブック──	H・R・ケルズ／喜多村・舘坂本訳	三三〇〇円
大学評価と大学創造 ──大学自治論の再構築に向けて──	細井・林・千賀・佐藤編	二三八一円
大学力を創る：FDハンドブック	大学セミナー・ハウス編	三五〇〇円
私立大学の財務と進学者	丸山文裕	二〇〇〇円
短大ファーストステージ論	舘昭編	三三〇〇円
夜間大学院 ──社会人の自己再構築──	新堀通也編著	三六八九円
現代アメリカ高等教育論	喜多村和之	二四〇〇円
アメリカの女性大学：危機の構造	坂本辰朗	二〇〇〇円
日本の女性学教育の研究	内海崎貴子編	三五〇〇円
幼稚園淘汰の研究	児玉邦二	二二〇〇円
国際成人教育論 ──ユネスコ・開発・成人の学習──	H・S・ポーラ／岩橋・猪飼他訳	
高齢者教育論	松井・山野井・山本編	

〒113-0023　東京都文京区向丘 1-5-1　☎03(3818)5521　FAX 03(3818)5514／振替 00110-6-37828
※税別価格で表示してあります。

―― 東信堂 ――

責任という原理――科学技術文明のための倫理学の試み	H・ヨナス／加藤尚武監訳	四八〇〇円
主観性の復権――心身問題から「責任という原理」へ	H・ヨナス	二〇〇〇円
哲学・世紀末における回顧と展望	H・ヨナス／宇佐美・滝口訳	八二六円
バイオエシックス入門【第二版】	H・ヨナス／尾形敬次訳	二五〇〇円
今問い直す 脳死と臓器移植【第二版】	今井道夫・香川知晶編	二〇〇〇円
空間と身体――新しい哲学への出発	澤田愛子	二五〇〇円
洞察＝想像力――知の解放とポストモダンの教育	桑子敏雄	三八〇〇円
ダンテ研究Ⅰ Vita Nuova――構造と引用	D・スローン／市村尚久監訳	七五七三円
フランシス・ベーコンの哲学【増補改訂版】	浦 一章	六五〇〇円
アリストテレスにおける神と理性	石井栄一	八三五〇円
ルネサンスの知の饗宴【ルネサンス叢書1】――ヒューマニズムとプラトン主義	角田幸彦	四四六〇円
ヒューマニスト・ペトラルカ【ルネサンス叢書2】	佐藤三夫	四八〇〇円
東西ルネサンスの邂逅【ルネサンス叢書3】――南蛮と襠褓氏の歴史的世界を求めて	佐藤三夫編	三六〇〇円
原因・原理・一者について〔ジョルダーノ・ブルーノ著作集・3巻〕	根占献一訳	三二〇〇円
必要悪としての民主主義――政治における悪を思索する	加藤守通訳	一八〇〇円
情念の哲学	伊藤勝彦	三二〇〇円
愛の思想史【新版】	伊藤勝彦編	二〇〇〇円
荒野にサフランの花ひらく（続・愛の思想史）	坂井昭宏編	二三〇〇円
知ることと生きること――現代哲学のプロムナード	伊藤勝彦	二〇〇〇円
教養の復権	岡田雅勝編	二〇〇〇円
イタリア・ルネサンス事典	本間謙二編／沼田裕之・安西和博・増渕幸男・加藤守通／H・R・ヘイル編／中森義宗監訳	二五〇〇円 続刊

〒113-0023 東京都文京区向丘1-5-1　☎03(3818)5521　FAX 03(3818)5514　振替 00110-6-37828
※税別価格で表示してあります。